义务教育小学科学课程标准：
科学概念·术语·实验

YIWU JIAOYU XIAOXUEKEXUE KECHENG BIAOZHUN

KEXUEGAINIAN SHUYU SHIYAN

王晨光 著

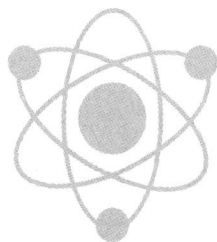

北京师范大学出版集团

BEIJING NORMAL UNIVERSITY PUBLISHING GROUP

北京师范大学出版社

图书在版编目(CIP)数据

义务教育小学科学课程标准. 科学概念·术语·实验/王晨光
著. —北京：北京师范大学出版社，2019.1(2020.9重印)
　ISBN 978-7-303-23884-2

　Ⅰ.①义…　Ⅱ.①王…　Ⅲ.①科学知识－课程标准－小学
Ⅳ.①G623.63

　中国版本图书馆 CIP 数据核字(2018)第 139827 号

营 销 中 心 电 话	010 - 58802181　58805532
北师大出版社职业教育与教师教育分社网	http://zjfs. bnup. com
电 子 信 箱	zhijiao@bnupg. com

YIWU JIAOYU XIAOXUE KEXUE KECHENG BIAOZHUN
KEXUE GAINIAN SHUYU SHIYAN

| 出版发行：北京师范大学出版社　www.bnup.com |
| 北京市西城区新街口外大街 12-3 号 |
| 邮政编码：100088 |
| 印　　刷：天津旭非印刷有限公司 |
| 经　　销：全国新华书店 |
| 开　　本：787 mm×1092 mm　1/16 |
| 印　　张：18.25 |
| 字　　数：279 千字 |
| 版　　次：2019 年 1 月第 1 版 |
| 印　　次：2020 年 9 月第 2 次印刷 |
| 定　　价：48.00 元 |

策划编辑：伊师孟	责任编辑：马力敏　李　迅
美术编辑：焦　丽	装帧设计：焦　丽
责任校对：韩兆涛	责任印制：马　洁

序
PREFACE

　　非常欣喜地看到《义务教育小学科学课程标准：科学概念·术语·实验》一书出版，这标志着我国小学科学教育将迈向新的航程。

　　新颁布的《义务教育小学科学课程标准》中明确提出，小学科学课程承担着培养小学生科学素养的责任，并为他们继续学习和终身发展奠定良好的基础。学生继续学习和终身发展的基础是健康的身心、良好的品德和合理的知识结构。

　　小学生应该具有怎样合理的知识结构呢？美国课程专家埃里克森（Erickson）提出的"观念为本的课程与教学"认为，提高学业标准更多的是要求思维能力的提升，而不是掌握更多的事实内容。为了培养学生的科学素养，激发学生的学习动机和学习兴趣以促进学习内容的迁移，课程内容应该围绕各学科的核心观念（居于学科中心，具有超越课堂之外的持久价值和迁移价值的关键性概念、原理或方法）进行选择，具体事实应该作为工具来帮助学生理解科学的核心概念。教学重心应该从讲授事实转移到"使用"事实，学习重心应该从记忆事实转移到理解可迁移的核心概念。

　　当前我国新颁布的《义务教育小学科学课程标准》已经在原有基础上，学生基础知识结构方面具有飞跃性的发展，并且给出了 75 个学习内容。教师如果能够围绕核心概念组织教学，将尽快使早在 2000 年课程改革初期提出的目标"培养学生的创新与实践能力"得到落实。

　　同时也应该看到，我国小学科学教师的学识水平与实施新颁布的《义务教育小学科学课程标准》还存在着一定的差距。例如，讲清楚科学知识并不等于学生能够理解和运用知识，重视组织探究实验活动并不等于学生在探究中体验科学方法和蕴含的态度和情感。《义务教育小学科学课程标准：科学概念·术语·实验》一书正是针对这些差距，帮助教师认识核心概念和分解概念形成的过程，促进教师围绕核心概念组织教学，引导科学教师运用科学术语培养学生运用科学词汇描述科学现象和规律的能力，揭示实验中蕴含的科学思想方法提升教师指导学生实验的能力。

该书将成为小学科学教师案头必备的参考书，也是小学科学教师提高学识水平的辅导教材。为了便于小学科学教师的学习与理解，书中给出了大量案例，搭建了理论与实践的桥梁，还给出了 20 多个微课，帮助小学科学教师理解新颁布的《义务教育小学科学课程标准》并在教学中落实。

我们期待着，小学科学教师通过学习、理解和运用新颁布的《义务教育小学科学课程标准》，担当起培养小学生科学素养的责任，并为他们的继续学习和终身发展奠定良好的基础。

李 晶

2018 年元月于北京教育学院

前　言
PREFACE

　　新颁布的《义务教育小学科学课程标准》中明确提出："小学科学课程的总目标是培养学生的科学素养，并为他们继续学习、成为合格公民和终身发展奠定良好的基础。"在一线科学课堂教学中应该如何落实新《义务教育小学科学课程标准》精神，这在很大程度上取决于科学教师的专业知识结构以及对新《义务教育小学科学课程标准》的理解。而如果科学课程只是让学生获得一堆具体的科学事实和一些杂乱无章堆积起来的知识，那么"教学内容太多，课时太少"所引发的问题也将无法得到有效解决。学生在科学课程中所掌握的科学知识绝不应该是孤立的科学事实与零散的知识点，而是通过一定的逻辑串联，建立起知识之间的相互联系，形成以核心概念为统摄的具有层级结构的学科知识体系，这不仅有助于提高教师的教学效率，也为学生今后获取更多知识以及未来发展提供一条有效路径。

　　本书主要依据新颁布的《义务教育小学科学课程标准》，将 18 个核心概念进行分解，融入了新颁布的《义务教育小学科学课程标准》所要求的科学、技术、社会与环境的内容，并结合具体实例进行说明。实验部分给出分解概念和探究过程技能训练，并提供了具体内容，满足新颁布的《义务教育小学科学课程标准》中对于科学探究的要求。本书针对科学教师普遍存在的问题进行深入讨论，以帮助广大一线科学教师深入理解新颁布的《义务教育小学科学课程标准》，并在实践中落实新《义务教育小学科学课程标准》精神。

　　本书主要想解决三个问题。第一，帮助教师认识核心概念和分解概念形成的过程，促进教师围绕核心概念组织教学。教师需了解新颁布的《义务教育小学科学课程标准》将科学课从原来小学三年级开课改为一年级开课，增加了技术与工程模块，并将教学要求按照三个学段分开等变化。但是对于新《义务教育小学科学课程标准》中提出的主要概念及分解概念几乎没有察觉，很可能出现"穿新鞋，走老路"的问题。第二，引导科学教师运用科学术语并培养学生运用科学词汇描述科学现象和规律的能力。很多科学教师缺乏系统的理科学习，这直接导致了教师在教学中对于科学概念和术语的表述十分模糊，甚至出现错误。针对这一问题，本书专门安排了科学词汇解析。第三，提升教师指导学生实验的能力。教师知道实验应该怎样做，但是对实验中蕴含的科学思想方法并不清楚，相当多的教师并不能规范地指导学生实验。本书针对这一问题，专门安排了典型的实验分析。

　　全书共分为六个章节。第一章是核心概念研究的相关理论，主要就核心概念的界定、核心概念研究的理论基础以及围绕核心概念组织教学的意义展开讨论。第二章至第五章按照新《义务教育小学科学课程标准》给出的物质科学、生命科学、地球与宇宙科学、技术与工程科学四个领域逐一梳理，每章主要分为三个部分：内容分析，将核心概念自上而下分解为分解概念，突显层级结构，并加入案例指导教学；科学词汇解析，就每个分解概念的知识做详细讲解，为科学教师提供一个完整的知识结构，同时提出教学要点及注意的问题，加强对教学的指导性；典型实验分析，以分解概念作为教学切入点，精选科学实验作为支撑该核心概念的科学事实。分解概念在各实验中完成，学习过程中将这些分解概念联系起来，结合探究过程技能训练，进而为逐层建构核心概念奠定基础。第六章是国外科学课程改革及对我国科学教育的启示，旨在为教师们拓宽视野，学习欧美等发达国家小学科学课程的改革经验，同时也为我国小学科学课程改革提供借鉴和指导。

　　本书得益于北京教育学院各项培训和研究中各位领导和专家的教诲和指导，在这些培训和研究过程中，笔者才有机会向著名专家学习和请教，也才有机会进入一线课堂了解教学现状，对一线课堂教学问题进行思考和研究，更对众多一线优秀教师丰富的教学经验心生崇敬。由于个人的研究视野和水平有限，书中难免存在疏漏和不妥之处，诚挚希望各位批评指正。

王晨光

2017 年 10 月于北京

目　录
CONTENTS

第一章　核心概念研究的相关理论

　　长时间以来，核心概念一直受到学界关注，诸多学者也提出了自己的观点与见解。这些研究，大部分源自心理学与教育学领域的研究，适用于学科教学。第一章主要就核心概念的界定、核心概念研究的理论基础以及围绕核心概念组织教学的意义展开讨论。

第一节　核心概念的界定

　　关于核心概念，在英文文献中经常出现的描述词汇主要有："key concept"（核心概念）、"core concept"（关键概念）、"major concept"（主要概念）、"aggregating concept"（聚合概念）、"unifying concept"（统一概念）、"fundamental concept"（基本概念）、"big idea"（大观念）、"key idea"（核心观念）、"fundamental idea"（基本观念）、"major generalization"（主要概括）等，这些词汇的意义总体相近，但许多学者对其理解各异。美国教育学家赫德（Hurd）认为，组成科学课程中的概念和原理应该能够展现当代学科图景，是学科结构中的主干部分，它们被称为核心概念。[①] 戴伊（Day）认为，核心概念是某个学科领域的中心知识，虽然不是所有人都接受了这些知识，但它们却获得了广泛的应用，而且这些知识还能经得起时间的检验。费德恩（Feden）认

---

① Paul Dehart Hurd, *New Direction in Teaching Secondary School*, Chicago, Rand McNally & Company, 1971, p. 129.

为，核心概念是学生在忘记具体知识内容后，仍然能继续应用知识，他主张应该将核心概念清晰地呈现给学生。[①] 美国课程专家埃里克森认为，核心概念是指居于学科中心，具有超越课堂之外的持久价值和迁移价值的关键性概念、原理或方法。这些核心概念具有广阔的解释空间，源于学科中的各种概念、理论、原理和解释体系。提高学业标准不是要求掌握更多的事实性知识，而是要求提高思维能力。教学的中心应该从记忆事实转移到深层理解核心概念和学科的知识结构，进而促进学生思维的发展。因此，应该围绕核心概念选择教学内容。[②]

综上所述，核心概念是对学科核心问题相对本质的看法，包括重要的概念、原理和方法，具有更深层次的哲学意味，是课程组织的一种视角，与通常所说的一般概念含义不同。核心概念是学科的主干，围绕相应的核心概念能组织起大量的事实和其他概念。核心概念主要有三个特点：具有统摄价值的概念，能够吸纳众多学科知识，揭示事物的本质与联系；具有持久价值的概念，即使学生忘记特定的具体知识后，仍然能够运用概念性知识；具有迁移价值的概念，对核心概念的理解可以迁移到新的情境，解决相关领域的新问题。

在科学领域，彼此相互联系的科学概念构成了学科的基本结构。在基本结构中，核心概念位于一般概念的上层，处于学科最本质、最中心的地位，同时它也聚合着学科的一般概念。把围绕科学核心概念的教学作为教学的重点，能够帮助学生建立学科知识结构，而不是死记硬背诸多的科学事实，使学生真正掌握科学规律，形成对科学本质的正确认识，提高分析问题、解决问题的能力。

---

① ［美］普莱斯顿·D. 费德恩，等：《教学方法——应用认知科学，促进学生学习》，王锦，等，译，51～53 页，上海，华东师范大学出版社，2006。
② ［美］埃里克森：《概念为本的课程与教学》，兰英，译，56～61 页，北京，中国轻工业出版社，2003。

第二节　核心概念研究的理论基础

美国教育心理学家布鲁纳（Bruner）在学科知识的教学过程中，强调学生掌握学科知识基本结构的重要性。他认为，教学的最终目的是促进学生"对学科结构的一般理解"，"脱离某一领域更宏观的结构背景，传授一些特定的具体知识和技能是低效的"。如果教师根据学生不同阶段智力活动的特点，采取适当的方式提供材料并加以指导，帮助学生理解学科的基本概念、基本原理及其内部规律，那么将有助于学生理解学科的基本知识结构。因为掌握了学科的基本知识结构，就可以将任何与该学科有联系的知识纳入这个结构体系中，学生就可以独立获取更多的知识，也有助于他们提高记忆效果，促进学习迁移、缩短"高级"知识和"初级"知识之间的间隙。①

美国认知教育心理学家奥苏贝尔（Ausubel）认为，学生的学习主要是有意义地接受学习，是通过同化将当前的知识与原来的认知结构建立实质的、非人为的联系，使知识结构不断发展的过程。奥苏贝尔按知识获得的内在过程把学习分为上位学习、下位学习和并列结合学习三类。如果将要学习的新内容在概括水平上高于学习者原有认知结构中已有的相关内容，这时的学习就是上位学习或总括学习；如果将要学习的新内容在概括水平上低于学习者原有认知结构中已有的相关内容，新知识类属于旧知识时的学习就是下位学习或类属学习；如果将要学习的新内容仅仅是由原有认知结构中已有的相关内容的合理组合构成的，因而仅仅能与认知结构中相关内容的一般背景相联系，而不能与认知结构中某些特定的内容构成上位关系或下位关系，这时的学习就是并列结合学习。教师在教学中应尽量为学生提供更多的下位学习的机会，同时把部分内容组织为上位学习并尽可能地减少并列结合学习的机会。同时，奥苏贝尔提出了"先行组织者"的教学策略，主要内容是，教师在讲授新知识之前，先给学生提供一些包摄性较广、概念水平较高的学习材料，用学习者能理解的语言和方式来表达，以便给学习者在学习新知识时提供一个较好的

---

① ［美］布鲁纳：《教育过程》，邵瑞珍，译，49～66页，北京，文化教育出版社，1982。

3

固定点，将它与原有的知识结构联系起来。这种教学策略在科学教学中是可以借鉴的，如果学生不容易理解即将学习的内容，教师可以先提供能有效联系新旧知识的学习材料，通过创设问题情境促进学生思考，最终建立起新旧知识之间的联系。[①]

苏联心理学家维果茨基(Vygotsky)认为，儿童的心理发展分为两个层次：一个层次是儿童的"实际发展水平"，另一个层次是儿童的"潜在发展水平"。实际发展水平是指儿童不需要借助他人，能独立解决问题的水平能力层次；潜在发展水平是指儿童暂时还未能达到，需要借助成人或能力较强的同伴才能解决问题的水平层次，这两种层次之间的差距就是"最近发展区"。一方面，学习者在自己的日常生活、交往和游戏等活动中，形成了大量的个体经验，这可以称为自下而上的知识，它从具体水平向知识的高级水平发展，走向以语言为中介实现的概括，从而形成更明确的意义理解，更有意识地加以应用。而在人类的社会实践活动中则形成了丰富的公共文化知识，在个体的学习中，这种知识首先以语言符号的形式出现，由概括向具体经验领域发展，所以可以称为自上而下的知识。比如，在小学科学"电学"单元的教学中，学生接触到教材中描述的"电流""电压"等较抽象的概念(自上而下的知识)，同时，他们也在日常生活中积累了很多关于电现象的直接经验(自下而上的知识)。在学习过程中，学生需要联系和利用自己的直接经验，形成对抽象概念的具体理解，使这些概念变得更生动、更真切，同时，使自己的直接经验更明确、更概括。概念和理解的发展是连续性的过程，学生已经达到的概括性理解会参与到之后的思维活动中，成为达到更高的理解水平的基础。[②]

2001年，我国新课程改革启动，针对综合理科课程结构，李晶教授提出："学生在科学学习的过程中，需要渗透的是科学观念(现称之为核心概念)，而不是获得零散的知识点。"[③]教学重心从讲授具体知识转向运用知识，并且逐级

---

① 李亚娟，李莉：《奥苏贝尔有意义学习理论及对小学教学的启示》，载《吉林省教育学院学报》，2007(8)。

② 陈琦，刘儒德：《当代教育心理学》，195～196页，北京，北京师范大学出版社，2007。

③ 李晶：《浅论〈科学〉课程的设计》，载《课程·教材·教法》，2001(7)。

深入、螺旋上升至可迁移的核心概念，而具体的科学事实应该作为载体，帮助学生发展深层次的理解力，知识载体不是越多越好，而是对上层支撑性越强越好。因为处在上位结构的核心概念在学生吸收新知识和解决问题中具有更强的思维导向作用，有利于学生针对具体情境建构用于指引问题解决的图式。当学生再遇到新的学习情境时，能主动寻求当前情境与已有学习经验的共同要素，通过核心概念建构下位迁移到当前知识中，使之建立联系，同时运用已有的经验对当前的情境进行分析概括，寻求解决问题的策略。运用知识的上、下位关系组织教学内容，建立有层级结构的科学概念体系，探索学生的创新思维与实践能力形成机制，成为围绕核心概念组织教学的指导思想（见图1）。

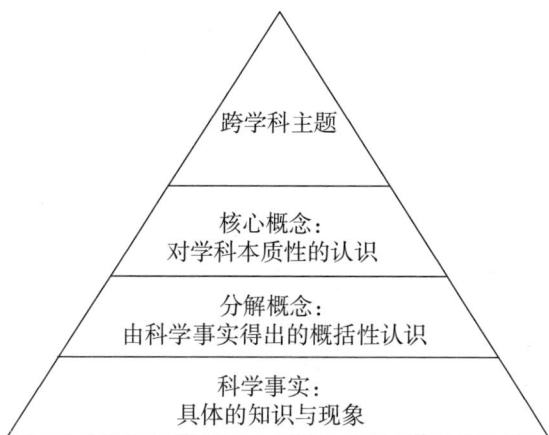

跨学科主题

核心概念：
对学科本质性的认识

分解概念：
由科学事实得出的概括性认识

科学事实：
具体的知识与现象

图 1 科学概念的层级结构

第三节 围绕核心概念组织教学的意义

学生基于直接经验形成的概括性认识，称为分解概念。分解概念之间并不全是独立不相关的，实际上反映的是一种本质性的认识，这种本质性的认识称为核心概念，它显示的是某个学科看待事物的视角。而小学科学中的学科方法不同于初中以后的物理学、生物学、地理学等分科的学科思想与方法，而是科学探究过程中共用的技能。探究过程技能就是科学工作者在科学研究过程中必须具备的一些最基本的思维方法和操作技能。这个定义中涵盖了两个核心词，分别是基本的操作技能和基本的思维方法，也就是说在科学探究的过程中，教师要培养学生这两种能力。基本的操作技能一般来说包括以下10个技能：观察、分类、测量、推断与预测、交流与表达、识别与控制变量、制作图表、形成与验证假设、实验实施与结果分析以及建立模型。除了技能以外还有思维方法的培养，分别是：分析、综合、比较、抽象、概括、归纳、演绎等，对学生今后的学习发挥着支撑性作用的探究过程技能，也视为核心概念。而核心概念能够反映学科本质，它可以揭示分解概念之间的关系，具有统摄学科知识的功能。对科学核心概念的理解可以使学生进一步加深对科学本质的认识，有利于学生形成科学的自然观和严谨求实的科学态度，更深刻地认识科学、技术、社会和环境之间的相互关系，所以发展学生对科学核心概念的理解对于深入理解科学，提高学生科学素养具有重要作用。因此，教师在教学中要重视学生对于核心概念的理解。围绕核心概念组织教学的意义主要体现在以下两个方面。

第一，有利于学生建立学科知识的层级结构，直至跨学科主题。跨学科主题是建立在核心概念之上的层级结构，科学的形成源于人类对于自然界的探索，而自然界又是一个普遍联系、相互作用的统一整体。因此，科学的不同领域之间，在学科知识、原理、概念形成和发展以及思维方法和操作技能上是相互联系、相互交叉的。这样在科学领域不同的具体学科之间就一定会存在一些"共通"概念，它们跨越学科界限，具有普适性。从这些"共通"概念中，可以提炼出能统领科学教育各个分支学科的概念，即跨学科主题。科学核心概念是以跨学科主题为导向，为促进学生形成跨学科主题而选择那些居于学科中心、具有广泛迁移价值的关键性概念，它们是建立在科学事实与分解概念基础之上的。核心概念在跨学科主题的形成过程中起着承上启下的作用。跨学科主题的形成需要通过学生积极主动的探究活动，深刻理解掌握有关科学知识和核心概念，在对知识的理解和应用中不断概括提炼而成。跨学科主题的形成需要经过多次双向认知过程：学生首先对一些具体的科学事实归纳为分解概念，分解概念比科学事实具有更高的概括性。尽管其有一定的迁移价值，但由于更接近事实而解释力有限。因此，需要将分解概念与分解概念之间按照一定的逻辑相互联系，提炼加工形成核心概念。学生通过多方面、多角度地对具体事实进行加工提炼，就形成了反映科学本质不同侧面的核心概念，通过对这些核心概念进一步概括应用，就可以形成较为稳定的跨学科主题。美国加利福尼亚州出版的"科学框架"中，将"尺度与结构""变化的形式""稳定性""系统与相互作用""演化""能量"提炼为跨学科主题。① 从中不难看出，只有深刻理解科学核心概念并在新情境中反复应用，才能避免学生的学习长期滞留在较低层级中。学生无法建立学科知识的层级结构，也就只会死记硬背一些零散的知识点。

　　第二，有利于学生发展综合思维能力。学生要想未来能够登上科学的高峰，就不能缺少综合思维。一方面，科学核心概念和理论是在丰富具体的事实材料中抽象概括出来的，他们的学习绝不能只是纯粹简单的记忆，而是必须通过积极的思维活动去理解分析，通过科学事实的表象认识到内部规律变化的本质。这种逻辑清晰、脉络分明的思维学习过程，自然会促进学生思维能力的发展。另一方面，在运用科学核心概念去解释科学现象、解决科学问题的过程中，学生对生物体结构、物质性质、自然现象的认识也深入到了科学的本质，学生的抽象思维能力也会相应得到提高。重视科学核心概念在学习中的指导作用，有助于改变学生学习方式，发展学生思维能力和探究解决问题的能力。以我国小学科学课程为例，在小学低年级阶段，学生会学到"种子萌发条件""影响蒸发快慢的因素""不同物质在水中溶解"等实验内容，教师以这些具体实验为载体，目的是帮助学生建立起上位的核心概念。当学生在头脑中建立起这一概念后，他们在高年级阶段遇到新实验时，教师可逐步放手，最终使学生可以独立自主完成实验（见图 2）。② 这样的学习可以让学生充分运用已有的知识，在已有知识的基础上学习新知识，不仅可以巩固对已有

---

①　The California State Board of Education，*Science Framework*，CA Sacramento，California Department of Education Press，2000，pp. 86-88.

②　王晨光：《美国最新修订 FOSS2017 科学课程的特色及启示》，载《现代中小学教育》，2018(6)。

知识的理解，还可以使新知识的学习变得容易。科学学习应该体现学生的自主性科学探究。做实验未必就是科学探究，只有在理性指导下的探究活动才是高质量的探究活动。科学学习活动设计的一个基本原则应该是充分利用学生已有的相关知识。此外，理解科学核心概念还有助于学生形成可迁移的学科思维。而对科学事实的概括化程度越高，就越容易发生迁移。科学核心概念是一系列相互联系、不断发展的高度概括化的概念体现，具有很强的可迁移性。小学阶段所学的科学核心概念具有层次性，前面的概念是后面的概念学习的基础，对前面的概念的理解也有助于理解后面的概念。同样，对后面的概念学习能使前面的概念理解更加巩固。所以，教师在教授后面的概念时，要适时帮助学生复习前面的概念，在它的基础上生长出后面的概念，使概念之间产生有意义的联系，形成融会贯通的认知结构。

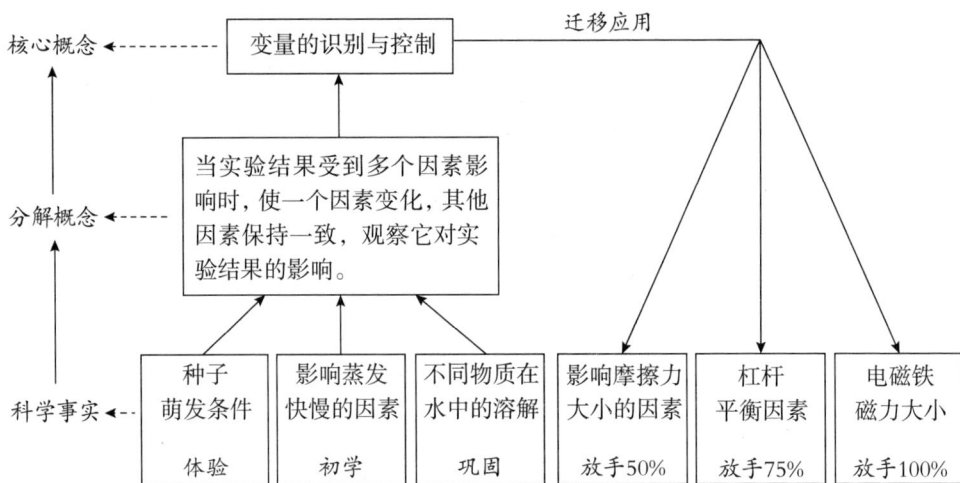

图 2 围绕核心概念"变量的识别与控制"组织教学的结构示意图

第二章　物质科学内容体系解析

物质科学作为自然科学的基础，在实现与生命科学的结合以及发展能源科学、环境科学、信息科学、材料科学等改善人类生存条件和促进社会进步的关键科学技术中，将继续发挥主要的基础作用。

近代以来的物理学研究发现，物质是由不同层次的微粒构成的，形成了一个阶梯系列，人们发现物质由分子和原子组成。到 19 世纪末，在科学实验基础上，科学家认识到原子由原子核和核外电子构成。原子很小，直径约为亿分之一厘米。原子核大约是原子的十万分之一，电子则更小，大约是原子的亿分之一。后来，人们发现原子核又是由质子和中子组成的。至此，曾有人以为找到了构成物质的最小单位。然而，不久人们就发现了这种认识的局限性。通过对宇宙射线的观察分析和高能加速器的实验，又发现了比上述微粒更小、更基本的大批新粒子，如介子、中微子、反粒子，以及组成质子、中子的夸克等，达到几百种之多。夸克、轻子是不是就是最基本的物质结构单元呢？当然不是。已有多项研究表明，它们也可能还存在内部结构。这样无限分下去有何意义？一是哲学上的意义，证明世界的物质性和人类认识永无止境；二是科学理论上的意义，丰富了人们关于物质世界的基本知识；三是实践上的意义，当年对原子核内部结构的探索，导致了核能的广泛利用和开发。这说明高水平理论研究成果，必将推动高新技术的不断发展。

第二章主要就物质科学主题下的每个模块进行概念分解，围绕核心概念组织教学，将分解概念的知识与教学中遇到的问题做详细讲解，以及在小学阶段如何通过实验活动建立该概念。

第一节　"物质与材料"模块教学指导

一、"物质与材料"模块概念分解与内容解析

(一)"物质与材料"模块概念分解

"物质与材料"模块概念分解见表1。

表1　"物质与材料"模块概念分解

核心概念	分解概念	概念分级	科学事实
物体具有一定的特征，材料具有一定的性能	物体具有质量、体积等特征	低层级：通过观察，描述物体的轻重、薄厚、颜色、表面粗糙程度、形状等特征，根据物体的外部特征对物体进行简单分类	如石块、铁钉、皮、玻璃和大米粒等，观察和描述它们的特征，尝试从颜色、轻重、软硬等方面对它们进行分类
		中层级：能够使用简单的仪器测量物体的长度、质量、体积、温度等常见特征，并使用恰当的计量单位进行记录	
	材料具有一定的性能	低层级：辨别生活中常见的材料	如塑料袋、塑料杯、塑料积木和塑料吸管等，比较一下它们的透明程度，谈一谈这些用塑料制成的物品给人们的生活带来了哪些方便
		中层级：描述某些材料的导电性、透明程度等性能，说出它们的主要用途	
		高层级：观察常用材料的漂浮能力、导热性等性能，说出它们的主要用途	
	物质一般有三种状态：固态、液态和气态	中层级：知道固体有确定的形状、体积和质量；液体有确定的体积和质量，液体的表面在静止时一般会保持水平；气体有确定的质量，但没有确定的形状和体积	如水、油、醋和牛奶等液体，尝试归纳总结它们的共同特征，比如，可以倾倒，具有流动性；有固定的质量和体积；形状可以改变等

续表

核心概念	分解概念	概念分级	科学事实
物体具有一定的特征，材料具有一定的性能	利用物体的特征或材料的性能，分离混合在一起的物体	中层级：根据物体的特征或材料的性能将两种混合在一起的物体分离开来，如分离沙和糖、铁屑和木屑等	—
	物体在变化时，构成物体的物质可能改变，也可能不改变	中层级：知道有些物体的形状或大小发生了变化，如被切成小块、被挤压、被拉伸等，构成物体的物质没有改变	如易拉罐被压扁，水结冰，铅笔尖被折断

　　教师在教学中经常会受到教材影响，往往着重于把科学事实作为探究的重点，讲授更多的是事实性知识。例如重视观察和描述物体的具体特征，而没有理解这些特征意味着什么。课后学生记住更多的是"石头是坚硬的""棉花是柔软的"，却不知不同物体间的差异性特征所具有的重要意义，长此以往，学生在头脑中形成的就是大量零散、彼此之间没有逻辑关系的科学事实。如果将这些事实性记忆转化为核心概念建构，将"物体的特征""材料的性能""物质的三态"等这些分解概念建立联系，尽管每个分解概念的层级结构不是在同一时间形成的，但将这些分解概念建立联系的过程就是形成核心概念的重要一环。再如教学中，教师列举大量科学事实，如食盐溶于水、沙子不溶于水，铜线可以导电、陶瓷不导电等。在此基础上，教师可以进一步引导学生建立"利用物体的特征或材料的性能，分离混合在一起的物体"这个分解概念。当学生再学习其他物体的特征，如"木头的特征""铝片的特征"以及"纤维的性能"时，在不同科学事实的基础上，形成相应的分解概念。教师要对学生的这一学习过程进行适时梳理总结，最终在学生头脑中形成"物体具有一定的特征，材料具有一定的性能"这一物质科学的核心概念。

　　在讲"人造材料"时，告诉学生，塑料是经过化学手段进行人工合成的一种生活中常见的产品。塑料材料具有重量轻、强度大、抗冲击性好、透明、防潮、美观、化学性能稳定、韧性好且耐腐蚀等优点，在包装领域塑料广泛取代了金属、木材、纸张、玻璃、皮革等，因此，塑料包装对减轻我国的资源、能源压力起到了不可替代的作用。但是，塑料包装材料也有一个致命的缺点，即其自然降解时间长，有的长达 100 年以上。塑料的不易降解性，导致其废弃物会长期存在下去。而且，往往消费一次即被丢弃，故塑料包装废弃物成为一个越来越突出的环境问题，形成了所谓的"白色污染"，对人类生存环境造成很大压力，因此，让学生知道科学技术在为人类生活提供便利的同时，也应该尽量减少对环境的破坏。

（二）"物质与材料"模块内容解析

学生建构核心概念不会一步到位，有些核心概念的建构需要根据学生所处学段以及认知发展水平螺旋上升、逐级深入，教师在这一过程中要把核心概念自上而下进行分解，使其成为能让学生接受的分解概念，基于教材搜索支撑核心概念建构并与之相关的教学内容，使其具有逻辑。教师在教学中要自下而上，帮助学生逐级建构核心概念奠定基础。当学生掌握了该核心概念，就会迁移到其他相关内容的学习中，这有利于提高学生的学习效率，并为今后的学习提供支持。①

教师可以从分解概念入手，将本课的核心概念自上而下分解为分解概念，筛选出支撑核心概念建构的知识点和实验活动。在实际教学中，教师自下而上指导学生展开探究学习，为核心概念建构搭建脚手架。这就要求教师具备支撑每一个分解概念完整的知识结构。以下针对"物质与材料"模块需要掌握的相关知识以及在教学中可能遇到的问题进行内容解析。

在科学词汇中，英语"matter"这个单词的意思就是组成宇宙万物的物质。我们使用的铅笔、橡皮、阅读的书籍、食用的水果等，这些物体与其他无数物体一样，都是物质的具体表现，统称为物质。

在教学过程中，教师经常把物质的性质与特性混为一谈。物质的性质是指物质可以是柔软的，也可以是坚硬的；可以是粗糙的，也可以是光滑的；可以是圆形的，也可以是方形的；可以是热的，也可以是冷的。有些物质容易点燃，有些物质则不易燃烧。有些物质可以小到放进火柴盒，有些物质却

---

① 谢晓玲：《小学科学课围绕核心概念组织教学的思考》，载《北京教育学院学报（自然科学版）》，2014(1)。

可以和地球一样大。所有的物质都会表现出各自的硬度、构造、形状、温度、可燃性、大小以及颜色，这些都称为物质的性质。而物质的特性是指物质的某些性质，如大小和数量，仅与物质所取的样品有关，而与物质本身无关。以冰块的大小为例，它可以小到一小块冰，也可以大到如同一条冰河。在这两种情况下，物质的大小发生了变化，但物质本身——冰没有改变。而有些物质的性质却与物质本身有关，与该物质所提供的样品无关，这些性质就被称为物质的特性。比如，无论何种金刚石样品，只要是金刚石，其硬度都是相同的（金刚石俗称钻石，是所有已知物质中硬度最大的物质）。由于一种物质特性永远不会改变，因此，可以利用物质的特性鉴别未知物质。

学生在学习这部分内容时，往往混淆重量与质量的概念。重量是受到地心引力大小的度量。在地球上，任何物体都会受到地球引力的作用，而在不同星球上，地心引力有大有小。比如，月球的地心引力远远小于地球，所以物体在月球上的重量也比在地球上的重量小。而无论物体处在何处，物体的性质永远不变，这一性质就是质量。一个物体的质量是该物体所含物质多少的度量。如果将一个物体从地球上转移到月球或其他星球上，该物体的重量会发生变化，但是质量却保持不变。

质量、体积、密度是测量物质的重要概念。物体所占空间的大小称为体积。固体和液体的体积很容易看到，气体的体积虽然看不到，但是气体也有体积。例如，给气球充气时，会看到气球膨胀，这正是球内气体体积增加的结果。密度是指单位体积内所含某一物质的量。不同的物质可以具有相同的质量，但不一定具有相同的体积。例如，1 kg铁块的体积远远小于同等质量棉花的体积，这是因为铁块和棉花具有不同的密度。密度是物质非常重要的特性，计算物体密度的方法是将该物体的质量除以该物体的体积。

在课堂提问环节，学生经常把该物质的类型回答成"固体或者液体"。这其中涉及一些重要的科学词汇，物质的基本状态可以分为固态、液态和气态。物质的类型可以分为两种基本类型：混合物和纯净物。而纯净物又可分为单质和化合物。

固体 固体总是具有一定的体积和形状。例如，你的钢笔是一个体积为

$6\ cm^3$ 的圆柱体，那么无论将其放在何处或任何容器内，它都将保持这样的体积和原有的形状。构成固体的粒子排列非常紧密，其中每一个粒子都紧紧固定在某一位置上，这使得分离它们非常困难。正因为固体中的粒子是紧密排列在一起的，且各自固定在特定位置上，所以固体总是具有固定的形状和体积。

固体的类型　有许多固体，其中的粒子以整齐、规则的模式排列，这样的固体称为晶体。由晶体构成的固体称为结晶体。食盐、食糖、沙子和雪花等都是结晶体。当结晶体（如雪），加热时，它会在特定的温度——熔点由固态转为液态。还有一些固体，其中的粒子排列没有规则，这些固体称为无定形固体。塑料、橡胶和玻璃等就属于无定形固体。与结晶体不同，无定形固体没有固定熔点。当它受热时，随着温度的升高，它会变得越来越软。例如，塑料在夏天暴露在阳光下就会显出这种性质。

液体　液体自身没有形状。它的形状取决于容纳它的容器。没有容器，液体就会向四周铺展开来。液体和固体一样，也不易压缩或膨胀。例如，挤压水时，水的形状可能会改变，但它的体积并不因此而增加或减少。液体的粒子几乎和固体一样，是紧密排列的。但液体中的粒子可以在液体中自由移动。正是由于液体中的粒子可以自由移动，因此液体虽然没有一定的形状，但具有一定的体积。

黏度　不同液体的流动性是不同的。有些液体相对于另一些液体更容易流动。影响液体流动的阻力称为黏度。黏度大的液体流动慢，蜂蜜就是黏度特别大的液体之一。黏度小的液体流动较快，水就是黏度相对较小的一种液体。

气体　与固体和液体不同，气体很容易被改变体积。如果将气体灌入一密封容器内，气体很快就会扩散进而充满整个容器，气体的形状和体积取决于容纳它容器的形状和体积。气体粒子能够扩散并充满所有提供给它们的空间，因此气体既没有一定的形状，也没有一定的体积。

混合物　混合物是由两种或两种以上物质简单混合而成，而非通过化学方法结合而成。在混合物中，每一种成分都保持其各自的性质。例如，利用煮沸海水的方法，可以将海水中的盐和水分离。海水是由水、盐和其他物质组成的混合物。像海水这样的混合物，其组分混合得非常均匀，所以看起来像一种物质，这种混合物称为溶液。溶液可以被看作所有混合物中各组分最均匀的。糖水也是一种溶液。

纯净物　纯净物只由一种物质组成，并且具有固定的性质。如糖、食盐、铁、铝等都是纯净物。不论外形如何，任何一种纯净物的每一份样品都是完全相同的。例如，将不同种类水果汁的各种成分都分离出来，那么分离出的水，不论来自哪种水果汁，都完全相同。

单质　单质是由同一种元素组成的。而且无论采用何种化学方法，都不能将其拆分成其他物质。丰富多彩的世界就是由这些元素通过各种方式组成的。地球大约由 100 多种元素组成，而日常生活中人们能够利用或接触到的元素仅仅只是其中的三四十种。绝大部分元素都是由一个或两个英文字母表示。如"C"代表碳元素，"Cl"代表氯元素等。

化合物　化合物是由两种或两种以上不同元素通过化学结合的方法形成的，水和二氧化碳就是典型的化合物。如同符号可以用来代表元素一样，化学式可以用来代表化合物。水的化学式为 H_2O。

物质的变化　物质状态的变化，如物质的熔化或沸腾，属于物理变化。发生物理变化时，物质只是改变了原来的形态，而物质本身并没有发生任何变化。例如，锅中的水烧干了，水仍然是水，只不过水以水蒸气的形式散发到了空气中而已。然而，在化学变化中，一种或多种物质因为相互结合或分解而彻底破坏，从而生成了新的物质。例如，将食糖加热使其碳化发黑就是一种化学变化。当这一过程最终完成时，原来的糖分子也将不再存在了。[①]

二、"物质与材料"模块实验活动与概念建立

"物质与材料"模块中的核心概念是"物体具有一定的特征，材料具有一定的性能"。教师把本模块的核心概念自上而下进行分解，找到支撑核心概念建构的科学事实（知识点和实验活动），在教学中，以分解概念为切入点，教师

①　[美]帕迪利亚：《科学探索者——物质构成》，华曦，车木，译，14～48 页，杭州，浙江教育出版社，2003。

自下而上引领学生开展探究学习，为核心概念建构搭建脚手架。例如，实验活动"分离混合物"中的分解概念为：

第一，混合物是由两种或两种以上的物质组成的，这些物质仍保留其各自的性质。

第二，溶液是一种混合物，其中一种物质似乎消失在另一种物质里。

第三，结晶是物质的固体状态，由可以确认的形状和样式组成。

第四，当固体溶解在液体中，固体似乎消失了。

第五，当液体蒸发，它们变成气体消失在空气中。

学生需要运用的探究过程技能为：

第一，观察并比较砂砾、硅藻土和盐（氯化钠）。

第二，测量和比较各混合物中液体和固体的质量。

第三，观察食盐中的水蒸发后，剩余的盐晶体。

第四，交流与表达本组的实验结果，其他组倾听并表达认同或质疑的原因。

以上分解概念与探究过程技能是在 3 个实验中完成的，学生在学习过程中要将这些分解概念联系起来，进而为逐层建构核心概念奠定基础。通过观察、比较、测量、交流与表达等探究过程技能训练，旨在让学生不仅能动手做，而且会动脑想。在实验操作过程中学会思变，让他们能够运用科学探究方法解决日常生活问题，同时学会利用科学语言提升与他人交流和沟通的能力。

实验活动：分离混合物[①]

🎓 授课对象

5～6 年级学生。

📖 学习目标

1. 用不同的固体材料和水制备混合物和溶液。

2. 用筛子、过滤器和蒸发皿分离混合物和溶液。

[①] Lawrence Hall of Science，University of California at Berkeley，*FOSS Teacher Guide—Mixture and Solution*，Nashua，Published and distributed by Delta Education，2004，pp. 22-29.

3. 测量固体和液体的质量。

4. 比较混合物和它各部分的质量。

5. 用科学思想过程指导调查并建立解释：观察、分析、比较、组织和联系。

实验1：制备和分离混合物

扫描二维码
观看实验视频

【实验概要】

学生制备水和固体材料(沙砾、硅藻土和食盐)的混合物，用筛子和过滤器分离这种混合物。他们发现水和食盐制成了一种特殊种类的混合物——溶液，不能用过滤器分开。

【实验材料】

每组 4 人①

数量	名称	备注
1	筛子	
1	漏斗	
3	工艺棒	
2	滤纸	
6	塑料杯	
2	黏性记录纸	
1	纸巾	
1	500 mL 容器	
1	50 mL 注射器	
1	盆	
2	手持透镜	

---

① 每个班级中每 4 名学生分为一组；表格中有的材料名称没有对应的数量，这些实验材料的数量可以由教师进行统筹，有的实验材料为耗材，教师可根据班级的学生人数进行准备。下同。

每班①

数量	名称	备注
6	勺子	
2	食用盐容器	
2	沙砾容器	
2	硅藻土容器	
2	大水罐	
	水	
	透明胶带	
	活动挂图	

【实验指导】

1. 向学生展示他们要用的材料——砂砾、硅藻土和食盐（氯化钠）。让每个学生都了解这些保存在化学品仓库中材料的应用。每个小组第一件事就是观察和比较这些材料的性质。

2. 拿三个杯子和三张不干胶标签。要求每组在三个杯子上分别贴上"G""P"和"S"标签。让学生用少量的透明胶带贴在标签上，防止脱落。

3. 带着贴好标签的杯子到化学品仓库取来每种固体材料的样品。

（1）一平勺砂砾放在杯子"G"中。

（2）一平勺硅藻土放在杯子"P"中。

（3）一平勺食盐放在杯子"S"中。

接下来的时间让每组观察这些材料并把这些材料的性质记录下来，鼓励学生触摸，但不要品尝。

4. 要求学生描述他们所观察到的现象。可以告诉学生：硅藻土是硅藻属水生生物的骨骼残存。

5. 向每个杯子中加水，提问学生：如果向每个盛有干燥物质的杯子中加水，会发生什么现象？

---

① 学校的每个班级，如五年级1班，五年级2班等；表格中有的材料名称没有对应的数量，这些实验材料的数量可以由教师进行统筹，有的实验材料为耗材，教师可根据班级的学生人数进行准备。下同。

学生发表他们的观点以后，预习第二部分学生记录纸。取 50 mL 注射器、盆、三根搅棒、一个 500 mL 盛水容器和一张纸巾。学生用注射器向每个杯子中注入 50 mL 水，用搅棒搅拌杯中物质，观察发生的现象，并记录在记录纸上。如果学生不熟悉 50 mL 注射器，则给他们示范如何将尖端浸入水中并且拉动活塞直至拉不动为止。

6. 建立解释：当你把两种或两种以上的物质放在一起，你就制成了混合物。

回顾在每个杯子中的混合物——杯子"G"有砂砾和水的混合物。然后要求学生描述他们每天生活中用到的混合物（早餐吃的谷类食品、巧克力奶、薄煎饼、鸡蛋色拉等）。

7. 讨论如何分离混合物，告诉学生：混合物总能够被分开。学生已经制备了三种混合物，提问学生：如何将这三种混合物分开呢？

8. 准备其他杯子，告诉学生：他们的目标是分离混合物，水和固体物质在不同的杯中。让他们为另一套杯子贴上"G""P"和"S"标签。

9. 告诉学生：过滤器是可以分离混合物的。筛子是过滤器的一种。让学生阅读，随后把步骤写在记录纸上。

(1)选择一种混合物，即盛有沙砾和水的 G 杯。把筛子放在另一个贴有"G"标签的杯子上。

(2)彻底地过滤混合物。

(3)立即倾倒混合物，过筛。

10. 让所有小组试着用筛子分离三种混合物。当学生尽力分离混合物时，提问学生：哪种混合物可以用筛子分离？

11. 演示如何用一张滤纸装配漏斗，把这张纸折叠成四分之一且打开后成圆锥形。提醒学生在过滤之前要搅拌混合物且每次过滤要单独用纸。取来漏斗和两张滤纸，开始过滤。

12. 硅藻的混合物和盐的混合物被过滤后，让学生小心地打开这两张滤纸，把它们展开，平铺在桌子上的纸巾上。提问下列问题。

(1)哪种混合物可以被纸过滤器分离？

(2)筛子和纸过滤器有何相似？又有何不同？

13. 提问学生：盐发生了什么反应？让他们用手指触摸盐和水的混合物，如果愿意可以品尝。告诉他们：混合物中的固体物质在液体里仿佛是消失了，且这

19

种混合物不能用过滤器从水中分离，它是一种特殊的混合物。盐在水里消失溶解制成了盐的水溶液。

14. 每组回答问题，并把关于混合物的思考写在记录纸上。

15. 整理实验材料，让学生把标签从杯子上撕下来，并处理剩余的溶液。保留湿的沙砾，扔掉过滤硅藻的滤纸。让一组冲洗杯子并拿去干燥。

16. 建立关于混合物和溶液的科学词汇库，增加新的科学词汇到科学词汇库。当词语被提出时，复习每一个词的含义。

- 混合物。
- 性质。
- 溶液。
- 溶解。

17. 建立内容/探究图表。内容/探究图表列出陈述概念，总结在这个实验中所学到的知识。为了引出(发生、产生)陈述，问学生他们在实验中学到了什么。如果他们需要提示，就问与刚完成调查有关的问题，并尽可能多地用学生的语言在图表纸上写出答案。

- 如果向含有干燥物质的杯中加水会发生什么？
- 如何分离混合物？

实验 2：分离盐溶液

扫描二维码观看实验视频

【实验概要】

学生把食盐和溶液中的水分离，比较混合物的总质量和其中一部分的质量，蒸发盐溶液。

【实验材料】

每组 4 人

数量	名称	备注
1	工艺棒	
2	塑料杯	
3	蒸发皿	
1	天平	

续表

数 量	名 称	备 注
25	1 g 砝码	
5	5 g 砝码	
2	10 g 砝码	
1	20 g 砝码	
1	500 mL 容器	
1	50 mL 注射器	
1	盆	
4	学生记录单	
	草稿纸	

每班

数 量	名 称	备 注
1	勺子	
2	食用盐容器	
3	托盘	
12	小瓶	
2	大水罐	
	水	
	纸巾	

【实验指导】

1. 让学生回忆他们在实验 1 中，制取了什么混合物，提问：

(1)混合物是什么？

(2)如何分离混合物？

提醒他们所有的混合物都能被分离，复习分离混合物的过程。

2. 复习溶液概念，提示学生盐和水制成了一种称为溶液的特殊混合物，提问：

(1)你能用筛子分离溶液吗？

(2)你如何分离溶液中的成分？

3. 演示如何在天平上称取 50 mL 水。

(1)把两个杯子分别放在天平的两个托盘上，调零点。

(2)用注射器向一个杯子中加入 50 mL 水。

(3)让学生在另一个托盘上加砝码，直至天平平衡。

(4)数砝码，学生确认 50 mL 水的质量是 50 g。

4. 制备并称量盐溶液，提问学生：用 50 mL 水和一勺盐制成的溶液与单纯 50 mL 水的质量相同吗？哪一个质量更大？哪一个质量更小？你是如何发现的？

让学生在小组内讨论并决定如何回答这个问题。

5. 实验过程中，如果学生需要指导，发给每个学生制备溶液的学生记录单。或者，延迟发放记录单，让学生尝试用自己的想法进行实验。记录单描述了测定盐溶液质量的操作步骤：称取 50 mL 水；加一勺盐；搅拌；称量并记录溶液的质量。盐水溶液的质量约为 54 g。

6. 测定盐的质量，提问学生：你如何测定加入水中制成溶液的盐的克数？

可以建议学生：

(1)称一勺盐的质量。

(2)溶液的质量里减去 50 g(水的质量)。

提醒学生 50 mL 水的质量是 50 g。通过从溶液的质量里减去 50 g，计算出盐的质量。溶液或混合物的质量等于它各部分质量的总和。

7. 提醒全班，混合物可以被分离。提问学生：你可以用过滤器从水中分离沙砾、分离粉末，那么你如何从水中分离盐？你如何重新得到盐？

如果他们没有提到蒸发，建议他们用蒸发的方法分离盐和水。

8. 每组放置两个盐溶液蒸发皿。两个组共用一个托盘存放蒸发皿。首先，将写有学生姓名的纸片作为标签，放在每个蒸发皿下面盘子里。其次，向每个蒸发皿中注入少量溶液(约 25 mL，或者完全覆盖蒸发皿的整个底部)。

9. 这部分没有新的科学词汇，复习词汇库中已有词汇。询问学生他们是否有其他想要加入的词汇？

实验 3：观察晶体

【实验概要】

盐水溶液中的水蒸发后，学生观察剩余的盐晶体。

【实验材料】

每组 4 人

数量	名称	备注
2	蒸发皿	来自实验 2
2	手持透镜	
4	学生记录单	
	白纸	

【实验指导】

1. 当盐水溶液蒸发后，拿来蒸发皿和手持透镜，让学生观察蒸发皿中的盐并把他们的观察记录下来。如果可能，可为分析提供显微镜。提问下列问题。

(1)当盐水溶液蒸发时发生了什么现象？

(2)蒸发皿里的物质是什么？

(3)混合物中的水发生了什么变化？

(4)盐看上去和当初一样吗？

2. 要求学生画一幅蒸发皿中晶体的图画，并解释这幅图。

3. 让学生观察盐晶体(氯化钠)，告诉他们：晶体是一种物质的固体形式，通过它的性质，如形状、颜色和样式能够鉴别。盐晶体是正方体。

4. 学生可以加水看看盐的晶体是否可以再溶解并蒸发，形成特有的正方体晶体。如果学生有兴趣，鼓励他们去做。

5. 要求每一组复习之前实验的内容，回顾他们是如何成功分离三种混合物的，让学生把分离的过程写在记录单上。

6. 增加新的科学词汇到科学词汇库。

· 蒸发。

· 晶体。

7. 建立内容/探究表，将新学到的内容加到内容/探究表。

· 溶液如何被分离？

· 怎样鉴别蒸发后的剩余物质？

将学生的提问进行收集整理。

【扩展阅读】

推荐一些与"混合物和溶液"内容相关的书目给学生，阅读使他们可以获取更多的信息。

第二节 "水"模块教学指导

一、"水"模块概念分解与内容解析

(一)"水"模块概念分解

"水"模块概念分解见表2。

表 2 "水"模块概念分解

核心概念	分解概念	概念分级	科学事实
水是一种常见而重要的单一物质	水在自然状态下有三种存在状态	低层级：观察并描述水的颜色、状态、气味等特征	取一个烧杯，加入一些冰块，用温度计测量并记录冰块的温度；让冰块自行融化，观察冰块的融化过程，每隔一段时间测量并记录温度；当冰块完全融化成水时，观察并记录温度计的示数
		中层级：知道冰、水、水蒸气在形状和体积等方面的区别；观察并描述一般情况下，当温度升高到 100 ℃，或降低到 0 ℃以下时，水会沸腾或结冰；知道冰、水、水蒸气虽然状态不同，但都是同一种物质	
		高层级：列举日常生活中水的蒸发和水蒸气凝结成水的实例，如晒衣服、雾、玻璃窗上的水珠等；知道温度是影响水结冰和水沸腾过程的主要因素	

核心概念	分解概念	概念分级	科学事实
水是一种常见而重要的单一物质	有些物质在水里能够溶解，而有些物质在水里很难溶解	低层级：知道有些物质能够溶解在一定量的水里，如食盐和白糖等；有些物质很难溶解在水里，如沙和食用油等	取两份相同质量的食盐，同时倒入两个盛有等体积水的烧杯中，用搅拌棒搅拌其中一个烧杯，观察两个烧杯中食盐溶解的快慢；取两份相同质量的食盐，同时倒入两个盛有等体积冷水和热水的烧杯中，观察两个烧杯中食盐溶解的快慢

教师在讲"水"时，可以以实验为载体，让学生通过观察、比较、测量理解水的特征。通过"水"模块强调发展学生的观察能力和描述能力，建立基于经验的概念。而教师在讲授这部分内容时，往往会把实验本身作为教学重点，讲授更多的是水的颜色、气味、形状等，而没有告诉学生利用水的性质可以做什么。例如，在"水的变化"一课，学生记住的就是填写"水的变化条件（受热、冷却）：冰（固体）—水（液体）—水蒸气（气体）"，一节原本生动的观察实验课，变成了机械的填空题训练。如果教师首先能够让学生通过观察描述水的特征，再通过温度的变化知道水的沸腾和结冰，最后理解温度是影响水结冰和水沸腾过程的主要因素，那么学生一旦建立起这种层级结构，将更有助于为他们未来的学习提供支持。再如"溶液"一课，通过制作溶液的实验，教师让学生记录食盐、白糖分别与水混合后的状态。如果在此基础上，教师可以进一步引导学生建立"水是大多数溶液的溶剂，水能溶解许多物质"这个分解概念。当学生学习"细胞"时，他们会知道水溶液有特别重要的作用，细胞主要是由水和溶解在水中的化学物质组成的；在学习"消化"时，他们会知道生命所需的化学物质，一般都能在水溶液中发生反应。教师在这一学习过程中进行适时梳理总结，学生在头脑中就会形成"水是一种常见而重要的单一物质"这一核心概念。

在讲"水资源"时，告诉学生，水是仅次于氧气的重要物质。在成人体内，水的比重大约为 65％。儿童体内水的比重更大，可达到约 80％。如果一个人不吃饭，仅依靠自己体内贮存的营养物质或消耗自体组织，可以活上一个月。但是如果不喝水，连一周时间也很难度过。体内失水 10％就会威胁健康，如失水 20％，就有生命危险，足可见水对生命的重要意义。我国水资源的特点是，总量多，但是人均占有量少，许多地区已经出现因水资源短缺影响人民生活、制约经济发展的局面，所以要节约用水、合理用水。告诉学生，可以从身边的小事做起。比如，用完水后随时关上水龙头，别让水空流；一水多用，充分利用循环水；少用洗涤剂，尽量用肥皂减少水污染，因为大多数洗涤剂都是化学产品洗涤剂，含有大量化学产品洗涤剂的废水排放到江河里会使水质恶化等。让学生从小树立环境保护意识。

(二)"水"模块内容解析

你怎样回答"水是什么"这个问题？水是这样普通和熟悉，以至于我们从来不曾想过应该怎样去定义或描述它。对于生物学家来说，水是生命产生的场所。以水为基础，生命经过化学合成形成今天的状态。我们的本质就是水，水是与其他任何物质相比较的基准。因此我们直觉地描述水：无色无味，密度几乎和我们正常人的身体的密度相同。无论如何，对于从一个充满甲烷或氨气的星球形成生命的过程来说，化学过程是截然不同的，纯水可能有着很怪的味道，像有毒的酸败的葡萄一样。对于地质学家来说，水是一种液态的来自于地球的物质。水在地球表层的造型和天气与气候的成因上扮演了主角。对于化学家来说，水是由两个氢原子和一个氧原子构成的分子（H_2O）。

水在哪里？在地球上，到处都有水，水坑里，池塘里，河流里，海洋里。虽然水几乎覆盖了地球四分之三的表面积，但它仍是地球上最珍贵的物质。海洋包含了地球水量的 97％，但是亿万年来在地球表面硬化过程中，水被消耗掉，海洋逐渐变成了溶解盐类矿物的巨大容器。虽然盐水是地球千万种生命生成的环境，但是人类的生命却不能依赖盐水。淡水不足地球水体的 3％，而且很大一部分是人类难以利用的，比如，地下水、冰川和大气中的水。

在讲"水的变化"时，教师可以展示 3 个形状不同但同样装有 100 mL 水的容器，提问学生："你认为哪个容器中的水更多?"学生会有各种答案。此时，教师将各个容器中的水分别倒入三个带有刻度的烧杯中，发现每个容器中的水都是 100 mL，水的体积并不因容纳它的容器形状的不同而改变。液体的粒子几乎和固体中的一样，是紧密排列的。但是液体中的粒子可以在液体中自由移动。正是由于液体中的粒子可以自由移动，因此，液体虽然没有一定的形状，但具有一定的体积。那么，如何让水保持一定的体积? 学生可能会回答："把水冻成冰。"教师展示装有 100 mL 水结成冰的瓶子时，发现体积变大了，这是为什么? 学生会回答："因为热胀冷缩。"此时，学生与先前经验发生了认知冲突。教师可以告诉学生，热胀冷缩是物体的一种基本性质，物体在一般状态下，受热以后会膨胀，在受冷的状态下会缩小，大多数物体都具有这种性质。例如，温度计里的水银或酒精，随着温度变化热胀冷缩而显示不同的刻度;夏天自行车的轮胎不能充太足气，防止温度升高时，因气体膨胀而引起爆胎等。但水是一个特例，水在温度由 0 ℃上升到 4 ℃的过程中，水的密度逐渐加大;当温度由 4 ℃继续上升时，水的密度逐渐减小; 4 ℃时，水的密度最大。所以水在 0 ℃至 4 ℃的范围内，呈现出"冷胀热缩"的现象。此外，物质的三态转化还会涉及一些重要的科学词汇。

熔化　由固态变为液态的过程，称为熔化。对于大多数纯净物都能在特定温度时熔化，这个温度就是该物质的熔点。一种物质的熔点取决于该物质粒子相互吸引的程度。以融化冰块为例，熔化所需要的能量来自室内的空气。冰块获得的热能首先使水分子的振动加速，结果就使冰块的温度升高。当冰的温度升至 0 ℃时，水分子振动的速度快到足以摆脱它们在冰晶体内所处位置的束缚，此时冰块就开始熔化。熔化一旦发生，冰的温度不再上升，此时冰块获得的能量主要是使水分子从固体冰的排列转换成液体水的排列，这就是熔化过程。

凝固　如果将冰块熔化而成的液体水放入冰箱，经过一段时间后，水又重新凝固成了冰。凝固是从液态变成固态的过程，是熔化的逆过程。当液体水被放入冰箱时，水能放出能量并将其转移给了冰箱中的空气。失去能量的水分子运动变得越来越慢，这就意味着水的温度在下降。当温度降至 0 ℃时，水分子的运动慢到只能在一个固定的位置上振动，这样就使它们形成了规则的排列，从而变成了晶体，对水而言就是结成了冰。在水结成冰的过程中，温度始终保持在 0℃ 不变，直到结冰过程完成（这个温度就是冰融化时的温度）。结冰过程中所失去的能量等于液态水变成固态冰时分子排列所需要的能量。

汽化　由液态水变为水蒸气的过程称为汽化。当液体获得足够的能量而变为气体时，汽化过程就发生了。汽化主要有两种类型：蒸发和沸腾。如果汽化仅仅发生在液体表面，这个过程称为蒸发。阵雨过后所形成的积水被晒干就属于水的蒸发。当积水从地面、空中以及阳光获得能量时，积水就这样慢慢消失了。当人们身体出汗时，汗水也进行了同样的蒸发过程。汗水从人体的皮肤上获得能量，不断蒸发，最后都进入空气中。由于汗水蒸发可以使你失去能量，所以出汗有助于你在运动中和大热天散去体内热量，使人感到凉爽。如果液体内部发生了如液体表面那样的汽化过程，则这一过程称为沸腾。液体沸腾时，温度始终保持不变，该温度就是液体的沸点。如同固体的熔点一样，液体沸点的高低取决于液体粒子相互吸引的强度。

沸点和大气压　沸点还与液体上方的空气压力——大气压有关。大气压越低，液体分子逸出液体进入大气所需能量越少。大气压与海拔高度成反比，海拔高度越高，大气压就越小。在接近海平面的大气压下，水的沸点是 100 ℃。如果在高山上，则因海拔较高，大气压力较小，所以水的沸点也将低于 100 ℃。

冷凝　汽化的逆过程就是冷凝。当气体失去足够的热能而变成液体时，冷凝就发生了。天空中的云彩就是典型例子。云是由大气中的水蒸气冷凝成小水滴而形成的，当这些小水滴越聚越大，形成更大、更重的水滴时，就下雨了。当人们对着一面镜子呼气，呼出的温暖水蒸气达到较冷的镜子表面时，水蒸气就凝结成小水滴留在镜面上，镜子就变得模糊了。但是，这些小水滴又很快蒸发成为水蒸气，进入空气中，镜面又变得清晰了。在观察汽化和冷凝过程时，是不可能看到水蒸气的，因为水蒸气是无色透明的气体，人的肉眼无法观察到。煮开的水壶上方所看到的水汽，不是水蒸气，而是悬浮在空中的非常微小的水滴。

升华　冬天下雪后，尽管气温仍在冰点以下，积雪也会不断熔化，慢慢消失。这是因为雪发生了升华。升华是固体表面的粒子因获得了足够的能量而直接变成了气体。在此变化过程中，固体没有经过液态直接变成了气体。例如，干冰的汽化就是升华的典型例子之一。干冰是固体二氧化碳，在常压下，二氧化碳不能以液态存在，所以在通常情况下，固体二氧化碳熔化后直接变成了气体。干冰吸收环境所提供的热能而发生了状态的改变，同时使周围的环境变得又冷又干燥。由于这个原因，如果没有冰箱，可以用干冰来获取与维持低温的条件。此外，在干冰变成气体的过程中，它将周围空气中的水蒸气冷凝使之变成小水滴，形成雾。[①]

在讲"溶液"一课时，学生已经学过一些关于固体和液体的知识。在"制作溶液"的实验中，学生知道所有的溶液都由两部分组成：溶剂和溶质。溶剂是溶液中量较多的部分，它可以溶解另一种物质。溶液中量较少的部分，是被溶剂所溶解的物质，称为溶质。在盐溶液中，溶剂是水，溶质是食盐。水是大多数溶液的溶剂，水能溶解许多物质，所以水有"普适溶剂"之称。这里要强调纯净水和自来水的区别。纯净水是经过特殊加工，几乎去除了水中所含的其他物质。纯净水是溶剂。自来水是纯水和氯化物、氟化物、金属离子等其他各种物质的混合物，水中还溶有氧气和二氧化碳等。自来水是溶液。水溶液有特别重要的作用，细胞主要是由水和溶解在水中的化学物质组成的。生命所需的化学物质，一般都能在水溶液中发生反应。例如，生物在溶液中消化食物，土壤中的营养物质溶于水而被植物利用等。

在建立"有些物质在水里能够溶解，而有些物质在水里很难溶解"的分解概念时，学生可以通过实验把水和胡椒粉混合，无论怎样搅动，两者都不会真正"混匀"。当停止搅动后，胡椒粉会浮在水面或沉在杯底，它仍然可以从水中分离出来。胡椒粉和水组成的是悬浊液。悬浊液是一种能够看到悬浮粒子，且其中的粒子可通过沉降或过滤很容易分离出来的一种混合物。但是，如果把盐放到水中，盐就消失了，水和盐生成了一种完全混合的溶液，整个

---

① ［美］帕迪利亚：《科学探索者——物质构成》，华曦，车木，译，64～67页，杭州，浙江教育出版社，2003。

溶液的性质都一样。溶液中的粒子比悬浊液中的小一些。溶液和悬浊液的粒子混合方式不同，很容易区分。溶液中的粒子，用人的肉眼是看不到的，用过滤和沉积的方法也不能把盐从水中分离出来，只有把盐煮沸，蒸发除去水后，食盐才能分离出来。溶质可以降低溶剂的凝固点，称为凝固点下降。当液态水凝固时，因分子的运动被减得很慢而结冰。比较纯水和盐水溶液中的粒子，纯水仅由水分子组成，而盐溶液中除水外还有溶质粒子，正是这些溶质粒子的存在，使得水分子的结晶变得困难，必须把温度降到 0 ℃以下，固体才能形成。溶质能使溶剂的沸点升高。液态时，分子相互靠紧；气态时，分子相互远离；分子在气态时比在液态时运动得更快。随着液体温度升高，分子得到能量而逃逸到空气中。在纯水中，所有的分子都是水分子，而在溶液中，除水分子外还有溶质粒子，溶质粒子的存在使水分子逃逸的难度增加，需要更多能量。所以，溶液沸腾的温度就要比 100 ℃高。[①]

二、"水"模块实验活动与概念建立

"水"模块中的核心概念是"水是一种常见而重要的单一物质"。教师把本模块的核心概念自上而下分解，找到支撑核心概念建构的科学事实（知识点和实验活动），在教学中，教师自下而上引领学生开展探究学习，为核心概念建构搭建脚手架。例如，实验活动"水的观察"中的分解概念为：

第一，水具有几种可观察的特性，包括透明、无形状、可以运动或流动，在某些材料表面水珠可以被吸收。

第二，水的表面张力是水的表面有一层皮肤似的薄层，使液体表面收缩的力。

第三，数滴水在一个硬币上形成丘状是由于水有表面张力，在水里增加某些物质可以破坏表面张力。

第四，水顺着斜坡往下流，水量越多流动越快，随着坡面倾斜度增加，水的流速加快。

---

① ［美］帕迪利亚：《科学探索者——化学反应》，盛国定，马国清，译，80～87 页，杭州，浙江教育出版社，2002。

学生需要运用的探究过程技能为：

第一，观察水与纸巾、蜡纸、铝箔和书写纸材料的相互作用。

第二，测量一枚硬币上面可以滴多少滴水后才会流出来？

第三，观察水沿斜坡的流动，分析坡面倾斜度对水流动的影响。

第四，交流与表达本组的实验结果，其他组倾听并表达认同或质疑的原因。

以上分解概念与探究过程技能是在 3 个实验中完成的，学生在学习过程中要将这些分解概念联系起来，进而为逐层建构核心概念奠定基础。通过观察、测量、分析、交流与表达等探究过程技能训练，旨在让学生不仅能动手做，而且会动脑想。在实验操作过程中学会思变，让他们能够运用科学探究方法解决日常生活问题，同时学会利用科学语言提升与他人交流和沟通的能力。

实验活动：水的观察[①]

授课对象

3～4 年级学生。

学习目标

1. 观察水与其他材料的相互作用。

2. 探究表面张力的特性。

3. 探究和观察水在斜面上的运动。

4. 运用科学思维方法，进行探究并且解释：观察、沟通、比较、组织。

实验 1：观察水

【实验概要】

学生进行实验活动——观察水。水是一种很重要的地球物质，比较水与

扫描二维码观看实验视频

[①] Lawrence Hall of Science, *University of California at Berkeley*, *FOSS Teacher Guide—Water*, Nashua, Published and distributed by Delta Education, 2004, pp. 23-41.

纸巾、蜡纸、铝箔和书写纸四种材料的相互作用。

【实验材料】

每组 4 人

数量	名称	备注
1	盘子	
4	滴管	
2	塑料杯	
1	30 cm^2 蜡纸	
1	30 cm^2 铝箔	
1	普通白纸	
1	剪刀	
1	海绵块	
4	学生记录单	

每班

数量	名称	备注
1	表格或一张大纸	
	水	
	纸巾	

【实验指导】

1. 告诉学生：他们将要研究一种很重要的物质——水。拿着一个注满水的塑料杯，告诉他们：这种物质是地球形成的材料。请学生讲讲他们知道的水，水能做什么？水有什么用？哪里有水？在一张大纸上记录学生的认识。

2. 回顾一种能观察到的物质的特性，如形状、颜色、温度、气味等。

3. 介绍金属箔片或纸的表面，提问下列问题。

(1)当水溢出、飞溅或滴落在物体上时会怎样？

(2)上述情况在所有物体的表面上都一样吗？

展示学生用纸巾、蜡纸、铝箔和白纸做的实验结果。

4. 拿一个塑料滴管，示范如何使用塑料滴管。

5. 让学生把水一滴一滴地滴在不同材料的表面，观察并描述所看到的现象。鼓励学生观察来自各角落的水滴并注意水滴所形成的形状。强调细心观察的重要性。

6. 组织合作小组并分工。负责拿实验用品的人给每人一个滴管和一种材料，他本人负责裁纸或分割其他材料。

7. 教师走到某个小组时，可以给他们布置下列任务。

(1)当水滴越滴越多时，水滴会发生什么现象？

(2)你能使互不接触的两滴水距离多近？

(3)一滴水能否脱离开另一滴水？

(4)你能从滴管口拖出一滴水吗？

(5)从空中落下的水滴是什么形状？

8. 实验后进行清理，按分工把各种材料放回去，把用过的纸扔掉，擦净桌子。

9. 发给每个学生记录单，记录他们的观察结果。

10. 每个小组的发言人报告他们在每种材料上滴水的实验结果。在黑板上写出他们观察的步骤。当学生说出水浸透了某种材料时，告诉他们：当水浸透一种材料，比如纸巾，我们就说纸巾吸收了水。当水滴在某种材料表面停留，我们把它叫作水珠。

让学生鉴别吸水的材料和在表面形成水珠的不吸水材料，并描述水珠的形状。

11. 增加新的科学词汇到科学词汇库，列举水在不同材料表面相关的关键词，复习每个词的意思。

• 水。

• 特性。

• 吸收。

• 水珠。

12. 建立内容/探究表，在内容/探究表中列出在实践活动中获得的相关知识概念(水被某些材料吸收；水珠在某些材料表面；学生的问题)，让学生综述在活动中他们学到了什么，如果需要提示，就提出与他们探究活动相关的问题，并尽可能用他们自己的语言在记录纸上写出答案。

- 当水溢出、飞溅或滴落在物体上时会怎样？
- 上述情况在所有物体的表面上都一样吗？

把学生的问题写在记录表里。

扫描二维码观看实验视频

实验 2：表面张力

【实验概要】

学生发现一枚硬币上面滴多少滴清水后，水才会流出来？给学生介绍表面张力是水的一种性质。尝试用肥皂水和盐水滴在硬币表面鼓起来的水面上，以改变表面张力。

【实验材料】

每组 4 人

数量	名称	备注
4	滴管	
4	塑料杯	
1	30 cm² 蜡纸	
1	托盘	
6	硬币	
4	学生记录单	

每班

数量	名称	备注
2	（带柄和倾口的）大水罐	
2	塑料杯	
1	5 mL 小匙	
	盐	

数量	名称	备注
	肥皂	
	纸巾	
	200 mL 白醋	
	水	

【实验指导】

1. 估计硬币上的水滴，提问学生：猜一猜你能在硬币上滴几滴水？5 滴、10 滴，还是更多？

2. 描述滴水的过程，让学生两两进行实验。

(1)把一枚干的硬币放在纸巾上。

(2)用滴管一次在硬币上滴一滴水。

(3)滴管要垂直于硬币，在硬币上方 1 cm 处滴水。

(4)直到水从硬币上溢出为止，数一数滴了多少滴水。

3. 负责拿实验用品的人把所需材料分为两组。

4. 讨论实验结果，把学生的实验结果记录在黑板上。讨论他们的猜测是否与实际结果接近？如果在不同的实验组实验结果有较大差异，讨论为什么会这样(滴管的大小不同、桌子轻微摇晃等)？提问学生：硬币表面的水在溢出之前是什么形状的？

有些人可能注意到了水在硬币表面形成的圆丘状，请一个学生到黑板上画出硬币和表面的水的形状侧视图。

5. 介绍表面张力，告诉学生：水的这种圆弧形状是水的一种有趣的特性，科学家们把它叫作表面张力。表面张力使水聚集在一起形成球状。

6. 介绍肥皂水，用肥皂水重复做硬币实验。提问学生：在硬币上的水圆丘上滴一滴肥皂水会怎样？

7. 描述肥皂水做的实验。

(1)像前面一样放一枚硬币在纸巾上。

(2)在硬币上滴 15 滴清水，形成一个圆丘状。

(3)从侧面看着这个圆丘时加入一滴肥皂水，数一数在水从硬币上溢出之前你加了几滴肥皂水。

8. 用 10 mL 肥皂水和一个新的滴管，一枚干净、干燥的硬币。告诉学生，滴肥皂水的滴管只能用于滴肥皂水。

9. 讨论肥皂水实验结果，让小组发言人报告当他们把肥皂水加入清水形成的圆丘时发生的现象(肥皂水溢出)。提问：肥皂水影响清水的表面张力吗？你怎么知道的？

学生猜测肥皂水破坏清水的表面张力，证据是比清水少得多的肥皂水就能使硬币上圆丘里的水溢出了。

10. 同理试试盐水，讨论盐水实验结果。

11. 记录观察结果，将记录单发给每位学生，记录观察结果。

12. 增加新的科学词汇到科学词汇库。

· 表面张力。

· 圆丘。

13. 建立内容/探究表，在内容/探究表里增加新的概念。

· 水在平面上会形成什么形状？

· 为什么会形成圆丘状？

· 怎样改变清水的表面张力？

把学生的问题写在记录表里。

实验 3：斜面上的水

【实验概要】

学生在倾斜的表面上滴数滴水，观察水沿着斜坡的流动；观察水珠的大小怎样改变水的流动；观察增加坡面倾斜度对水流动的影响。

【实验材料】

每组 4 人

数量	名称	备注
1	托盘	
2	滴管	
1	塑料杯	

数量	名称	备注
1	海绵块	
2	厚书	
	蜡纸	
4	学生记录单	

每班

数量	名称	备注
2	（带柄和倾口的）大水罐	
	纸巾	
	水	

【实验指导】

1. 观察斜面上的水，请学生思考雨点落在一条沿着山坡流下的河流时会发生什么现象，倾听学生的意见，他们可能知道雨水会和河流一起沿着山坡流下去。

2. 告诉学生，他们将要观察水滴在斜面上会怎样，示范实验过程。

(1)把一个方盘子一端架在一摞书上。

(2)放一张蜡纸在盘子表面。

(3)用滴管把水滴在蜡纸上，观察现象。

(4)把流到盘底的水倒回塑料杯。

3. 负责拿实验用品的人把所需材料分发下去。如需要，为他们提供探究建议。

(1)从顶端滴水。

(2)从不同高度滴水。

(3)比较斜面上不同大小水珠的流速。

(4)发现一个水珠是否能追上另一个水珠。

提醒学生及时把盘底的水倒回塑料杯。

4. 描述实验结果，鼓励学生描述所做的和所发现的现象。

5. 提议水珠赛跑，提问学生：两个水珠赛跑，哪个水珠先到达盘子底部？

示范：

(1)把一个盘子的一端架在一摞书上。

(2)端起盘子另一端使其水平。

(3)在书的一端分别用一滴水、两滴水、三滴水、四滴水做几个大小不同的水珠。

(4)逐渐降低盘子另一端的高度，并观察水珠。

6. 开始比赛，由学生自己进行水珠赛跑实验。

7. 讨论实验结果，请发言人报告通常哪个水珠先到达盘子底部(最大的水珠最快)。看有没有其他的观察结果。

8. 增加倾斜度，请学生思考加大盘子的倾斜度会怎样，讨论答案。分两组实验，比较垫一本书和垫两本书时的情况，继续比赛。

9. 描述实验结果，分发记录单给每位学生，发表他们水珠赛跑实验的经验。

10. 增加新的科学词汇到科学词汇库。

· 斜面。

· 流动。

11. 建立内容/探究表，在内容/探究表中增加新的概念。

(1)水珠在斜面的顶端时会怎样？

(2)大水珠和小水珠哪个流得更快？

(3)水在陡坡上流得快还是在缓坡上流得快？

【扩展阅读】

推荐一些与"水"内容相关的书目给学生，阅读使他们可以获取更多的信息。

第三节 "空气"模块教学指导

一、"空气"模块概念分解与内容解析

(一)"空气"模块概念分解

"空气"模块概念分解见表3。

表3　"空气"模块概念分解

核心概念	分解概念	概念分级	科学事实
空气是一种常见而重要的混合物质	空气具有质量并占有一定的空间，形状随容器改变，没有固定的体积	低层级：观察并描述空气的颜色、状态、气味等特征	取一个塑料杯，在杯底紧塞一团纸，将其垂直倒扣在盛有水的水槽中，观察纸是否会被浸湿，通过该实验可以证明空气占有空间
		中层级：知道空气具有质量并占有一定的空间，空气总会充满各处	
	空气是由氮气、氧气、二氧化碳等组成的混合物质	中层级：知道空气中的氧气和二氧化碳对生命具有重要意义	
	空气的流动是风形成的原因	中层级：通过观察，描述热空气上升的现象；知道空气的流动是风形成的原因；列举生活中常见的形成风的一些方法	取两个玻璃瓶，分别放在冷水和热水的水盆中，在热瓶中放入点燃的香，待瓶内充满烟后，移走香，立即用毛玻璃片将瓶子盖好，将冷瓶倒扣在有烟的热瓶上，抽掉玻璃片，通过观察烟，了解空气的流动

　　教师在讲"空气"时，可以通过扇扇子的方式让学生体验空气的存在。通过"空气"模块强调发展学生的动手能力和解释能力，建立基于实践的概念。教师在讲授这部分内容时，可以提问："如何证明空气的存在?"与固体和液体不同，很容易改变气体的体积。例如，通过实验，将气体灌入一密封容器中，气体很快就会扩散进而充满整个容器，气体的形状和体积取决于容纳它的容器的形状和体积。做个深呼吸，胸口会膨胀，就是气体会膨胀的结果。空气实际上是一种混合气体，但其行为如同一种单一气体。呼吸时，把手放在嘴前，会感觉到周围的空气在流动。通过一系列的实验，鼓励学生得出结论："气体既没有一定的形状，也没有一定的体积。"

告诉学生，空气是地球上动植物生存的必要条件，动物呼吸、植物光合作用都离不开空气；大气层可以使地球上的温度保持相对稳定，如果没有大气层，白天温度会很高，而夜间温度会很低；臭氧层可以吸收来自太阳的紫外线，保护地球上的生物免受伤害；声音的传播要利用空气；降落伞、减速伞和飞机也都利用了空气的作用力。假如没有空气，地球将是一片荒芜的沙漠，没有一丝生机。绿色植物利用空气中的二氧化碳以及阳光和水合成营养物质，在此过程中，氧气被释放出来，人类和其他动物通过呼吸空气来获取氧气，动物还需要氧气从摄入的食物中获取能量。一般说来，空气的成分是比较固定的，这对于人类和其他动植物的生存是非常重要的。但随着现代化工业的发展，排放到空气中的有害气体和烟尘，改变了空气的成分，造成了对空气的污染。被污染的空气会严重地损害人体的健康，影响农作物的生长，造成对自然资源以及环境的破坏。告诉学生，可以从身边的小事做起。例如，外出吃饭尽量不用一次性饭盒，减少"白色污染"；进行垃圾分类，注意废物利用；加强绿化，植物可以美化环境、调节气候、截留粉尘、吸收大气中有害气体，植物净化是行之有效的方法等。

(二)"空气"模块内容解析

在"空气的组成"一课，让学生将放在水槽中的一支蜡烛点燃，用玻璃瓶倒扣在蜡烛上(瓶口浸入水中)，观察所发生的现象。结果蜡烛在倒扣的瓶子中燃烧时，消耗了瓶中的全部氧气，水进去补充原来氧气所占据的体积，瓶中水面上升。水面只上升一部分，说明瓶中还有不支持蜡烛燃烧的气体，这些气体占据了瓶中上部的空间。[1] 通过这一实验，学生知道了燃烧需要氧气。虽然氧是自然界中仅次于氮的第二大气体，但它的体积还不到大气总体积的25%。动植物直接从空气中吸收氧气，并依赖它把贮存在食物体内的能量以可供使用的形式释放出来。氧气还有其他一些重要用途。任何形式的燃料，在燃烧过程中必须依靠氧气。没有氧气，火就不能继续燃烧。燃烧需要大量氧气，但有时人们希望消耗氧的速度尽可能慢，例如，汽车等物体上的铁慢慢转化为氧化铁(铁锈)。那么，空气中除了含有氧气，还有什么其他物质？

---

[1] 李晶：《科学——第 1 册》，84～85 页，北京，北京出版社，北京教育出版社，2005。

这些不支持燃烧的物质又有怎样的性质？

氮气　氮气是大气中含量最多的气体，在人类所呼吸的空气中，它占的比重略多于75％。每一个氮分子由两个氮原子组成。氮对于生物体来说是不可或缺的，蛋白质及生物体内其他一些复杂的化学物质中都含有氮，任何有机体都必须吸收氮才能健康生长。大部分生物都不能直接从空气中吸收氮。有些植物根部含根瘤菌，这种菌能够直接把氮转化为有机质。植物从泥土中吸收氮，并制造蛋白质。动物必须通过进食植物或其他动物来摄取蛋白质。

二氧化碳　二氧化碳分子由一个碳原子和两个氧原子组成。虽然大气中二氧化碳的含量很少，但它却是生命活动必不可少的。动物把二氧化碳当成废料排出体外，植物却必须用二氧化碳来生产"食物"。诸如煤炭、汽油之类的燃料燃烧时会释放出二氧化碳，而二氧化碳量的增加将导致全球升温。

其他气体　氮气和氧气的体积分数约占干洁空气的99％，二氧化碳和氩气又占了剩余1％的绝大部分，因此剩余的那些气体数量很少，被称为痕量气体。

水汽　以上所讨论的空气组成比例都是针对干洁空气而言的。在现实生活中，由于水汽的存在，空气并不干燥。水汽是水的一种气态形式，与由小水滴汇聚而成的水蒸气不同，水汽是肉眼看不见的。每个水分子含有两个氢原子和一个氧原子。空气中的水汽含量随着时间和地点的不同而变化。沙漠或冰块集结的极地上空几乎不存在水汽，而在热带雨林地区，水汽在空气中的比例能占到5％。水汽在全球天气中扮演着重要角色。当空气中的水汽凝结成小液滴或呈水晶状固态冰时，就形成了云。如果这些小颗粒变得足够大，就形成了雨或雪。

固体杂质　纯净的空气中只包含气体，但这只存在于实验室。在现实世界中，空气中还含有少量粉尘、烟雾、晶体盐和其他一些固态或液态的化学物质小颗粒。这些固体杂质有时能用肉眼看到，但大多数情况下看不到，因为太小了。[1]

---

[1]　[美]帕迪利亚：《科学探索者——天气与气候》，徐建春，郑升，译，15～17页，杭州，浙江教育出版社，2003。

在古代，人们通常认为空气是没有重量的。到了 17 世纪，科学家伽利略做了一个实验。他用气泵向一个大玻璃瓶内打足气，也就是用加压的办法使瓶中多装一些空气。这时，用天平称重，然后把瓶口打开，那些多装的空气跑了出来，再称重。结果瓶子变轻了，减轻的重量就是跑出来空气的重量，也就证明空气是有重量的。[①] 事实上，现在我们知道空气由各种气体原子和分子组成，而原子和分子都有重量，所以空气一定也有重量。由此，空气也具有其他特性，如密度和压强。密度是单位体积物质的质量，可以通过质量除以体积来计算密度。单位体积内的分子越多，密度就越大；分子数越少，密度就越小。压强在一定面积上受到的压力。由于单位体积内稠密物质的质量要比稀薄物质大，所以稠密气体的压强比稀薄气体大。而气压是单位面积上受到的大气重力。

在"天气"单元会讲到风。教师可以将这部分内容与"空气"一课建立联系。在"空气"一课，学生已经体验到了空气的存在，知道空气可以到处移动。那么风是什么？又是如何形成的？风是空气从高压区向低压区的水平运动，也就是风的产生是由气压差引起的。大部分气压差都是由大气的受热不均造成的。一定区域的地表被太阳光照射而受热，形成对流。受热地表上方的空气膨胀并变得稀薄，空气密度减小，气压就降低。如果邻近区域受热的程度不同，那么受热少的区域上方的空气相对较冷、较稠密，气压相对较高，于是它就沉到温暖而稀薄的气体下面，迫使热空气上升。风是否可以测量？人们用方向和速度来描述风。风的方向可由风向标来测定，风向标的一端指向风吹来的方向。风以它吹来的方向命名。例如，南风是指风由南往北吹，北风是指风由北往南吹。风的速度用风速表来测量，风速表上有三四个架置在轮辐末端的风杯，轮辐可绕轮轴旋转。吹在风杯上的风力使轮轴转动，此时安置在轮轴上的示速器就显示出风的速度。此外，还涉及关于风的一些科学词汇。

局地风 局地风是短距离风，它是由地表小范围内的受热不均引起的。

---

① 郁波：《科学——三年级上》，84 页，北京，教育科学出版社，2012。

只有当没有来自远方的风时，才可能形成局地风。有时即使陆地上没有一丝风，却不时地有凉风从海面吹来，这就是局地风的例子。

海风　受热不均通常发生在紧靠大范围水域的陆地上。由于加热一定区域的水需要耗费的能量比加热等范围的陆地要多，因此经过一天太阳的照射，陆地的升温比水域快，陆地上方的空气也比水域上方的空气更暖和。暖空气膨胀上升，形成一个低压区，于是较冷空气从水域吹向内陆并潜到暖空气下面，从而形成局地风。从海洋或湖泊吹向陆地的风叫作海风。

陆风　陆风情况与海风正好相反。陆地降温的速度比水域要快，所以陆地上方的空气比水域上方的冷。当水域上方的较暖空气上升时，较冷空气就从陆地上方移过来取代它的位置，空气从陆地向水域的流动叫作陆风。

季风　大面积范围上随季节变化而变化的海风和陆风叫作季风。类似于海风、陆风的形成过程可以在更广大的区域发生。在南亚和东南亚的夏季，陆地比海洋热。一股强大的海风在整个夏季稳定地从海洋吹向陆地，即使在夜晚也一样。而到冬季，陆地冷却却变得比海洋更冷，于是陆风就不断从陆地吹向海洋。南亚和东南亚的夏日季风对种植物十分重要。在雨季，从海洋吹来的空气温暖湿润。暖湿空气在陆地上方升起、逐渐冷却，形成了稻谷和其他种植物所需的降水。

全球风　稳定从特定方向出来跨越很长路程的风叫作全球风。像局地风一样，全球风也是由于地表受热不均形成的。中午时分，赤道附近的太阳光线几乎直射在头顶上，强烈地加热着地表。而在北极或南极附近，即使是正午，太阳光也以一个较低的角度照射地表，使太阳能量散布到一个很大区域上，因此对地表的加热相对较少。所以两极的温度比赤道要低得多。[1]

二、"空气"模块实验活动与概念建立

"空气"模块中的核心概念是"空气是一种常见而重要的混合物质"。教师

---

[1]　［美］帕迪利亚：《科学探索者——天气与气候》，徐建春，郑升，译，52～57页，杭州，浙江教育出版社，2003。

把本模块的核心概念自上而下分解，找到支撑核心概念建构的科学事实（知识点和实验活动），在教学中，教师自下而上引领学生开展探究学习，为核心概念建构搭建脚手架。例如，实验活动"空气在哪里？"中的分解概念为：

第一，大气层是环绕地球的气层。

第二，天气发生在对流层，该层的大气最接近地球表面。

第三，对流层由氮（78%）、氧（21%）和其他气体（1%）包括氩、二氧化碳和水蒸气等混合组成。

第四，空气占用空间，有质量，而且可以压缩。

学生需要运用的探究过程技能为：

第一，推断与预测空气是否有质量。

第二，实验实施和结果分析，利用两个同样大小的气球建立平衡，证明空气有质量。

第三，通过图片，观察地球大气层。分析大气中的混合气体的特性与地球表面海拔高度变化有关。

以上分解概念与探究过程技能是在 2 个实验中完成的，学生在学习过程中要将这些分解概念联系起来，进而为逐层建构核心概念奠定基础。通过推断与预测、实验实施和结果分析、观察、分析等探究过程技能训练，旨在让学生不仅能动手做，而且会动脑想。在实验操作过程中学会思变，让他们能够运用科学探究方法解决日常生活问题、提出自己的论点，并通过实验收集论据以支持自己的论点。

实验活动：空气在哪里[①]

🎓 授课对象

5～6 年级学生。

[①] Lawrence Hall of Science，University of California at Berkeley，*FOSS Teacher Guide—Weather and Water*，Nashua，Published and distributed by Delta Education，2004，pp. 34-51.

学习目标

学生学习的天气发生在大气中，而组成大气的空气，可以扩散，也可以压缩。

实验 1：空气围绕在我们身边

扫描二维码
观看实验视频

【实验概要】

学生使用注射器和软管时会发现，空气占据空间而且可压缩。然后，他们要探索问题"空气有质量吗？"，可利用气球和其他材料，各组设计一个实验，证明空气有质量。

学生通过图表、太空照片，以及阅读，研究地球大气层。向他们介绍大气中的混合气体的特性，其与地球表面海拔高度变化有关。

【实验材料】

每组 4 人

数量	名称	备注
4	注射器	
4	软管	
4	曲别针	

每班

数量	名称	备注
20	大号气球	
24	吸管	
	线	
	别针	
	透明胶带	
	1 L 密封袋	
	金属叉	

【实验指导】

1. 提问学生，天气变化发生在哪里？让学生思考，聆听他们的结果。他们会认为发生在围绕地球的空气中。有些学生会使用大气这个词，告诉学生：空气对于天气至关重要，在今后的学习中我们会进一步了解空气。

2. 用一个注射器和一根软管。告诉学生：这是一个注射器，可以用它研究空气。你可以单独做也可以与同学一起做，但不要用它影响到其他同学。提问下列问题。

(1)当你推动活塞时，注射器中的空气发生了什么变化？

(2)空气能做什么？

3. 发给每组学生一个注射器和一根软管，提供曲别针，观察每组活动。如果学生在3、4分内还不会弯折软管，帮助他们。

4. 实验过程中，教师可能会听到以下几种讨论。

(1)当你推注射器时，空气把软管推跑了。

(2)当把软管弯折时，很难推动。

(3)当两个注射器相连，推动其中一个，另一个也会移动。

(4)你不能同时推动两个注射器。

(5)空气可以推开一个活塞。

5. 讨论观察现象，提问下列问题。

(1)当你弯折软管再推活塞，有什么变化？

(2)当你推动注射器时，空气增加了、减少了还是没变化？

(3)在你推它时，让它自己移动，会发生什么？

(4)当你把空气推到很小的空间，你认为空气会怎样？

(5)当你释放活塞内的压力，会怎样？

6. 介绍"压缩"和"压力"，告诉学生：当你推动活塞，空气被压到很小的空间，我们说它被压缩了，但在注射器中的量并没有减少，压它的力和被推回的力是一样的。学生明白压缩空气它会推回来，而推的这个力我们叫压力。

使用注射器，在压力的作用下，泡泡水会吹出泡泡。推注射器中的泡泡水，会发生什么？为什么？学生会说空气少了。告诉他们那是封闭的口，空气不能跑出来，但泡泡水中的空气被压缩了。使用这些材料学生会更容易理解。

7. 介绍空气分子模型，告诉学生：一切物质都是由原子和分子组成的，空气也是。气体分子会更活跃。在它们之间有更多的空间。当把空气压缩到很小的空间时，分子就会拉近距离。但数量不变，当压缩距离太小时，就会发生碰撞，从而产生压力。压力会朝向各个方向振动，当距离增大时，它们才会分开。

8. 分享关于空气的问题，给学生 2 分回顾之前的问题，向每组提问下列问题。

(1)空气有重量(质量)吗？

(2)空气压力从何而来？

(3)空气是如何推动活塞的？

(4)空气压力为什么那么大？

9. 告诉学生："空气是否有重量"是一个很好的问题。如果学生认为重量就是质量，就需要向他们解释。

10. 让学生思考之前做过的关于空气质量的实验，给他们 5 分时间自由讨论。

11. 观察学生(学生看到手中的气球会很兴奋，确定在他们开始实验之前已经写好了实验计划)，很多组开始先建立平衡。第一个计划就是证明空气有质量。

(1)用吸管建立平衡。吹起两个同样大小的气球，系好。

(2)用剪刀在一个气球上扎一个小孔，平衡被打破了——充气的气球下降，泄气的气球上升。

如果有些计划没有成功也没关系。鼓励他们修改计划，让其中一个组员在记录单上写下修改计划。

12. 让每组都有机会分享他们的结论。如果不是所有组得到了相同的结果，让一组去论证这个实验结果。

13. 让学生提炼实验结果，帮助他们回顾实验步骤。

(1)在橡皮膜可以接受的范围内吹气球。橡皮弹力会给空气一个压力，气球中的空气被压缩了。

(2)压缩使分子距离更近，气球中的空气在一定体积中比气球外部周围多。

(3)两个压缩成一样大小的气球重量相同。

(4)当释放气球时，空气就不再压缩了。

(5)充气气球的质量比瘪气球的质量大。

(6)空气有质量，因此空气是物质。

实验2：地球大气

【实验概要】

学生通过图表、太空照片，以及阅读研究地球大气层。向他们介绍大气中混合气体的特性，与地球表面海拔高度变化有关。

【实验材料】

每班

数量	名称	备注
1	地球大气的海报	
1	对流层的海报	
1	投影机	
	幻灯片——地球大气	
	透明胶带	

【实验指导】

1. 展示1972年阿波罗17号采集的图片。航天员在太空中，航天飞机采集的照片。它围绕地球轨迹拍摄，地球显得很小，提问下列问题。

(1)大气层在哪儿？

(2)你能从太空看到地球的大气层吗？

(3)你能在航天飞机上看到大气层吗？

(4)大气层的结构是怎样的？

2. 介绍"大气层"，告诉学生：地球由空气包围，这层空气叫作大气层。我们生活在大气层的底部，在我们周围有看不见的混合气体，叫作空气。

3. 观看大气层海报，通过海报介绍大气层，介绍单词，讲解大气组成。科学家描述地球大气层在不同高度气层不同，性质也不同。

(1)最低的一层是对流层。地球大部分空气在这一层，气候变化也在这一层。

(2)对流层之上是平流层。你可能听说过臭氧层，它就在这一层。

(3)平流层之上是中间层。这一层会有流星划过。

(4)热电离层。科学家对它并不很了解，这里空气稀薄。

(5)外气层距离地球最远。它相对较厚，但几乎不含空气。它是地球大气层与外太空的过渡层。

4. 观看对流层海报，告诉学生：对流层距地球表面 10 km～24 km，它的高度仅是大气层高度的 2％，但 85％的空气都在这一层。这一层很复杂，很多运动都发生在这一层。

5. 描述大气层的物体，告诉学生：科学家向大气层发射很多装置来研究，发现了很多生命体在大气层。这张海报展示了这些物体和有机物。指出海报的位置，很多物体都能在这一层找到，如珠穆朗玛峰、流星、积雨云等。但有些物体并不是在这里产生的，如航天飞机、国际空间站、喷气式飞机、气象气球、超音速飞机等。

6. 用幻灯片指导。

(1)什么是大气层？

(2)描述空气量的改变。

(3)描述空气成分。

(4)描述温度。

(5)对于天文学家你认为他们最感兴趣的是哪一层？为什么？

(6)大气中有哪些气体？什么气体只在对流层？

7. 充气足球的质量。证明空气有质量，实验步骤如下。

(1)用气针放气，使球内气压与大气压相等。

(2)取出气针，比较前后质量。

(3)充气。

(4)重新比较质量。

8. 画一张大气层海报，学生通过阅读获取信息。他们可以用纸画一张从对流层到外气层的海报。开始画之前要思考，可以用简单的线条表示海拔高度。有的学生会认为 10 km 一格比较好，也有的学生认为 25 km。都可以，关键是要看现实中对流层比较薄。教师可以建议学生画到中间层，因为大气层真的很高。

9. 从太空研究大气层，航天员住在空间站来研究大气层。学生可以上网查找最近的资料，如 NASA 网站。

第四节 "物体的运动"模块教学指导

一、"物体的运动"模块概念分解与内容解析

（一）"物体的运动"模块概念分解

"物体的运动"模块概念分解见表 4。

表 4 "物体的运动"模块概念分解

核心概念	分解概念	概念分级	科学事实
物体的运动可以用位置、快慢和方向来描述	可以用某个物体相对于另一个物体的方向和距离来描述该物体在某个时刻的位置	低层级：使用前后左右、东南西北、远近等描述物体所处位置和方向	用线绳、直尺等工具测量物体的位置，描述物体的方向
		中层级：知道可以用相对于另一个物体的方向和距离来描述运动物体在某个时刻的位置	
	通常用速度大小来描述物体运动的快慢	中层级：知道测量距离和时间的常用方法；知道用速度的大小来描述物体运动的快慢；知道自行车、火车、飞机等常用交通工具的速度范围	尝试乘坐自行车、公共汽车、轮船、火车、飞机等，体验和比较不同交通工具的速度，尝试说明判断物体运动快慢的依据

续表

核心概念	分解概念	概念分级	科学事实
物体的运动可以用位置、快慢和方向来描述	物体的机械运动有不同的形式	中层级：列举并描述生活中常见物体的直线运动、曲线运动等运动方式；比较不同的运动，举例说明各种运动的形式和特征	尝试让各种物体运动起来，观察物体各种不同的运动形式，描述其特点，用图示、文字等方式描述物体运动的状态与过程

在"物体的位置"一课，教师让学生描述自己在教室中的位置、校园中教学楼的位置等活动，目的是帮助学生建立"可以用某个物体相对于另一个物体的方向和距离来描述该物体在某个时刻的位置"这一分解概念。在"物体的运动与静止"一课，教师让学生讨论站在铁道旁和坐在行驶的火车上，观察周围哪些物体是运动的，哪些物体是静止的。通过一系列讨论，帮助学生建立"参照物"的概念。在"物体运动的快慢"一课，让学生测量两位同学在 50 m 跑道上跑完全程分别用了多少时间，以及两位同学在 10 s 内各自跑过的路程两个活动，比较他们运动的快慢，目的是帮助学生建立"用速度大小表示物体运动的快慢"这一分解概念。教师要对学生的这一学习过程进行适时梳理总结，最终在学生头脑中形成"物体的运动可以用位置、快慢和方向来描述"这一核心概念。教育价值就体现在当学生再遇到类似情境时，学生头脑中形成的相应概念会帮助他们迁移应用到新情境，用已有知识去解决未知问题。

教学中，要加强物体的运动与人们日常生活之间的联系。例如，在高速公路上的汽车行驶速度都较快，而任何物体都有保持原来运动状态的性质，因此交通部门在路边竖立有保持车距的交通标志牌，目的是为了防止汽车由于惯性发生汽车追尾事故；在火车站或地铁站的站台上，距离站台边缘 1 m 左右的地方标有一条安全线，人必须站在安全线以外的位置候车，因为火车驶进站台时，会带动人和车之间的空气流动速度加快，此时人外侧的空气流动速度慢，容易将人推向火车，发生危险；为了防止飞鸟在飞机起降时与飞机相撞，导致飞行事故，机场通常都装有驱鸟装置，因为以相向而行的飞机作为参照物，相同的时间内，飞鸟和飞机之间的距离变化很大，以飞机为参照物，飞鸟的速度很大。飞鸟的速度越大，它的动能越大，所以飞鸟与飞机相撞容易引起机毁。

(二)"物体的运动"模块内容解析

在"物体的运动"模块中所讲的运动，多指机械运动。物体位置随时间的变化叫作机械运动。机械运动是一种常见的运动，如人群流动、江河奔流、天体运动等。在判断物体是运动还是静止，总要选取某一物体作为标准。如果一个物体的位置相对于这个标准发生了变化，就说它是运动的；如果没有变化，就说它是静止的。这个作为标准的物体叫作参照物。判断一个物体是静止还是运动时，首先要选定参照物。参照物可以根据需要选择。如果选择的参照物不同，描述同一物体的运动情况时，结论一般也不同。例如，如果以地面为参照物，房屋、桥梁、树木等物体，都是静止的；如果以太阳为参照物，这些物体又是运动的。可见，物体的运动和静止是相对的。而描述物体运动快慢的方法有两种：一种是在相同的时间内，比较物体经过的路程，经过路程长的物体运动得快；另一种是在物体经过相同路程的情况下，比较它们所花的时间，所花时间短的物体运动得快。物理学中，把路程与时间之比叫作速度。物体做机械运动，按照运动路线的曲直可分为直线运动和曲线运动。在直线运动中，按照速度是否变化，又分为匀速直线运动和变速直线运动。物体沿着直线且速度不变的运动叫作匀速直线运动。物体做直线运动时，速度的大小发生变化，即在相等的时间内通过的路程不相等，这种运动叫作变速直线运动。[1]

在研究一个物体运动时，如果被研究物体的形状、大小在所讨论的问题中可以忽略，就可把整个物体简化为一个有质量的点，这个用来代替物体的有质量的点称为质点。一个物体能否看作质点，完全取决于所研究问题的性质，而不是物体实际体积的大小。[2] 物体的机械运动有不同的形式，其中涉及以下相关科学词汇。

自由落体运动 只在重力作用下，物体由静止开始下落的运动叫作自由

[1] 彭前程：《物理——八年级上册》，16～21页，北京，人民教育出版社，2015。
[2] 管寿沧：《物理——必修1》，2～3页，北京，教育科学出版社，2015。

落体运动。如果可以减小空气阻力对物体下落运动的影响，直至其可以忽略，那么轻重不同的物体下落的快慢程度将会相同。如果物体下落时所受空气阻力与重力相比，可以忽略不计，那么也可看作自由落体运动。[①]

曲线运动　物体运动轨迹是曲线的运动叫作曲线运动。曲线运动是十分常见的运动形式。当质点在做曲线运动时，在某一位置的速度方向就是曲线在这一点的切线方向。因为曲线运动的速度方向时刻在变化，所以曲线运动是一种变速运动。

平抛运动　将物体以一定的初速度沿水平方向抛出，不考虑空气阻力，物体在竖直方向上只在重力作用下所做的运动，叫作平抛运动。以一定速度从水平桌面上滑落的小球的运动，运动员水平击出的排球的运动等，都可视为平抛运动。

斜抛运动　当不考虑空气阻力时，一个物体沿斜向抛出后的运动，叫作斜抛运动。跟平抛运动一样，斜抛运动的轨迹也是一条抛物线。但与平抛运动相比，斜抛运动是更为常见的抛体运动。例如，运动员抛出的篮球的运动、喷泉水流的运动等。

圆周运动　物体的运动轨迹是圆的运动叫作圆周运动。这是一种常见的运动，从原子到星系，从手表到摩天轮，这些物体的运动中都包含圆周运动。即使在寂静的夜晚，沉睡的人们也在跟随地球不停地做圆周运动。而质点沿圆周运动，如果在相等的时间内通过的圆弧长度相等，这种运动就叫作匀速圆周运动。[②]

二、"物体的运动"模块实验活动与概念建立

"物体的运动"模块中的核心概念是"物体的运动可以用位置、快慢和方向来描述"。教师把本模块的核心概念自上而下分解，找到支撑核心概念建构的科学事实（知识点和实验活动），在教学中，教师自下而上引领学生开展探究学习，为核心概念建构搭建脚手架。例如，实验活动"飞行器"中的分解概

---

① 管寿沧：《物理——必修1》，28页，北京，教育科学出版社，2015。
② 蔡铁权：《物理——必修2》，8～21页，北京，教育科学出版社，2015。

念为：

第一，时间、速度和距离是相互关联的变量，同时也可对这些变量进行独立研究。

第二，在实验过程中可以通过改变一个变量影响整个实验结果。

第三，实验设计中所有的变量都是可以被参考的，除了实验者对于实验结果所造成的主观认识。

第四，坐标图可以演示一个变量对实验系统的影响。

学生需要运用的探究过程技能为：

第一，观察和比较飞机的模型以及平面飞行的特点。

第二，识别与控制变量。发动机的动力、负荷量、风阻、燃料的数量以及飞行员的技术（自变量）都会影响飞机的飞行（因变量）。

第三，实验实施和结果分析。学生创建他们自己的飞机系统并操作飞机，测试如何让飞机飞得更远。

第四，交流与表达本组的实验结果，其他组倾听并表达认同或质疑的原因。

学生在学习过程中要将这些分解概念联系起来，进而为逐层建构核心概念奠定基础。通过观察、比较、识别与控制变量、实验实施和结果分析、交流与表达等探究过程技能训练，旨在让学生不仅能动手做，而且会动脑想。在实验操作过程中学会思变，让他们能够运用科学探究方法解决日常生活问题、同时学会利用科学语言提升与他人交流和沟通的能力。

实验活动：飞行器[①]

🎓 授课对象

5～6 年级学生。

---

① Lawrence Hall of Science, University of California at Berkeley, *FOSS Teacher Guide—Variable*, Nashua, Published and distributed by Delta Education, 2004, pp. 27-35.

📖 学习目标

1. 观察和比较飞机的模型以及平面飞行的特点。

2. 明确可变因素会影响模型飞机的飞行。

3. 把飞行的距离同橡皮筋螺旋桨产生的动力大小联系起来。

4. 设计并实施可操控性实验。

5. 使用科学的思考过程去操控研究并做出说明：观察、交流、对比、组建和描述。

【实验概要】

学生构建一架螺旋驱动飞机模型，通过鱼线进行飞行。学生探讨怎样让飞机飞得更远？

【实验材料】

每组4人

数量	名称	备注
4	螺旋桨	
4	挂钩	
4	橡皮筋	
4	吸管	
4	冰棒棍	
	粗砂纸	
	鱼线	
	塑料拉链袋	

每班

数量	名称	备注
	剪刀	
	椅子	
	卷尺	
	打孔机	
	订书机	

【实验准备】

1. 控制变量。一架飞机的飞行是许多要素之间相互作用的结果。任何可以改变的可以影响飞机飞行的因素称为变量。各商业航空公司必须控制好各个变量确保飞机飞行成功，发动机的动力、负荷量、风阻、燃料的数量以及飞行员的技术（自变量）都会影响飞机的飞行（因变量），航空公司为飞行员们能够控制各变量以确保每次飞行可预测的结果（系统功能的稳定性）感到骄傲。需作如下准备。

(1)橡皮筋的型号（动力）。

(2)借助橡皮筋产生的力（燃料）。

(3)飞机上承载的纸条（负荷）。

(4)线绳的斜度（起飞坡度）。

(5)飞机发射的方法（飞行技术）。

2. 建立飞行实验系统。飞机的组成、飞行的线路和起飞的技术成为一个系统。工程师们经常想知道在一个系统中改变一个变量将对实验结果造成什么样的影响。为了找出结果，他们创建了一种可操作性实验。例如，作为橡皮筋动力装置的飞机工程师，我们可以进行一个实验去发现负荷在飞机飞行中的影响。首先实施一次标准飞行：动力在橡皮筋上，水平飞行线，无任何额外负荷，在最起始处释放，飞机飞行的距离就是结果。接下来重复此实验，除了改变其中一个变量——增加一张大纸条作为负荷物，增加两张纸条重复此实验，然后增加三张、四张、五张。通过这样一个实验设计，对比这六次实验的结果。

同理，其他变量可以被依次进行研究。橡皮筋数量越多，可以增加更多的速度和力量，所增加的速度和力量会对结果有什么影响？在这架飞机变更2、3、4、5个橡皮筋的实验中，在精确的同一种诸如标准飞行的方法中，将显示出这些操控在同相应飞行结果进行比较时得出的答案。通过一系列的实验证明：变量的变化是时刻增加的。通过这个方法可以证实变量与结果之间是有联系的。在橡皮筋的实验中我们会发现每增加一个橡皮筋，飞机飞行的力量就越大。依据此关系的确定，我们可以推断飞机上放多少个橡皮筋我们就可以进行一次飞行。在此过程中，发展学生的观察、比较、预测、组织、交流、推理能力及创新思维。飞机系统的动力改变是由橡皮筋的数量变化引起的，而动力变化会引起整个飞机系统的功能的变化。

3. 练习可操控实验。在近代史上,人们从短距离低空飞行(像怀特兄弟)到令人惊叹的环球旅行再到驶入太空。物体的飞行设计已从简单的滑翔机到螺旋桨驱动机到喷气式飞机再到火箭发生了巨大的变化。这样的研究还可以给学生提供另外的机会去控制并操纵变量。学生决定橡皮筋动力、飞机的飞行距离会产生影响。在学生的实验性研究中可控制和操纵的主要因素是橡皮筋、飞机上的负荷物、飞机航线的倾斜度,每一项都与实际飞行的各个因素类似。橡皮筋代表燃料,橡皮筋缠绕的数量代表动力,纸条代表负荷,拉紧细绳的斜度代表飞机起飞的角度(变量),当然变量的控制依靠学生的观察力和技巧(飞行技术)。

4. 实验中可能遇到的问题。在设计实验的过程中的一个难题是:怎样通过控制实验变量进行工作。第一个任务是明确一个可进行研究的变量。例如,学生可以选择弄清楚绳索的坡度如何影响飞机飞行的距离。对于探究活动来说,这是一个极好的可实验性变量。但如何操作呢? 在这个可理解的可操控的实验中,下一阶段是认识到对实验性变量必须逐步增加,并且每增加一次就要测一次飞行距离。例如,在设置了飞行线及飞行距离的标准后,学生们可以将线的另一头升高10 cm,操控好其他变量进行飞行。然后升高10 cm,再升高10 cm,以此类推,线的另一端呈10 cm地增加。另外一组可以选择5度地增加。如第一次增加5度,下一次总共就是增高了10度,再下次共升高了15度,再下次20度,以此类推。变量呈逐步增加的趋势,并且实施一系列的实验,目的是收集一系列有关改变实验变量的数据,为制表提供有效数据。

5. 设置飞行线。飞行线使用的是单纤维鱼线,这种线在承受力和柔韧度中是折中的。如果学生不小心撞上了线,它也不会断,如果有学生偶然发生了这种情况,即使断了也不会伤到学生。一种有效的建立飞行线的方法就是使用胶带以确保所缠绕或打结在椅背上的线(线的长度的不变性、固定性、稳定性),然后放好椅子使线绷紧。分发鱼线,将线头的一端缠绕在一支铅笔上,让学生拿着向远处走大约4米,剪断。如果你有时间,可让学生在布置之前将线缠在手上剪成一小段一小段的。剪断后,将其系在椅子上并用胶带固定,随后放好椅子。花费时间解开线进行第二次实验是没必要的,再次开始时使用一根新线。

6. 找到更大空间。在教室面积有限的情况下,去户外实验是个不错的选择,尤其在有微风的情况下，可以在研究中额外增加一项变量。

7. 阅读有关飞机基本原理和实验设计的图书。在实验准备完成之后，可以去进行相关阅读，为获得背景资料和后续活动做准备。

【实验指导】

1. 教师展示飞机模型，告诉学生即将进行的实验活动。

2. 向学生出示在组建飞机时他们将使用的工具材料，告诉他们工具（剪刀、砂纸、订书机、打孔机）是可以在他们所在课桌范围的指定区域使用的。

3. 让每组的小组长上前领取一张飞机组建的复印单，大家一起预览。当每人都清楚了这项任务时，让小组长领取组建飞机所需要的材料。"通讯员"将读出步骤，同时作为"发令员"监督组员的动作，以确保每个人都投入到飞机的组建过程中。小组可以开始为他们的飞机起一个名字，并且商讨如何装饰他们的飞机，使之成为独一无二的飞机。在他们工作的同时，教师可以穿梭在各组间以提供必要的帮助。当各组均完成了飞机的组建，让各组组长归还多余的材料，并放回材料站。

4. 在教师的模型上展示怎样支撑住一架飞机。从顶部的吸管穿过一段线，告诉学生，飞机沿着飞行的这条线被称为飞机航线；飞机连同其航线一起被称为飞机系统；一个系统就是一系列事物组合在一起工作；系统的各个部分经常可以实现逐一的研究，从而找出他们如何影响整个系统。

5. 在剩余的时间里，让各组学生创建他们自己的飞机系统并操作飞机。提问学生：如果你有一条鱼线，你能够让你的飞机飞完剩余的长度吗？告诉学生将在两把椅子之间建立起一条 4 m 的飞行线，尽管是一个小小的设计，但是也要告诉学生，全班同学在一起实验可能会遇到的问题。一旦他们已经决定在哪里建立他们的飞行航线，组长可以领取一条渔线和两段胶带。各组建立完航线后，组员依次试验他们的飞机。发令员要确保每个组员都有机会进行实验。

6. 实验完成后归还材料。让学生取下他们的线，裹进胶带里，扔掉它们。报告员要确定飞机的名字被写在了机体上，否则飞机将不能够被清楚地辨认出来，让各组将飞机收藏到塑料拉锁袋内。

7. 复习"系统"的概念。要求学生在记录单上写下系统的定义，然后让学生在定义的下面列出飞机系统的各个组成部分，这项列表应包括飞机的所有部分，飞行线，甚至还有缠绕手指的橡皮筋。

8.增加新的科学词汇到科学词汇库。

· 系统。

9.建立内容/探究表，在内容/探究表中加入新的内容。

· 为什么飞机加飞行线才是一个系统？

将学生的问题记录下来，并将想法打在投影上。

【扩展阅读】

推荐一些与"飞机设计原理"内容相关的书目给学生，阅读使他们可以获取更多的信息。

第五节 "力"模块教学指导

一、"力"模块概念分解与内容解析

(一)"力"模块概念分解

"力"模块概念分解见表5。

表5 "力"模块概念分解

核心概念	分解概念	概念分级	科学事实
力作用于物体，可以改变物体的形状和运动状态	有的力直接施加在物体上，有的力可以通过看不见的物体施加在物体上	低层级：知道推力和拉力是常见的力；知道力可以使物体的形状发生改变	观察磁铁吸引回形针，了解磁力可以隔着一段距离产生作用；通过实验观察常见的力，了解这些力对物体的作用，以及对物体体积和形状的改变
		中层级：知道日常生活中常见的摩擦力、弹力、浮力等都是直接施加在物体上的力	
		高层级：知道地球不需要接触物体就可以对物体施加引力	

续表

核心概念	分解概念	概念分级	科学事实
力作用于物体，可以改变物体的形状和运动状态	物体运动的改变与施加在物体上的力有关	中层级：举例说明给物体施加力，可以改变物体运动的快慢，也可以使物体启动或停止	尝试用推、拉的方式让物体启动、加速、减速或停止，观察力可以改变物体的运动状态

在"感受身边的力"一课，教师让学生体验磁铁吸引铁钉、挤干海绵中的水、向上扔一个乒乓球的活动，目的是帮助学生建立"力是一个物体对另一物体的作用"这一分解概念。在"力会产生什么样的效果"一课，教师可以让学生讨论怎样让足球、秋千、陀螺等物体运动起来？通过这一系列的活动，帮助学生建立"物体运动的改变和施加在物体上的力有关"这一分解概念。当学生完成"力"这一单元的学习后，在头脑中形成"力作用于物体，可以改变物体的形状和运动状态"这一核心概念。那么学生在今后的学习生活中，就会更合理地利用力的概念。

教学中，告诉学生，人类利用力的性质，制造了很多产品，让人们的生活不断得到改善，最直接应用的就是电磁起重机。把电磁铁安装在吊车上，通电后吸起大量钢铁，移动到另一位置后切断电流，把钢铁放下。大型电磁起重机一次可以吊起几吨钢材，这大大地减少了人力成本。再如，家里的一些电器，如电冰箱、吸尘器、全自动洗衣机的进水阀门和排水阀门、卫生间里感应式冲水器阀门等，都有电磁铁。同时，人们对技术的不断改进，以适应不断增加的需求。例如，磁悬浮列车，它是一种采用无接触的电磁悬浮、导向和驱动系统的磁悬浮高速列车系统，它的时速可达到 500 km 以上，是当今世界最快的地面客运交通工具，有速度快、爬坡能力强、能耗低、运行时噪音小、安全舒适、不燃油、污染少等优点。并且它采用高架方式，占用的耕地很少。磁悬浮列车意味着这些火车利用磁的基本原理悬浮在导轨上，利用电磁力将整个列车车厢托起，代替了旧的钢轮和轨道列车，摆脱了摩擦力和令人不快的噪声，实现与地面无接触、无燃料的快速"飞行"。

(二)"力"模块内容解析

在开始"力"这一单元学习时，首先要明确的概念就是力与力的三要素。

力是物体与物体之间的一种相互作用，在这种相互作用下，物体的运动状态发生变化（静到动，动到静；慢到快，快到慢；运动方向改变），或者物体体积和形状发生变化（伸长、缩短、弯曲、扭转等）。简言之，力可以改变物体的运动状态或使物体发生形变。力的大小、方向、作用点不同，它的作用效果就不同。力的大小、方向、作用点称为力的三要素。例如，手提水桶时，会感到手也受到水桶向下的拉力，说明不但手对水桶施加了力，水桶对手也施加了力。一个物体对另一个物体施力时，另一个物体也同时对它施加力的作用，说明物体间力的作用是相互的。有的力直接施加在物体上，比如拉力；有的力可以通过看不见的物质施加在物体上，比如重力。

重力　在地球表面附近的物体都会受到地球的吸引，由于地球的吸引而使物体受到的力叫作重力，方向竖直向下。质量均匀分布的物体，重心位置只与物体的形状有关。形状规则的均匀物体，它的重心比较容易确定。例如，均匀细直棒的重心在轴线的中心。而质量分布不均匀物体的重心除了与物体的形状有关外，还与物体内质量的分布有关。载重汽车的重心随着装货多少和装载位置的变化而变化。在地球上，任何物体都会受到重力的作用。它们的运动和变化也会受到重力的制约。例如，在自然界不可能产生超长尺寸的树，因为树枝会在他们的自重下折断；同样，如果人或其他动物增加到非常的高度，那么要构造它们的骨骼结构，并把这些骨骼结合在一起，执行它们的正常功能是不可能的，因为这种高度的增加只能通过采用一种比通常更硬更强的材料，或者增大骨骼的尺寸才能实现。这样就改变了它们的外形，以至于动物的外貌和形状呈现一种畸形。力可以使物体发生形变，物体形状或体积的变化叫作形变。比如，在"力会产生什么样的效果"一课中，教师让学生观察被挤压的球、用力揉的面团等，目的是让学生理解物体受到力的作用，其形状会发生改变。当学生理解这一概念后，可以鼓励他们去分析运动员双手压杠、游戏中的皮筋活动，物体的伸长、缩短、弯曲等都是形变，这一教学活动有助于培养学生的知识迁移能力。物体在外力作用下，发生的形变通常可以分为两类：（1）当撤去外力作用后物体能恢复原状的，称为弹性形变。但作用在物体上的外力不能过大，如果外力过大，超出了一定的限度，那么撤去外力后，物体就不能恢复原状，这个限度叫作弹性限度。(2)当撤去外力作用后物体的形变或多或少仍有保留而不能复原的，称为范性形变。

弹力和摩擦力也是日常生活中常见的力，它们都是直接施加在物体上的力。发生弹性形变的物体由于要恢复原状，对与它接触的物体产生力的作用，这种力叫作弹力。弹力的方向总是与引起形变的作用力的方向相反。弹力常表现为拉力、压力、支持力。弹力的大小跟形变的大小有关系，形变越大，弹力越大，形变消失，弹力也随之消失。摩擦力是自然界中一种常见的力，是在两个物体相互接触并发生挤压的物体之间产生的阻碍相对运动的力。两个物体相互接触并挤压，当它们沿接触面发生相对运动时，每个物体的接触面上都会受到对方作用的阻碍相对运动的力，这种力叫作滑动摩擦力。滑动摩擦力的大小与接触面的粗糙程度、压力大小有关。当两个彼此接触且相互挤压的物体之间没有发生相对滑动，但它们之间存在相对运动的趋势时，在它们的接触面上会产生一种阻碍物体间发生相对运动的力，这种力叫作静摩擦力。静摩擦力的大小和方向与两个相互接触且存在挤压的物体之间的相对运动趋势有关。当运动的趋势增大时，静摩擦力也随之增大，但静摩擦力的增大有一个限度，这个静摩擦力的最大值叫作最大静摩擦力，在数值上等于物体将要发生相对运动时的摩擦力。静摩擦力的方向总是跟物体间相对运动趋势的方向相反。摩擦与人们的生活息息相关，没有摩擦就不能固定物体，不能刹车，不能带动机器运转，甚至不能走路。[1]

二、"力"模块实验活动与概念建立

"力"模块中的核心概念是"力作用于物体，可以改变物体的形状和运动状态"。教师把本模块的核心概念自上而下分解，找到支撑核心概念建构的科学事实(知识点和实验活动)，在教学中，教师自下而上引领学生开展探究学习，为核心概念建构搭建脚手架。例如，实验活动"力"中的分解概念为：

第一，磁铁可以吸到铁、钴、镍等金属。

第二，磁力产生相互作用。

---

[1]　管寿沧：《物理——必修1》，44～55页，北京，教育科学出版社，2015。

第三，磁铁的吸引力和排斥力随着距离的增大而减小。

第四，把铁靠近或接触磁铁会使铁磁化。

学生需要运用的探究过程技能为：

第一，观察永磁体与各种普通材料间的相互作用。

第二，测量两块磁铁距离变化时，力的变化情况。

第三，交流与表达本组的实验结果，其他组倾听并表达认同或质疑的原因。

学生在学习过程中要将这些分解概念联系起来，进而为逐层建构核心概念奠定基础。通过观察、测量、交流与表达等探究过程技能训练，旨在让学生不仅能动手做，而且会动脑想。在实验操作过程中学会思变，让他们能够运用科学探究方法解决日常生活问题，同时学会利用科学语言提升与他人交流和沟通的能力。

实验活动：力[①]

扫描二维码观看实验视频

授课对象

3～4 年级学生。

学习目标

1. 观察永磁体与各种普通材料间的相互作用。

2. 发现磁铁表现出的引力和斥力。

3. 测量两块磁铁距离变化时，力的变化情况。

4. 掌握力的相关词汇。

5. 在探究实验中，练习语言、数学、社会交往等技能。

---

① Lawrence Hall of Science，University of California at Berkeley，*FOSS Teacher Guide—Magnetism and Electricity*，Nashua，Published and distributed by Delta Education，2004，pp. 32-45.

6. 发展在实验中需要的操作技能。

7. 运用科学思维过程进行实验和建立解释，即观察、交流、比较和组织的过程。

【实验概要】

学生用永磁体去发现铁是日常生活中可以吸引磁体的物体，探究影响两块磁体间吸引力的变量，并且发现探测磁场存在的方法。

【实验材料】

每组 4 人

数量	名称	备注
4	环形磁体	
8	检验物品：铝钉、钢钉、铁垫圈、铜环、冰棒棍、回形针、铝制大头书钉、塑料隔离片、橡皮筋、鹅卵石、铁矿石、钢螺丝钉、毛线、泡沫片、硬纸板、铁丝网、塑料吸管	每袋检验物品 17 种，每种两件，共 34 件

每班

数量	名称	备注
1	活动挂图	
	大纸袋	
	检验物清单	

【实验准备】

1. 检查检验物，复制两份检验物清单，每份分成四张，在每组检验物上放一张，也许需要几个学生来帮助一起核查检验物。

2. 避免磁危害。磁铁会使录像带上的信息中断，损坏计算机程序，破坏录音录像带，把计算机光盘、信用卡、手表放在远离磁铁的地方。

3. 建立一个科学词汇库和一个内容/探究表。

4. 准备一个文件夹。当学生提出进一步实验或者想法时，在纸上记录下来，并把它们放在项目文件夹中。当他们挑选项目进行实验时，这可能是他们问题的来源。

【实验指导】

1. 实验可以从描述物体引入，教师拿纸袋告诉学生里面有个东西，让一个学生摸一摸（不能看）并描述它的特点（如大小、形状、感觉等）。这时学生不能说出是什么物体，但是可以描述它，让其他学生可以画出它的图形。选一个学生进行描述，当他不会描述时，同学们可以向他提出问题以获得更多信息（例如，它多大？硬不硬？是方的吗？等等），当问题和描述看上去差不多了，让学生画出这个物体。当学生画好以后，把那个物体拿出来给学生看，让他们比较他们的画与实物，问学生是否还有其他词汇可以描述这个物体。

2. 给每名学生分发一个磁铁，此时不要让学生注意到它会吸引其他物体，问学生这个物体可以做什么？有些学生注意到这个物体可以滚动，还有同学会注意到它会"粘"住一些东西，这个很重要，当所有学生都注意到这个问题时，告诉他们，物体有这样的现象是因为它是磁铁。

3. 将观察到的情形与以前所学的知识进行比较，让学生描述他们见过或玩过的其他磁铁（环形磁铁、条形磁铁、大的磁铁、小的磁铁、强的磁铁、磁性玩具和磁性字母等）。告诉学生你对他们的观察结果和磁铁吸引物体的故事很感兴趣，你想知道的是"一个磁铁可以吸引你座位周围的什么物体？"，让学生不离开座位，寻找他们的磁铁可以吸引什么物体。让几名同学相互交流他们的磁铁吸引了什么物体，然后告诉全班："我听到好几位同学提到了磁铁吸引了一些同样的物体。我想知道，磁铁吸引的所有物体有没有相同之处？"，要求学生在各组内讨论磁铁所吸引的物体。给他们 2 分时间交流对磁铁吸引的所有物体共同之处的看法。

4. 让各组交流他们的讨论结果。当有人注意到吸引的东西都是金属时，让那些发现磁铁吸引金属的学生将（被吸引金属）放在手中展示（对磁铁吸引金属，班上可能会有大体一致的意见）。也许有几组观察到磁铁并不吸引所有的金属，而只是某些金属，再让那些发现磁铁只吸引某些金属的同学展示一下他们的发现。

5. 拿出一袋检验物品，告诉学生，这些袋子里有很多物体，它们可能会被磁铁吸引，也可能不被吸引，你们将与同伴把这些物体按类别分成两堆：可被磁铁吸引的和不被磁铁吸引的。告诉他们可以先猜一猜哪些物体能被磁铁吸引，哪些不能被磁铁吸引。当他们把所有的物体分类完毕后，用磁铁检验一下他们的猜测。下面是教师可以建议他们需要遵循的程序。

(1)组长将其组中所有成员的磁铁收集起来放在他们的书桌上，在活动的猜测部分不用磁铁。

(2)组长拿一袋检验物体，将其摆在桌上供全组成员看。小组成员一起将物体分成相同的两组。

(3)学生们每两人一组，用上面两组物体中的一组进行实验，共同将其按类别分成两部分：一部分是他们认为能被磁铁吸引的，另一部分是他们认为不能被磁铁吸引的。

6. 让各组组长准备几袋供检验的物体，各组开始分类。分类完毕后，让他们取回磁铁检验物体，验证他们的猜想。分发记录单给学生，记录他们的检验结果。

7. 让学生把所有的物体都放回袋子，让组长把袋子收回放到材料站。通过一系列问题指导讨论。

(1)对你检验的物体，你是否感到惊奇？

(2)看自己的表格，你记录的能被磁铁吸引的物体这一栏中，所有的记录都有什么共同点？

(3)不能被吸引的物体一栏中有没有金属？

(4)你认为第一栏的金属和第二栏的金属有哪些不同？

告诉学生："磁铁可以吸引一种常见的金属——铁。有时铁和其他金属一起制成钢，磁铁会吸引钢是因为其主要成分是铁。事实上，如果磁铁吸引一种物体，那么这种物体可能是铁或者钢。"

8. 学生可能会提到"石头"吸引磁铁，向大家提出这个问题，并问他们为什么认为石头会吸引？学生可能会指出石头里有铁所以会这样，这是一种矿石叫磁铁矿，富含铁。

9. 让学生分组去发现两个或更多的磁体相互接触时会发生什么现象。给学生10分到15分的时间去自由探索磁铁相互作用的各种有趣方式，如果哪组学生没有下面的发现，鼓励他们去尝试。

(1)把一个磁铁放在桌子上移动，另一个放在桌子底下。

(2)放在其他物体之间再试试。

(3)将四个磁铁套在一支铅笔上看看会发生什么。

10. 介绍"吸引"和"排斥"。当你认为学生有足够的时间发现磁体的相互作用，要求不同的学生描述两个或多个磁铁间的相互作用，他们发现了什么？接受所有答案。答案间的重复将证实学生们共同的观察结果。学生可能会描述两个相反的磁铁相互作用的特点：放在一起时两个磁铁有时会粘到一起，有时会彼此推开。介绍描述两种相互作用的词语：当两个磁铁放在一起，若它们相互靠近，我们称为吸引，若它们彼此推开，我们称为排斥。

11. 讨论铅笔上的磁铁——介绍力。把四个磁铁套在铅笔上，使它们彼此相互排斥，要求学生也这样做，让几个学生来描述。

(1)当他们把相互排斥的磁铁向一起推时有什么感觉？

(2)他们认为是什么把磁铁相互推开？

学生表达了他们的观点后，告诉他们："这种神奇看不见、闻不着、尝不到、抓不住，但是可以通过磁铁感觉到的东西是磁力。当磁铁拉另一个磁铁并相互靠近在一起时的力就是吸引力，当它们彼此推开时的力就是排斥力。"

12. 建立科学词汇库，让学生把刚才提到的相关词汇加入科学词汇库。

· 力。

· 磁铁。

· 磁力。

· 吸引。

· 排斥。

13. 建立内容/探究表，列出活动中所获得的知识以及概念性的句子。为了生成这些内容，问学生在活动中学到了什么。如果他们需要提示，就提问刚刚完成的问题，将答案写在问卷表中，并尽可能用学生所说的话。

· 你能想起磁铁吸引物体的一般规律吗？

· 两个磁铁放在一起会发生什么现象？

· 什么是力？

把学生的问题加入表格，并将观点放进项目文件夹。

【扩展阅读】

推荐一些与"磁力"内容相关的书目给学生，阅读使他们可以获取更多的信息。

第六节 "声、光、热、电、磁"模块教学指导

一、"声、光、热、电、磁"模块概念分解与内容解析

(一)"声音"模块概念分解与内容解析

"声音"模块概念分解见表 6。

表 6 "声音"模块概念分解

核心概念	分解概念	概念分级	科学事实
声音由物体振动而产生，通过物质传播	声音可以在气体、液体和固体中向各个方向传播	中层级：举例说明声音在不同物质中可以向各个方向传播	声音在液体中的传播；轻轻敲击课桌，倾听声音，声音在固体中沿各个方向传播
	声音由物体振动而产生	中层级：举例说明声音由物体振动而产生	感知声音高低强弱变化；观察物体振动伴随声音的产生；了解声音产生的原因设计实验，让物体发出不同的声音
	声音的高低、强弱与物体振动有关	中层级：知道声音有高低和强弱之分；制作产生声音的装置，知道振动的变化会使声音的高低、强弱发生改变；知道噪声的危害和防治；知道保护听力的方法	

在讲"声音是如何传播的"一课时，首先要理解什么是波。波是把能量从一个地方传播到另一个地方的扰动。科学上，能量被定义为做功的能力（下一节还会详细讲到）。波是如何产生的？当一个能量源引起一种介质振动时，波就产生了。波的种类主要分为三类：横波、纵波和表面波。横波是波的传播方向与介质的运动方向垂直的波。纵波是波的传播方向与介质粒子的运动方向平行的波。教学中，学生很难理解这两个概念。教师可以通过实验演示以便学生区分。例如，在演示横波时，用一根绳子制造一个波，波从绳子的一端向另一端运动，而绳子本身则是上下运动或左右摆动，提醒学生观察绳子的某些部分非常高，那些最高的部分就是波峰，某些部分非常低，那些最低的部分就是波谷。在演示纵波时，把一个弹簧铺开，并且推拉它的一端，弹簧的某些部分的螺旋圈紧靠在一起，而其他部分的螺旋圈则较稀疏，提醒学生观察紧缩在一起的部分称为密部；较稀疏的部分称为疏部。当密部和疏部沿着弹簧传播时，每个螺旋圈先稍稍向前运动，然后再向后运动，这样就将能量从弹簧的一端传向另一端，从而产生一个波。当学生看到波峰、波谷或者密部、疏部时，自然就能区分横波与纵波了。表面波是横波与纵波的结合，这种波发生在两种介质的接触面。比如，水和空气的接触面，当一个波在水中传播时，水（和水上的任何物体）上下运动，像绳子上的一个横波，同时水也在波传播的方向上做轻微的前后运动，这就像弹簧上的螺旋圈。但与弹簧的螺旋圈不同的是，水并没有被压缩。这样上下和前后的运动使水向四周产生运动。

声音的传播 和所有波一样，声波携带着能量穿过某种介质，而介质粒子本身并不随声波一起传播。对声音而言，最普通的介质就是空气。声音是一种纵波，是通过介质来传播的扰动。当这种扰动通过空气粒子的振动到达耳朵时，就听到了声音。在讲授这部分内容时，学生知道声音可以在气体、液体和固体中向各个方向传播。此时可能会有学生提问，声音是如何转弯的？其实当声波遇到带有小孔的障碍物时，有些声波能够通过这个小孔，如同港湾中水波的衍射一样。当声波通过小孔，它们也发生衍射。同样，声波通过一扇门也发生衍射。即使人躲到房间角落里，仍然可以听到来自门外的声音。

由于衍射，人们可以听到来自拐角处的声音，因为声波通过拐角也会发生衍射。那么什么是衍射？当波通过一个障碍物或通过障碍物的一个小孔时，它先发生弯曲，然后再扩展开来。波在障碍物周围发生方向改变的现象称为衍射。[①]

声音具有一些特性。比如，物体振动得快，发出的音调就高；振动得慢，音调就低。可见发声体振动的快慢是一个很重要的物理量，它决定着音调的高低。每秒内振动的次数就是频率，用来描述物体振动的快慢。频率决定声音的音调，频率高则音调高；频率低则音调低。频率的单位是赫兹，如果一个物体在 1 s 的时间内振动 100 次，它的频率就是 100 Hz。人能听到的频率范围大约从 20 Hz 到 20 000 Hz。声音有音调的不同，也有强弱的不同。例如，用力击鼓比轻轻击鼓产生的声音大。声音的强弱叫作响度。物理学中用振幅来描述物体的振动幅度。物体的振幅越大，产生声音的响度越大。人听到声音是否响亮，除跟发声体发声时的响度有关以外，还跟距离发声体的远近有关，所以距离发声体越远，听到的声音越小。用喇叭可以减少声音的分散，使声音传播得更远。[②]

（二）"光"模块概念分解与内容解析

"光"模块概念分解见表7。

表 7 "光"模块概念分解

核心概念	分解概念	概念分级	科学事实
太阳光包含不同颜色的光，光遇到不同的物质时，传播方向会发生改变	有的光直接来自发光的物体，有的光来自反射光的物体	高层级：识别来自光源的光，如太阳光、灯光；识别来自物体反射的光，如月光；知道来自光源的光或来自物体的反射光进入眼睛，都能使我们看到光源或该物体	举例说出生活中常见的光源；尝试在黑暗的环境中观察物体，了解人眼是如何看到物体的

---

① ［美］帕迪利亚：《科学探索者——声与光》，刘明，范保群，李均利，译，14～16 页，杭州，浙江教育出版社，2003。

② 彭前程：《物理——八年级上册》，32～35 页，北京，人民教育出版社，2015。

核心概念	分解概念	概念分级	科学事实
太阳光包含不同颜色的光，光遇到不同的物质时，传播方向会发生改变	光在空气中沿直线传播；行进中的光遇到物体时会发生反射，会改变光的传播方向，会形成阴影	中层级：描述行进中的光被阻挡时，就形成了阻挡物的阴影	观察影子，认识形成影子的条件；观察光的行进，以及射到镜子表面后传播方向的变化，了解光的直线传播与反射
		高层级：知道光在空气中沿直线传播；知道行进中的光遇到物体时，会发生反射现象，光的传播方向会发生变化	
	太阳光包含不同颜色的光	高层级：描述太阳光穿过三棱镜后形成的彩色光带，知道太阳光中包含有不同颜色的光	观察太阳光穿过三棱镜后投射到墙上的彩色光带，了解太阳光由各种颜色的光组成

在"光的反射"一课中，教师会让学生坐在教室里，用一面小镜子对着窗外射进的阳光，转动镜子的角度，鼓励学生画图说明光是怎样反射到墙上的。光在同种均匀介质中沿直线传播。当光射到两种介质的分界面时，一部分光仍回到原来的介质里继续传播的现象，称为光的反射。光的反射定律说明：在反射现象中，反射光线、入射光线和法线都在同一平面内；反射光线、入射光线分别位于法线两侧；反射角等于入射角。为了说明光是怎样传播和反射的，教师可以把光波描绘成称为光线的直线。从一个物体表面反射的光线遵守反射定律。当一组平行光线射向光滑表面时，发生镜面反射，所有光线以相同角度被折射回来。例如，课堂上教师可以展示一片发亮的金属，学生可以看到自身的反射（金属片上会出现学生的形象）。告诉学生，因为来自他们的光线到达光滑表面后被规则地反射。当一组平行光射向凹凸不平或不均匀的表面时，就发生漫反射。漫反射时光线同样遵守反射定律，但因为每束光线是从不同角度射向物体表面的，因此反射的光线也射向各个方向，漫反射可以在任何位置看到物体。

当光射到两种介质的分界面时，一部分光进入第二种介质继续传播的现象，称为光的折射。光的折射定律说明：入射光线、折射光线和法线在同一平面内，入射光线与折射光线分居法线两侧，入射角的正弦值与折射角的正弦值之比为一常数。例如，光从空气入射到玻璃与光从空气入射到透明塑料块中，常数值是不同的。在入射角相同时，光线偏折越大，常数值就越大，因此它是一个反映介质光学性质的物理量，在物理学中将这一比值常数称为介质的折射率。例如，在"光的折射"一课中，教师一定要告诉学生，清澈见底、看起来不过齐腰深的池水，不会游泳的人千万不要贸然下水，因为它的实际深度会超过你看到的深度，可能会让你惊慌失措而发生危险。为什么池水看起来比实际浅呢？这就与光的折射现象有关，池底某点发出的光从水中斜射向空气时发生偏折，逆着折射光看去，就会感觉这点的位置升高了，即池水看起来比实际浅。利用同样道理，引导学生解释筷子在水中"折断"的现象。接着让学生自己分析，鱼儿在清澈的水中游动，可以看得很清楚，但是沿着看见鱼的方向去叉它，却又叉不到，这是为什么？学生通过之前建立的光的折射概念，可以分析出只有瞄准鱼的下方才能叉到鱼。

光的色散　在"光是从哪里来的？"一课中，教师首先帮助学生区分自然光源和人造光源，并知道太阳是最重要的自然光源。太阳发出的光，照亮了地球，使万物生长。17世纪以前，人们一直认为白色是最单纯的颜色。直到1666年，英国物理学家牛顿用玻璃三棱镜分解了太阳光，揭开了光的颜色之谜。彩虹就是太阳光在传播中遇到空气中的水滴，经反射、折射后产生的现象。太阳光是白光，它通过棱镜后被分解成各种颜色的光，这种现象叫作光的色散。如果用一个白屏来承接，在白屏上就形成一条彩色光带，颜色依次是红、橙、黄、绿、蓝、靛、紫。这说明白光是由各种色光混合而成的。人们发现，把红、绿、蓝三种色光按照不同比例混合后，可以产生各种颜色的光，因此把红、绿、蓝叫作色光的三原色。彩色电视机画面上的丰富色彩就是由三原色光混合而成的。太阳的能量以光的形式辐射到地球。如果把非常灵敏的温度计放到色散后不同颜色的光处，都能检测到温度上升。值得注意的是，在红光以外的部分，温度也会上升，说明这里也有能量辐射，只不过人眼看不到，红光之外的辐射叫作红外线。例如，当一个物体温度升高时，尽管看起来外表还跟原来一样，但它辐射的红外线却会增强。人体生病时，局部皮肤温度异常，如果在照相机里装上对红外线敏感的胶片，给皮肤拍照并与健康人的照片对比，有助于诊断疾病。夜间人的体温比野外草木、岩石的温度高，人体辐射的红外线比它们强，人们根据这个道理制成了红外线夜视仪。紫光之外的辐射叫作紫外线。紫外线也和人类生活密切相关。适当的紫外线照射对于骨骼的生长和身体健康等诸多方面有好处。紫外线能杀死微生物，医院常用紫外线灯灭菌。紫外线能使荧光物质发光，通过紫外线识别钞票或商标的荧光位置，是一种防伪措施。但过量的紫外线照射对人体有害，轻则使皮肤粗糙，重则引起皮肤癌。[①]

(三)"热"模块概念分解与内容解析

"热"模块概念分解见表 8。

表 8　"热"模块概念分解

核心概念	分解概念	概念分级	科学事实
热可以改变物质的状态，以不同方式传递，热是人们常用的一种能量表现形式	用温度来表示物体冷热的程度，摄氏度是温度的一种计量单位	中层级：描述测量物体温度或空气温度的方法；知道国际上常用摄氏度作为温度的计量单位来表示物体的冷热程度	测量温度，学习正确使用温度计；列举日常生活中常见物体的温度；了解表示物体冷热程度的单位
	加热或冷却时物体的体积会发生变化；加热和冷却也可以改变某些物体的状态	中层级：知道一般物体具有"热胀冷缩"的性质；知道水结冰时体积会膨胀；描述加热或冷却时常见物质发生的状态变化，如水结冰、冰融化、水蒸发和水蒸气凝结	将瘪瘪一个小坑的乒乓球放在热水中，观察其变化；结合水的三态变化以及热胀冷缩现象，感知加热和冷却可以对物体的形状和状态产生影响
	热可以在物体内和物体间传递，通常热从温度高的物体传向温度低的物体	高层级：说出生活中常见的热传递的现象，知道热通常从温度高的物体传向温度低的物体；举例说明影响热传递的主要因素，列举它们在日常生活和生产中的应用	触摸放在热水中的勺柄，测量包裹冰块的温度变化等，了解热传递方式，认识热通常从温度高的物体传向温度低的物体；了解热传递现象、物体的导热性；观察热水瓶结构，了解影响热传递的因素

----

① 彭前程：《物理——八年级上册》，85～87 页，北京，人民教育出版社，2015。

在热学研究中，由于外界与物体相互作用会引起物体内能的变化。比如，在"我们周围的热现象"一课，学生观察用锯条锯木头，锯条和木头的温度都会升高。再如，用钻头钻孔，钻头和被钻物的温度也会升高。通过以上科学事实，建立概念："外力对物体做功，可以使物体内能增加"。之后可以让学生举例并分析用搅拌器在水中搅动，水温如何变化？而用炉火烧煮食物，锅和火炉周围的物体温度升高了。一杯热水放在桌子上，不断散热，水的温度降低了。教师从能量转化的观点解释以上现象，物体的内能改变了，但是并没有发生做功的过程。这种没有做功而使物体内能改变的物理过程，叫作热传递。可见，能够改变物体内能的物理过程有两种：做功和热传递。一定体积的水、一块铁片可以用热传递的方式使其温度升高，也可以用做功的方式（如搅动、捶打）使它升高同样的温度。做功和热传递对物体内能的改变是等效的。热水放在桌子上，会慢慢冷却；冰块放在温暖的室内，会逐渐融化，这说明两物体相互接触时，热量总是从高温物体传向低温物体，即热传递具有方向性。要使热量从低温物体传向高温物体，则外界必须对物体做功。

同理，在房间一角喷洒一些香水，香水分子将弥散到整个房间，然而分散的香水分子却不会自动再聚到房间一角。再如，一个密闭容器用隔板分成两部分，一边充满氮气，另一边充满与氮气压强相同的氧气。此时如果将隔板打开一个小孔，两类分子会自动相互扩散，直到均匀分布为止。然而，氮气和氧气绝不会在容器中自动分离，回到一边是氮气，另一边是氧气的情况。以上实验都说明扩散现象同样具有方向性。一滴蓝墨水滴入清水中，会发生什么现象？可以让学生分析并给出解释。

热力学第一定律 做功和热传递在改变物体的内能方面是等效的。如果物体跟外界同时发生做功和热传递的过程，那么外界对物体所做的功加上物体从外界吸收的热量等于物体内能的增加。一个物体，如果它跟外界不发生热交换，也就是这个物体既没有吸收热量，也没有放出热量，那么，外界对它做多少功，它的内能就增加多少。同样，如果外界既没有对物体做功，物体也没有对外界做功，这时物体吸收了多少能量，它的内能就增加多少。

热力学第二定律 常见的热力学第二定律有两种表述，一种是德国物理学家克劳修斯(Clausius)根据热传递过程的不可逆性提出的：不可能把热量从低温物体传递到高温物体而不产生其他影响。另一种是英国物理学家开尔文(Kelvin)根据功热转化的不可逆性指出的：不可能从单一热源吸收热量使之全部转化为有用的功而不产生其他影响。[①]

(四)"电"模块概念分解与内容解析

"电"模块概念分解见表 9。

表 9　"电"模块概念分解

核心概念	分解概念	概念分级	科学事实
电可以在特定物质中流动，电是日常生活中不可缺少的一种能源	电路是包括电源在内的闭合回路，电路的通断可以被控制	中层级：说出电源、导线、用电器和开关是构成电路的必要元件，说明形成电路的条件；解释切断闭合回路是控制电路的一种方法	连接简单电路，尝试让小灯泡亮起来，了解电路形成的条件观察各种开关，了解控制电路的方法，制作简易开关
	有的材料容易导电，而有的材料不容易导电	中层级：知道有些材料是导体，容易导电；有些材料是绝缘体，极不易导电	将木条、金属、橡皮、硬币等接入电路，观察灯泡是否被点亮，了解物体的导电性能
	电是重要的能源，但有时也具有危险性	中层级：列举电的重要用途；知道雷电、高压电、交流电会对人体产生伤害；知道安全用电的常识	调查自然界和生活中各种用电现象，制作安全用电的小报

所有物质内部都含有电子和质子，电子和质子都带有电荷。电子带负电荷，质子带正电荷。电荷通过导线或其他导体时，就产生了电流。电流不会自动在所有的导线中流动，电流只在电路中流动。电路是电荷能够流动的闭合通路。所有的电器，无论是电烤箱、收音机还是电视，都有电路。在"简单电路"一课，教师会让学生探究"如何让小灯泡发光"，同时制作一个最简单的电路。在实验"开关在电路中的作用"中，让学生操作开关，灯泡发光或熄灭，

---

① 蔡铁权：《物理——选修 3-3》，67～77 页，北京，教育科学出版社，2015。

分析开关在电路中所起的作用，在教室中，哪些地方用到了开关？它们的作用各是什么？通过一系列探究活动，帮助学生建立概念"电路的基本特征"：有提供电能的电源，电源是电路工作的动力；必须有用电器，收音机、电灯泡、电视机等都能将电能转化为其他形式的能。例如，电灯泡可以用导线和开关连接，将电能转化为光能和热能。告诉学生，为了使电路更形象，可以用一些符号表示电路图，这些符号分别代表电路中的各个元件。当学生在头脑中建立起电路的概念后，可以发给他们更多电路元件，让他们自主设计更复杂的电路。这其中还会涉及一些重要的科学词汇。

导体和绝缘体　电流能自由通过的材料叫导体，像铜、银、铁、铝等金属都是导体。在金属导线中，一些电子可自由地在原子间移动，这些电子是自由电子，当这些电子定向移动通过导线时，就形成电流。绝缘体与导体不同，电荷不能在其中自由流动。绝缘体中的电子被紧紧地束缚在原子中，不能自由移动。此时，学生可能会产生疑问：为什么一闭合开关，电灯就亮起来？电子怎么那么快就从电力公司到达教室里的电灯呢？其实，在闭合开关时，电力公司并没有产生电子并送到教室，电子存在于组成电路的所有导线中。当闭合开关时，导线一端的自由电子就被拉过来，导线另一端的自由电子被推送过去。因此，只要电路一接通，就有电子持续不断地在电路中流动。

串联电路和并联电路　如果一个电路中所有元件逐个顺次加以连接，这个电路就是串联电路。在串联电路中，电流只有一条通路。例如，开关和它所控制的电器设备都是以串联方式连接在一起的。它的优点是，整个电路只需一个开关就可以控制所有用电器，十分方便。但它也有一些缺点，如果一只灯泡烧坏了，那么这只烧坏的灯泡在电路中就形成了一个断点，电荷就没有其他路径可以通过。因此，一只灯泡烧坏了，其他所有灯泡也都熄灭了。此外，随着电路中接入灯泡数量的增加，灯泡也会变得越来越暗。因为总电阻增大了，电流就会减小，所以随着接入串联电路中灯泡数目的增多，电路中电流会减小，结果使灯泡变暗。而如果电路的不同部分在各自独立的分支上，就构成了并联电路。在并联电路中，电流有好几条路径可以通过，每个灯泡都有自己的从电源一极到另一极的电路路径。在并联电路中，如果一只灯泡烧坏了，电流仍然可以从其他支路通过。因此，如果一只灯泡熄灭了，其他灯泡仍能亮着。每个支路中都可以安装开关，以便分别控制这条支路中灯泡的开和关，而不影响其他支路上的灯泡，且在并联电路中增加支路时，其他支路中的灯泡亮度不会发生变化，这是因为增加新的通路或支路，电流有更多的路径可以通过，因而总电阻就减小了，电阻减小，电流肯定增大，增大的电流通过新的支路，而不会影响原有支路中的电流。[①] 在建立起以上概念后，可以尝试让学生将所学内容迁移到家庭电路的设计中。

　　电作为一种重要能源，在提高人们生活质量的同时，不正确的用电也可能带来危险。输电线有时会发出电火花，提示存在危险。来自电力公司的两条输电线，其中一条是"火线"，发电厂通过它把电能输送过来；另一条从用户处返回到发电厂，叫作"零线"。一根火线可以与大地构成一个回路，一个人若碰到掉落在地上的火线，电流会通过这个人的身体与大地之间形成短路。短路时电流没有按预定的路径通过零线，而是通过人体流动，从而造成危险。例如，家中电器设备的电线是用绝缘层保护起来的。有时绝缘层破损了，出现外露的金属线。如果碰到这样的金属线，人体就成了电路的一部分，轻者会感到疼痛，重者会受到伤害。许多电器内部都有裸露的金属线，如烤箱。如果这样的金属线和烤箱的金属外壳相接触，整个烤箱就导电。人只要碰到烤箱外壳，就会触电。在"安全用电"一课，教师要告诉学生保护自己的方法。例如，鞋底通常为脚与地面之间提供大电阻，这样电流就不足以使你严重受伤。还有就是皮肤的干燥程度，如果皮肤很干燥，那么人体电阻就很大。当皮肤潮湿时，人体电阻就要降低几百倍，所以要避免湿着手去拔电源插头。

　　（五）"磁"模块概念分解与内容解析

　　"磁"模块概念分解见表10。

---

① ［美］帕迪利亚：《科学探索者——电与磁》，王耀村，应必锋，译，64～66页，杭州，浙江教育出版社，2003。

表 10 "磁"模块概念分解

核心概念	分解概念	概念分级	科学事实
磁铁有磁性，可对某些物体产生作用	磁铁能对某些物体产生作用	低层级：列举生活中常用的磁铁；描述磁铁可以直接或隔着一段距离对铁、钴、镍等金属材料产生吸引作用；知道指南针中的小磁针是磁铁，可以用来指示南北	观察各种类型的磁铁，寻找能被磁铁吸引的物体；观察指南针的结构，学会正确使用指南针，了解指南针是中国古代四大发明之一
	磁铁总是同时存在着两个不同的磁极，相同的磁极相斥，不同的磁极相吸	低层级：说出磁铁总是同时存在着两个不同的磁极；知道相同的磁极相斥，不同的磁极相吸	观察两个磁铁放在一起时发生的现象，探索磁极的相互作用

在"磁铁是什么样的物体"一课，学生通过实验去测试磁铁能够吸引哪些物体。在此之前，教师可以提问学生："磁铁是什么？你认为磁铁是怎样的？"学生可能会想到家中电冰箱上用来夹纸条的那个小磁体。学生讨论过后，教师可以告诉学生，其实许多设备，如门铃、电视机和计算机等都有磁体。学生通过实验，将可以被磁体吸住的物体和不能被磁体吸住的物体分类，此时让他们总结两类物体各有什么特征，进而建立概念"磁体能吸引由钢铁制成的物体，这种性质叫作磁性。"磁性是指磁体能吸引其他物体的性质。任何磁体，无论形状如何，都有两个端点，即两个磁极。所谓磁极是指磁体上磁性最强的部位。正如一块磁铁矿的一端总是指向北极星那样，人造磁极的一个磁极也总是指向北，科学家将这一极称为磁体的北极，磁体的另一极称为南极。两个北极或两个南极称为同名磁极；一个北极和一个南极称为异名磁极。在磁体上，磁极的磁力最强，但磁力并不局限在磁极，磁体的周围都存在着磁力的作用。磁体周围有磁力作用的区域称为磁体的磁场。磁场的存在，使磁体间不通过接触便发生相互作用。

有些学生可能会将木头、玻璃或者塑料片靠近一堆回形针，而这些材料对回形针不起任何作用。但将一块条形磁铁靠近这些回形针时，回形针就被吸附在磁铁上，此时，学生会产生疑问，为什么有些材料会产生很强的磁性，而有些没有呢？材料的磁性取决于这种材料的原子结构。所有的物质都是由原子构成的，原子是化学元素的最小单位。目前已发现的化学元素有 100 多种，它们组成了自然界中的所有物质。原子的中心是原子核，原子核中包含质子和中子，质子带一个正电荷。在原子核外的轨道上绕原子核运动的是电子，它带一个负电荷。当电子绕原子核运动时，自身也在做自旋运动。运动的电子会产生磁场，正是原子中电子的自旋运动和轨道运动，使得每一个原子都相当于一个微小的磁体。在绝大多数的材料中，原子磁场的指向是杂乱无章的，结果使得各个磁场几乎被完全抵消。所以，绝大多数材料的磁性很微弱，通常无法检测到。而在某些材料中，各个原子的电子自旋产生的磁场彼此排列得很整齐。几十亿个原子组成一个集团，其中所有的原子产生的磁场，都排列整齐，这样的集团成为磁畴。磁畴作为一个整体，它的作用就像一块很小的条形磁体。在材料未被磁化时，磁畴的指向是无序的，一些磁畴产生的磁场和其他一些磁畴产生的磁场彼此抵消，这时材料不显磁性。材料被磁化后，其中所有的磁畴（或绝大部分磁畴）都沿相同方向排列，该材料就可能成为较强的磁体。如果一种材料能显示出极强的磁性效应，就称为铁磁材料。

知道磁体磁性的原理，就可以明白为什么一个未被磁化的物体，如回形针等，可以被磁体吸引。回形针是由钢制成的，也就是说其主要成分是铁。磁体的磁场使回形针中的磁畴排列整齐，回形针也就形成了一个磁体。它的北极面向磁体的南极，彼此就产生了吸引力。同理，这个回形针也能吸引其他回形针。但将磁体拿走，回形针中的磁畴又回到杂乱无章的排列状态，这时的回形针也就不再是磁体了。制造回形针的普通钢是很容易磁化的，但它们也容易失去磁性，由这样的材料制成的磁体称为非永久磁体。其他一些类型的钢较难磁化，但也容易保留磁性，由这些材料制成的磁体称为永磁体。地球是一个巨大的磁体，在它周围有一个巨大磁场，就像条形磁体周围的磁场一样。要知道地球的磁极跟地理两极并不重合，指南针指的南极位于南极大陆海岸附近。利用地轴，可以更加清楚地理解地磁两极与地理两极之间的不同，连接地磁两极的线，相对于地轴稍稍有些倾斜。由于地球具有强大的磁场，因此地球本身也可以制造磁体。可以告诉学生，如果沿南北方向放一条铁棒，那么许多年后，地磁场将吸引铁棒中的磁畴并使它们沿同一方向排列（磁场可以引起铁磁性材料中的磁畴增大，或沿同一方向排列）。为了加速这个过程，可以用榔头轻轻敲打铁棒，振动以后，磁畴就容易沿着磁场方向排列了。此时学生会产生疑问，什么物体可以在地球磁场中被磁化？例如，放在学校文件柜中多年的一些金属器物，尽管人们并没有把它们称为磁体，但事实是地球已经把它们磁化了。①

二、"声、光、热、电、磁"模块实验活动与概念建立

以"电"模块为例，"电"模块中的核心概念是"电可以在特定物质中流动，电是日常生活中不可缺少的一种能源"。教师把本模块的核心概念自上而下分解，找到支撑核心概念建构的科学事实（知识点和实验活动），在教学中，教师自下而上引领学生开展探究学习，为核心概念建构搭建脚手架。例如，实验活动"电路"中的分解概念为：

第一，电路是电流经过的通道。

第二，闭合电路才有电流，开路则没有。

第三，导体是可以导电的材料，绝缘体则是不能导电的材料。

第四，开关是可以闭合或断开电路的装置。

学生需要运用的探究过程技能为：

第一，实验实施和结果分析，建立简单的电路。

第二，分析电路的组成元件并理解它们的作用。

第三，比较导体和绝缘体。

第四，制作图表，展示电路。

第五，交流与表达本组的实验结果，其他组倾听并表述认同或质疑的

---

① ［美］帕迪利亚：《科学探索者——电与磁》，王耀村，应必锋，译，15～28 页，杭州，浙江教育出版社，2003。

原因。

以上分解概念与探究过程技能是在 3 个实验中完成的，学生在学习过程中要将这些分解概念联系起来，进而为逐层建构核心概念奠定基础。通过实验实施和结果分析、比较、制作图表、交流与表达等探究过程技能训练，旨在让学生不仅能动手做，而且会动脑想。在实验操作过程中学会思变，让他们能够运用科学探究方法解决日常生活问题，同时学会利用科学语言提升与他人交流和沟通的能力。

实验活动：电路[①]

扫描二维码观看实验视频

🎓 授课对象

3～4 年级学生。

🔲 学习目标

1. 建立联系，设置并比较简单的电路。

2. 辨别电路的组成元件并理解它们的作用。

3. 演示并证实电流的存在。

4. 辨别导体和绝缘体。

5. 画图或用图解表示电路，并彼此交流讨论。

6. 运用科学思维过程去进行实验并建立解释：即观察、交流、比较和组织。

实验 1：点亮电灯

【实验概要】

学生探索简单电路，用试误法连接电路并点亮灯泡。他们开始建立应该如何连接电路才能有电流的概念。

[①] Lawrence Hall of Science，University of California at Berkeley，*FOSS Teacher Guide—Magnetism and Electricity*，Nashua，Published and distributed by Delta Education，2004，pp. 58-71.

【实验材料】

每组 4 人

数量	名　称	备注
2	碱性电池	
2	灯泡	
4	15 cm 导线	
2	灯座	
1	电池盒	
1	电路板	
4	纸	

每班

数量	名　称	备注
	剥线钳子	
	绝缘线	
	铁尺	
	胶带	

【实验指导】

1. 拿一个电池问学生是否认识，是否知道其用途。告诉他们："这是一个直流电源，但更多的人都叫它电池。它是电能的源头，源头意味着它是输送能量开始的地方。在这个例子中，电池是使闪光灯和收音机工作的源头，这是一个我们可以用来实验的安全电源。但是墙上插座中的电源和它不一样。墙上的插座如果操作不当，可能会带来危险，我们在任何时候都不要将任何东西放入墙上的插座里。"

2. 拿出一个灯泡告诉学生："这是我们要用的灯泡，这是你曾经见过的可以发光的物体，让我们先观察它的特征。"让组长给每组拿两个灯泡，学生把它们排在一起仔细观察。几分钟后，让学生与大家交流他们观察到了什么，以及关于灯泡的使用他们都知道什么。

3. 教师提问："你可以用电池使灯泡亮起来吗?"每两位同学拿一个电池,全班有一些导线,让组长给每两位同学分一节电池和两根导线。

4. 教师观察学生的实验进展,当学生试图寻找点亮灯泡的方法时,在各组学生中走一走。每组学生可能都需要一些时间才能点亮灯泡,让学生自己想办法连接。

5. 当每组学生都成功点亮灯泡时,让几个学生交流他们的方法。引导学生就下面的问题进行讨论。

(1)你把导线连接在电池的什么位置了?

(2)你把导线连接在灯泡的什么位置了?

(3)当你把导线与灯泡接触时发生了什么现象?

6. 介绍"用电器",告诉学生:"任何用电的东西都叫用电器,当电通过整个电路,灯泡就会发光。"在黑板上画两个大的灯泡,让两名学生上来画出电池,并画出他们点亮灯泡的连接方法,全班学生一起评判是否合理。

7. 介绍"回路"和"元件",利用其中一名学生的图举例,电流沿着电池的一端到灯泡的一端,通过灯泡回到电池的另一端。告诉学生:"电流从电池到灯泡,通过灯泡再回到电池流过的路径,叫作回路。回路听起来像个圆圈,而且有着相似的意义。回路必须形成一个完整的圆,使电流从电池的一端流回到另一端。我们称回路中的每个部分为电路元件。"指出电流从电池的负极(平的一端)通过电路到电池的正极(有凸起的一端)。

8. 制作一个一根导线的回路。教师提出一个新的挑战:"你可以仅用一根导线和一节电池使灯泡亮起来吗?"当学生完成后,让他们把自己设计的回路在纸上画出来,包括他们认为的电流通过回路方向的箭头。

9. 研究灯丝,告诉学生:使灯泡发光的是灯丝,当电流通过灯丝时,它变得非常热以至于发出光来,仔细研究灯泡的电路,包括电流怎样流过导线,灯泡的底座和灯丝。仔细观察后,让每组的四名学生讨论电是怎样通过灯泡使其亮起来的。

10. 共享几种点亮灯泡的方式,学生研究讨论完灯泡的电路后,讨论一些电路的规则。

(1)你看不到电流,那么你是怎样知道它在灯泡中流动的?

(2)如何检测一个灯泡是否出故障了？

(3)用一根导线怎样使灯泡亮起来？

实验2：让电动机转起来

【实验概要】

学生用直流电源和电动机在电路板上连接电路，他们可以增加一个开关来控制电流，同时学习画电路图的一般标准。

【实验材料】

每组4人

数量	名称	备注
1	电动机	
1	碱性电池	
1	电路板	
1	15 cm导线	
2	30 cm导线	
1	开关	
1	灯座	

每班

数量	名称	备注
	剥线钳子	
	绝缘线	
	铁尺	
	胶带	

【实验指导】

1. 介绍电动机，它是另一个用电器的例子。提出挑战："你怎样把电从电池传到电动机上？"首先，每组都要让电动机转起来，然后让电动机停下来，请几位同学分享他们让电动机转起来的经验。大家应该能够得到比较一致的想法，即电动机的电线必须接触电池的两端才能转起来。

2. 介绍电路板，向学生演示如何把电池装在上面。让每组学生尝试在电路板上发动电动机。电动机转动以后，让他们用手指比画出电路，电流需要从电源到用电器，最终再回到电源这样一个闭合的路径，教师要强化这个概念。

3. 展示一个开关，告诉学生如何操作。演示开关怎样安装在电路板上，提问学生：在电路中，开关有什么作用？

4. 介绍"闭合"和"断开"电路。在所有小组都成功连接电路后，要求关停发动机，并且要求每组的报告人汇报他们组在实验中对开关的理解。最后教师总结："开关控制电流的流动，当开关的手柄接触薄片时电路闭合，在闭合电路中电流流动，电动机转动。当开关的手柄未接触薄片时电路断开，电动机停止转动。"让学生讨论在教室中、家里以及汽车上，哪些地方使用了开关，并说明他们的作用是什么。

5. 提问学生开关是否可以用来控制灯泡亮或灭，鼓励他们去实验。让组长收回电动机，再分发一个带灯座的灯泡和两根导线，有的组可能需要三根导线来完成连接开关和灯泡的电路。

6. 让学生比较他们用灯泡连接的电路和刚才用电动机连接的电路，电动机电路和灯泡电路有什么相同点和不同点。

7. 给每位学生分发"图纸"，让他们在纸上画出他们制作的电池、开关、灯泡电路图。同时告诉学生："当电工或电机工程师们记录电路时，他们会画线路图，用比较好画的符号表示元件(灯泡、导线、电池)。灯泡的符号是一个中间带有小叉号的圆圈，它看上去有些像灯泡内的灯丝。电动机的符号是一个中间带有字母M的圆圈。图纸的左下角有其他我们用过的元件的符号。"并且告诉学生怎样画由电池、电动机、开关组成的电路图，并指出电路图经常画成方形，以保持画面整洁。

实验 3：发现导体和绝缘体

【实验概要】

学生连接电路以检验物体是导体还是绝缘体，同时搜寻教室中的导体和绝缘体。

【实验材料】

每组 4 人

数量	名称	备注
1	电动机	
1	碱性电池	
1	电路板	
1	15 cm 导线	
2	30 cm 导线	
1	开关	
1	灯座	

每班

数量	名称	备注
	剥线钳子	
	绝缘线	
	铁尺	
	胶带	

【实验指导】

1. 拿出一袋检验物，提问学生：你们一直在思考上周用过的检验物，你们想知道这些检验物可不可以用来连接电路吗？让学生在组内实验，来找出一个方法测试哪种物体可以形成闭合电路。

2. 让组长取一块电路板和配件来设计检验电路。如果有的组在形成检验电路时有问题，建议他们设计一个检测电路，如果哪个组提出检测电路有困难，建议组装一个"电池、电动机、开关"电路，并且断开开关。

3. 当各小组使他们的检验电路连通以后，让他们注意相关事项并给出指导。

(1)组长拿一包检验物。

(2)组员只拿出两件物品：吸管和钢钉，合上袋子并把它们放在一边。

(3)检验这两种物品能否使电路连通。

4. 当每组检验完吸管和钢钉后,让他们汇报结论,他们可能一致同意钢钉可以使电路连通而塑料吸管则不能。告诉学生:像钢钉这样能够使电路闭合使电流通过的物体称为导体,像塑料吸管这样不能形成一个闭合电路使电流通过的物体称为绝缘体,电流可以通过导体而不能通过绝缘体。每组发言时,让一名组员拿着导体(钢钉),另一名组员拿着绝缘体(吸管)。

5. 让组长把检验电路移开(或者放到附近的角落),让各小组把检验物分成两堆——导体和绝缘体,学生分别选择3件他们认为的导体和绝缘体。学生把物体分类后,让组长拿回检验电路并轮流检验这些物体。

6. 讨论导体的材料(都是金属)和绝缘体的材料(木头、塑料、橡胶、石头等),强调所有的金属都是导体。组长把标有导体和绝缘体字样的纸分给组员,让他们记录检验出来的导体和绝缘体。

7. 制作一个导体探测仪器,提问学生:我想知道教室周围有多少物体是导体,有多少物体是绝缘体,你能设计一个电路来说明哪些物体是导体,哪些是绝缘体吗?为回答这个问题,学生需要用电路板制作一个导体检验仪器。指导导体探测器的制作,记录过程,并提示学生。

(1)把短导线从电池和开关之间移走。

(2)把带探针的长导线与电池的自由端连接。

(3)把另一个带探针的导线与开关的自由端连接。

(4)滑动手柄合上开关。

(5)接触两根导线上的探针以检验电路是否完整。

(6)把细绳系在电路板上,像项链一样挂在脖子上。

(7)用检验电路或者导体探测器,通过接触两个探针来检验物体是否能构成回路。

组长取两根30 cm长的导线和一根细绳,各组组装导体探测器。

8. 让学生轮流用探测器寻找教室内的导体,强调两条寻找导体的重要原则。

(1)不要拿着探针走近墙上插座口。

(2)在检测别人身上携带的物体时,一定要先得到允许。

如果学生需要建议,可以建议他们检验椅子、桌子、门把手、垃圾桶、窗框、掉落的杂物、粉笔盒、书本等。如果有的小组在检验金属物体时发现并不能构成回路，让他们仔细观察并分析产生这一反常现象的原因，并提出相关建议。如果学生感到惊讶，提醒他们物体上可能有漆，漆是绝缘体。让学生在他们的记录单上记录刚刚找到的导体和绝缘体。

【扩展阅读】

推荐一些与"电路"内容相关的书目给学生，阅读使他们可以获取更多的信息。

第七节 "能量"模块教学指导

一、"能量"模块概念分解与内容解析

(一)"能量"模块概念分解

"能量"模块概念分解见表 11。

表 11 "能量"模块概念分解

核心概念	分解概念	概念分级	科学事实
自然界有多种表现形式的能量转换	自然界中存在多种能量的表现形式	中层级：识别日常生活中的能量；知道运动的物体具有能量	了解运动的物体具有能量，可能对人体造成伤害；观察开启的电灯、电炉，了解电能转换为光能和热能的过程；以麦克风(话筒)、电话为例，了解声能转换为电能，再转换为声能的过程
		高层级：知道声、光、热、电、磁都是自然界中存在的能量形式	
	一种表现形式的能量可以转换为另一种表现形式的能量	高层级：调查和说明生活中哪些器材、设备或现象中存在动能(机械能)、声能、光能、热能、电能、磁能及其之间的转换	用电池、铁棒、导线制作一个电磁铁，观察电磁铁产生磁力的现象

　　教师在讲授"能量"这部分内容时，往往会花费大量的时间在记忆能量的各种形式上。例如，讲解风能、电能、太阳能等的概念时，而没有理解能量的本质是什么。课后学生记住的就是"风力发电""蒸汽机车"，而没有理解这些能量间转化所具有的重要意义。那么学生在头脑中形成的就是"电磁炉可以发热，太阳提供光和热"。如果将这些科学事实转化为核心概念建构，将"感受能量的存在""多种形式的能量""不同形式能量之间的转化"等这些分解概念建立联系，进而有助于帮助学生构建核心概念。再如教学中，教师让学生做了很多实验，例如，"如何制作电磁铁""拆解一个小电动机"等。在此基础上，教师可以引导学生建立"能量可以从一种形式转化为另一种形式"这个分解概念，当学生再做如"手摇发电机""电热切割机"等不同实验时，就能形成相应的分解概念。教师对学生的这一学习过程进行梳理总结，最终在学生头脑中形成"自然界有多种表现形式的能量转换"这一物质科学的核心概念。

　　在教学中告诉学生：能量与人类的生产生活有着密不可分的关系。例如，食物具有化学能，人体将这种化学能转化为维持生命所必需的内能和人体运动的机械能。风力发电站依靠流动的空气推动风力发电机做功，把风能转化为电能。水电站把高处水的重力势能转化为动能，推动水轮机转动，再带动发电机发电。家庭的用电器又把电能转化为光能（电灯）、内能（热水器）和机械能（洗衣机）等。能量守恒定律是能源利用的基础，所谓能源就是能提供某种形式能量的物质资源。人类最先使用的能源是人的体能以及畜力、风力、水力等。随着生产和科学技术的发展，人类逐步扩大了能源的利用范围，旧的能源不断地被新的能源取代。能源利用方式的改进极大地提高了劳动生产率，给人类的生活带来了极大的改善。但是能源的大量使用（特别是化石燃料的使用），也引发了环境问题的产生。比如，煤的燃烧虽然可供火力发电站和为家庭供暖，但煤在燃烧过程中却会产生大量的烟尘。煤烟中还含有二氧化碳、二氧化硫、氮氧化物等物质，会污染大气，造成酸雨和温室效应，导致地球两极冰雪融化，海平面上升。烟中的致癌物质也会对人的身体造成伤害。煤炭在开采和生产过程中会破坏土壤植被，产生的废水会污染水源及农田。石油的开采、炼制、处理过程中发生的漏油、排放废气等也会对环境产生污染。汽车大量排放的尾气，也是大气的污染源之一。针对化石燃料的不可再生，以及造成严重的环境污染，一方面要节约能源，另一方面要积极开发利用新能源。目前，正在开发的新能源有风能、海洋能、太阳能、地热能、氢能、生物能以及核聚变能等。新能源多为可再生能源，且污染较小。人们逐渐意识到科学技术的发展在为生活带来方便的同时，还要尽量减少对环境的污染和破坏。

（二）"能量"模块内容解析

在"不同形式能量之间的转化"一课，学生通过阅读相关资料与实验活动，知道不同物体利用了不同形式的能量。那么学生可能会产生疑问，能量到底是什么？它又是怎样变化的？可以举例说明，比如，用叉车搬运货物时，叉车把货物从地面提升到一定高度。货物受到一个向上的力的作用，并且在这个力的作用下，向上移动了一段距离，力作用的效果体现在货物被举高了，那么就说叉车托起货物的力做了功。即物体受到力的作用，并在力的方向上发生了位移，就说力对物体做了功。做功总是与能量的变化密切相关，做功的过程就是能量变化的过程。湍急的流水能推动水车，拉开的弹弓能将弹丸射出，流水、弹弓都做了功。物体能够对外做功，就说这个物体具有能量。一个物体能够做的功越多，表示这个物体的能量越大。物体由于运动而具有的能量称为动能。质量相同的物体，运动的速度越大，它的动能越大；运动速度相同的物体，质量越大，它的动能越大。例如，流动的水具有能量。运动的钢球打在木块上，木块被撞走，说明钢球也具有能量。而当物体由于受到重力作用并处在一定高度时所具有的能量，称为重力势能。物体的质量越大，位置越高，它具有的重力势能就越大。水力发电站要想发出更多的电，就要储存更多的水，将水位提的更高，也就是尽量使水的重力势能更大。发生形变的物体在恢复形变时可以做功，因此也具有能量。例如，发生形变的网球拍能将网球弹出，具有能量；拉弯的弓能将箭射出，也具有能量。因此，物体由于发生弹性形变而具有的能量，称为弹性势能。重力势能和弹性势能是常见的两种势能。①

　　动能、重力势能和弹性势能统称为机械能。一个物体从高处落下，物体的重力势能转化成了它的动能；弯弓射箭时，弓的弹性势能转化成箭的动能；蹦床运动员从高处落下，在与蹦床面将要接触时，具有一定动能，与蹦床面接触后，床面发生弹性形变，运动员的动能转化为蹦床的弹性势能。食物具有化学能，身体把这种化学能转化成为维持生命所必需的内能和人体运动的机械能。地球表面的绿色植物通过光合作用，将太阳能转化为化学能。可见，不同形式的能量之间可以相互转化。但任何形式的能量在转移和转化过程中，都要遵循具有普遍意义的能量守恒定律，其具体表述为：能量既不会凭空产生，也不会凭空消失，它只能从一种形式转化为另一种形式，或者从一个物体转移到另一个物体，在转化或转移的过程中其总量不变。能量守恒定律的建立，是人类认识自然的一次重大飞跃。它也是自然界中最重要、最普遍的规律之一。②

二、"能量"模块实验活动与概念建立

　　"能量"模块中的核心概念是"自然界有多种表现形式的能量转换"。教师把本模块的核心概念自上而下分解，找到支撑核心概念建构的科学事实（知识点和实验活动），在教学中，教师自下而上引领学生开展探究学习，为核心概念建构搭建脚手架。例如，实验活动"电磁铁"中的分解概念为：

　　第一，电磁场是电流通过导体时产生的磁场。

　　第二，电磁铁可以被接通或断开。

　　第三，电磁铁产生的磁场强度可以改变。

　　学生需要运用的探究过程技能为：

　　第一，实验实施和结果分析，制作电磁铁。

　　第二，分析导线缠绕铁心的圈数与磁场力强度的关系。

　　第三，实验实施和结果分析，寻找其他的方法来改变电磁铁的磁力强度。

---

① 彭前程：《物理——八年级下册》，62~71页，北京，人民教育出版社，2015。
② 蔡铁权：《物理——必修2》，76页，北京，教育科学出版社，2015。

第四，交流与表达本组的实验结果，其他组倾听并表达认同或质疑的原因。

以上分解概念与探究过程技能是在 3 个实验中完成的，学生在学习过程中要将这些分解概念联系起来，进而为逐层建构核心概念奠定基础。通过实验实施和结果分析、比较、制作图表、交流与表达等探究过程技能训练，旨在让学生不仅能动手做，而且会动脑想。在实验操作过程中学会思变，让他们能够运用科学探究方法解决日常生活问题、同时学会利用科学语言提升与他人交流和沟通的能力。

实验活动：电磁铁[①]

🎓 授课对象

3～4 年级学生。

📗 学习目标

1. 学会怎样制作电磁铁。

2. 发现导线缠绕铁心的圈数与磁场力强度有关系。

3. 寻找其他的方法来改变电磁铁的磁场力强度。

4. 运用科学思维过程进行实验和建构解释，即观察、交流、比较和组织的过程。

实验 1：制作电磁铁

扫描二维码
观看实验视频

【实验概要】

学生学习尝试制作一个电磁铁，发现电和磁之间的关系。

---

① Lawrence Hall of Science，University of California at Berkeley，*FOSS Teacher Guide—Magnetism and Electricity*，Nashua，Published and distributed by Delta Education，2004，pp. 83-96.

【实验材料】

每组 4 人

数量	名称	备注
1	铆钉	
1	150 cm 导线	
4	15 cm 导线	
2	碱性电池	
2	电池盒	
50	直径 1 cm 金属片	
1	塑料杯	
1	学生记录单	

【实验指导】

1. 制作一个有开关的磁铁，提问学生：我曾经见过一台大型起重机，它用一块大磁铁将小汽车提起来并放到了火车上，起重机的操作人员可以用开关控制磁铁，你能制作一个类似的物体吗？

2. 让学生回顾之前已经建立的有关磁的概念。回顾完毕后，把塑料杯中的金属片倒在电路板的凹槽中，用一块磁铁、一个铆钉和金属片做演示。讨论每次演示中所发生的现象。

(1)用环形磁铁吸起金属片，并将其放到对面的凹槽中。

(2)用磁铁吸起铆钉。

(3)用铆钉吸引磁铁再吸起金属片。

(4)只用铆钉去吸引金属片。

3. 提问学生：这是钢铆钉，但不是磁铁，你能把这样一根铆钉放入变成一块能开关的磁铁吗？尽量将这一环节设置成开放式的，如果学生对这种开放式实验效果反映很好，教师可以进行简单提示后，分配实验材料，包括一样新东西——长导线，之后学生开始实验。

4. 如果学生需要指导，告诉他们：老师为每组准备了一根新的更长的导线，这根长导线对于制作有开关的磁铁是有用的，可以尝试用金属片来检测铆钉的磁性。

5. 当学生成功制作完成电磁铁后，提醒他们确认开关是断开的之后，要求每组学生交流他们关于"你是如何制作有开关的磁铁的？"的经验。学生可能会提出下面的看法。

(1)必须将长导线绕在铆钉上。

(2)导线必须连接在有开关和电池的电路中。

只有在电路闭合时，铆钉才能成为磁铁。

6. 教师引入"电磁铁"的概念，告诉学生：电磁铁是一块用导线环绕而成的铁，当电流通过电路时，这块铁就变成了一块临时磁铁。告诉学生，你注意到每组同学都以不同的方式将导线绕在铆钉上，鼓励他们找到导线缠绕铆钉的最佳位置，以使电磁铁顶端的磁性尽可能更强。

7. 各组尝试缠绕铆钉的不同位置，实验过后，让各组报告他们是如何缠绕使得铆钉产生最强磁力的。学生可能会说："当导线缠绕在铆钉头附近，尤其是绕在第一个橡胶垫圈和铆钉头之间时，磁力最强。"

实验 2：改变线圈数量

扫描二维码观看实验视频

【实验概要】

探索影响电磁铁磁力大小的变量。发现改变缠绕线圈的匝数，可以改变电磁铁的强度。

【实验材料】

每组 4 人

数量	名称	备注
1	铆钉	
1	150 cm 导线	
4	15 cm 导线	
2	碱性电池	
2	电池盒	

续表

数量	名称	备注
50	直径 1 cm 金属片	
1	塑料杯	
1	坐标纸	

【实验指导】

1. 复习之前的制作电磁铁实验，提问学生：在上一个实验的最后，你们指出了可以改变电磁铁磁力大小的方法，有些同学认为是线圈的数量起了作用，你是如何发现的？

2、让各组交流 3 分，以确认他们是如何发现线圈的数量影响电磁铁磁力的。交流过程中，教师巡视各组学生，问他们下一步打算做什么，如果有些学生没想法，可以提示他们测试电磁铁缠绕线圈数量的多少，可以吸引多少金属片。

3. 教师告诉学生怎样对实验过程进行记录，确认各组理解后，开始实验。如果有些学生不会设计实验，教师可以提供指导，并给出建议。

(1)找出 20 圈线的电磁铁可以吸引多少垫片？

(2)找出 30 圈线的电磁铁可以吸引多少垫片？

(3)预测 40 圈线的电磁铁可以吸引多少垫片？

(4)找出 40 圈线的电磁铁可以吸引多少垫片？

4. 交流实验结果，收集数据后，让学生分析他们的实验结果，也许大家认同：“电磁铁上线圈的数量越多，吸引的金属片就越多。”

5. 制作实验图表，在坐标纸横坐标上标出线圈数目，每条线代表两匝线圈，让他们仔细观察表格便于理解，在纵坐标上标出电磁铁吸起的金属片数量，也是每条线代表两个金属片。为学生演示如何在坐标上描点，所有点都描好后，用一条平滑的曲线连接。

6. 有些学生可能会在实验前用图表预测结果，教师可以提问：“10 匝线圈、25 匝线圈和 50 匝线圈制作的电磁铁分别能吸引多少金属片？或者可以让他们预测在铁心缠绕多少匝线圈可以吸引 20 个或 30 个金属片？”让各组学生详细交流，提出预测，如果时间允许检验预测。

扫描二维码
观看实验视频

实验3：进一步了解电磁铁

【实验概要】

探索改变电磁铁磁力大小的其他方法。发现增加电池的数量，也可以改变电磁铁的强度。

【实验材料】

每组 4 人

数量	名称	备注
1	铆钉	
1	150 cm 导线	
4	15 cm 导线	
4	碱性电池	
4	电池盒	
50	直径 1 cm 金属片	
1	塑料杯	
1	坐标纸	

【实验指导】

1. 继续复习之前学过的有关电磁铁的知识，提示学生："在实验 1 的最后，我们问了一个问题，用什么方法可以改变电磁铁的磁力大小？我们发现缠绕线圈的数量会影响电磁铁的磁力大小，那么你们认为还有其他方法吗？"

2. 如果有主动愿意回答问题的学生提出改变电磁铁的磁力大小的其他方法，教师将这些建议加入问题列表中。如果需要，教师也可以提问下列问题。

(1)线圈的松紧重要吗？

(2)如果用两种方法将线圈绕到铆钉上，每种各半，将会怎样？

(3)如果你加上并联或者串联上另一节电池，将会怎样？

(4)你认为导线的粗细，会对电磁铁产生影响吗？

3. 安排各组实验，保证问题列表上的问题都得到处理，每组实验一个问题。

分发记录单，让学生记下所要实验的问题。

4. 学生计划好以后，取材料开始做实验，教师提醒学生对实验步骤做好记录。因为每组实验的问题都不相同，所以可能会出现各组实验情况不同，观点不同的情况。

5. 教师在各组之间巡视，让学生自主实验，必要时给予指导。

6. 实验结束后，让每组都进行展示，向全班解释他们实验的问题以及是怎样找到答案的。每组陈述完毕后，其他组可以针对展示组的实验过程、实验结果等环节，提出自己感兴趣的问题。

【扩展阅读】

推荐一些与"电磁铁"内容相关的书目给学生，阅读使他们可以获取更多的信息。

如果条件允许，教师可以多开展一些开放性科学实验活动，鼓励学生自主探究学习，通过实验收集论据，进而验证自己的观点。

第三章　生命科学内容体系解析

生命科学是系统地阐述与生命特性有关的重大课题的科学，支配着无生命世界的物理和化学定律，同样也适用于生命世界。对于生命科学的深入了解，无疑也能促进物理、化学等人类其他知识领域的发展。

当代生命科学的显著特点是分子生物学的突破性成果成为生命科学的生长点，使生命科学在自然科学中的位置发生了革命性的变化。20 世纪 50 年代，遗传物质 DNA 双螺旋结构的发现，开创了从分子水平研究生命活动的新纪元。此后，遗传信息由 DNA 通过 RNA 传向蛋白质这一"中心法则"的确立以及遗传密码的破译，为基因工程的诞生提供了理论基础。蛋白质的人工合成，使人们认清了生命现象并不神秘。这些重大的研究成果，阐明了核酸和蛋白质是生命的最基本物质，生命活动是在酶的催化作用下进行的。绝大部分酶的化学本质是蛋白质。蛋白质是一切生命活动调节控制的主要承担者，从而揭示了蛋白质、酶、核酸等生物大分子的结构、功能和相互关系，为研究生命现象的本质和活动规律奠定了理论基础。

第三章主要就生命科学主题下每个模块进行概念分解，围绕核心概念组织教学，将分解概念的知识与教学中遇到的问题做详细讲解，以及在小学阶段如何通过实验活动建立该概念。

第一节　"不同种类的生物"模块教学指导

一、"不同种类的生物"模块概念分解与内容解析

(一)"不同种类的生物"模块概念分解

"不同种类的生物"模块概念分解见表12。

表12　"不同种类的生物"模块概念分解

核心概念	分解概念	概念分级	科学事实
地球上生活着不同种类的生物	生物具有区别于非生物的特征	低层级：知道动物和植物都是生物	参观动物园或养殖场，观看各种媒体资料，利用动物图片进行分类；讨论动物与人类的关系，开展保护动物的宣传活动
		中层级：描述生物的特征；知道生物与非生物具有不同特点	
	地球上存在不同的动物，不同的动物具有许多不同的特征，同一种动物也存在个体差异	低层级：说出生活中常见动物的名称及其特征；说出动物的某些共同特征	
		中层级：能根据某些特征对动物进行分类；识别常见的动物类别，描述某一类动物(如昆虫、鱼类、鸟类、哺乳类等)的共同特征；列举我国的几种珍稀动物	
	地球上存在不同的植物，不同的植物具有许多不同的特征，同一种植物也存在个体差异	低层级：说出周围常见植物的名称及其特征	观察常见的树木，为校园或社区树木挂标牌；查阅本市的市花或市树的有关资料；调查当地主要的经济作物、观赏植物和珍稀植物；调查当地近年来新出现的食用植物品种
		中层级：说出植物的某些共同特征；列举当地的植物资源，尤其是与人类生活密切相关的植物	
		高层级：对常见植物进行简单的二歧分类	

续表

核心概念	分解概念	概念分级	科学事实
地球上生活着不同种类的生物	细胞是生物体的基本组成单位	高层级：说出细胞是生物体的基本组成单位	用显微镜观察洋葱表皮细胞，观察各种动植物细胞图片等
	地球上多种多样的微生物与我们的生活密切相关	高层级：知道蘑菇和木耳是生活中可以直接看到的微生物；知道感冒、痢疾是由肉眼难以观察到的微生物引起的	—

　　教师在讲"生物体的基本特征"时，可以以各种媒体资料为载体，让学生通过观察、比较、分类理解生物体的特征。通过"不同种类的生物"模块强调发展学生的观察能力和分析能力，建立基于经验的概念。而教师在讲授这部分内容时，往往容易把生物的具体特征作为教学重点，讲授更多的是生物的外形、习性等，而没有告诉学生造成生物间特征差异的原因是什么。例如，在"生物体的相同与不同"一课，学生记住的就是"雄孔雀开屏""蚯蚓生活在黑暗的环境""蝴蝶翅膀色彩艳丽"等，尽管课堂气氛很活跃，但是学生头脑中记住的却是零散的科学事实。如果教师首先能够让学生观察各种生物的特征，再通过观察相同种类生物的个体差异，最后理解生物的外形特征都是与各自生活环境相适应的，那么一旦学生建立起这种层级结构，将更有助于为他们未来的学习提供支持。在讲"鸟的生活习性"一课，教师列举了大量科学事实，如鹰、野鸭等不同的鸟类有不同的生活习性，鹰的趾爪十分锋利，有利于捕捉猎物；野鸭的趾间有蹼，有利于在水中游泳。在此基础上，教师进一步引导学生建构"不同的鸟有不同的特征"这个分解概念。当学生在学习其他动物时，如"哺乳动物的生活习性""鱼的生活习性"以及"昆虫的生活习性"，在不同科学事实的基础上，形成相应的分解概念。教师适时帮助学生对相关内容进行梳理总结，最终在学生头脑中形成"地球上生活着不同种类的生物，虽然形态各异，但是都与其生活环境相适应"这一核心概念。

　　在讲"微生物"时，告诉学生人类与细菌的关系。除一部分致病菌外，大多数细菌对人类是无害的，甚至是有益的。例如，人们烹调和取暖用的天然气，就是由数百万年前生活在湖底和沼泽淤泥中的细菌产生的；在食品工业中制造醋、味精等调味品时都需要使用某些种类的细菌；酸奶、泡菜以及很多种腌制食品的制作也都离不开细菌；豆类植物根瘤里的根瘤菌能够将空气中的氮气固定为植物生长所需要的氮素营养。此外，细菌在地球的物质循环过程中也发挥着重要作用。在地球上，每时每刻都有新的生物体出生，也都有生物体死亡。一些细菌（腐生细菌）和其他腐生生物会把各种生物体的残骸分解，使其转化为植物能够吸收和利用的物质。

（二）"不同种类的生物"模块内容解析

教师从分解概念入手，将本模块的核心概念自上而下分解，筛选出支撑核心概念建构的知识点和实验活动；在实际教学中，教师自下而上指导学生展开探究学习，逐级建构核心概念。教师需要具备支撑每一个分解概念完整的知识结构。以下针对"不同种类的生物"模块需要掌握的相关知识以及在教学中可能遇到的问题进行内容解析。

要认识生物体，首先要了解细胞。细胞既是生物体结构的基本单位，同时也是生物体功能的基本单位。通过普通显微镜对植物细胞和动物细胞的观察，可以得知细胞的基本结构包括细胞膜、细胞质和细胞核等几部分。细胞各部分的主要功能如下。

细胞膜　细胞膜是指分布在细胞表面的一层薄膜。它除了具有保护作用外，还能将细胞内部与细胞外部的环境分隔开来，使细胞内部形成一个稳定的环境。细胞膜能让有用的物质进到细胞内，同时还能将细胞产生的废物排到细胞外。

细胞质　细胞质是指细胞膜以内，细胞核以外的黏稠胶状物质，活细胞的细胞质一般处于流动的状态。细胞质中分布着许多与生命活动至关重要的微小结构，如某系植物细胞具有的叶绿体以及植物和动物细胞内都具有的线粒体等。

细胞核　细胞核是指细胞中央由膜包围的球形结构，由于它含有生物的遗传物质，因此对生物的遗传变异起着控制作用。

在"用显微镜观察洋葱表皮细胞"的实验教学中，教师要让学生明确：细胞膜、细胞质和细胞核是细胞的主要结构，它们分别承担着十分重要的功能。细胞是一个完整的统一体。细胞内各种结构的功能是相互联系、彼此协调的，只有保持细胞的完整性才能表现细胞的正常生命力。例如，没有细胞核的细胞质或没有细胞质的细胞核都是不能生存的，甚至细胞的某一部分发生缺损或病变也会影响细胞的功能和生物体的正常生命活动。[①]

蜻蜓点水，夏日蝉鸣，奇花异草，绿树成荫，这些形形色色的生物与人类共同构成了丰富多彩的生物界。目前已知的动物有150多万种，植物有50多万种，以下就一些常见的动物类群和植物类群的特征，加以进一步了解。

腔肠动物门（如水螅）　基本特征是：身体由两层细胞构成，内、外层细胞有组织和功能的分化；只有一个消化腔和一个开口；个体呈辐射对称；靠触手捕食动物，具有刺细胞；生活在水中。

环节动物门（如蚯蚓）　基本特征是：个体呈两侧对称；有真体腔；身体柔软细长，由多体节构成；多为蠕动或爬行。

软体动物门（如乌贼、河蚌）　基本特征是：个体呈两侧对称；身体柔软而不分节；具有外套膜；通常由坚硬的外壳进行保护，少数种类的硬壳被外套膜包被或完全消失。

节肢动物门（如蝗虫）　基本特征是：身体由许多体节构成，并分成几部分，如头、胸、腹三部分或头胸部和腹部两部分等；具有分节的足、触角，以及坚硬的外骨骼。

蝗虫、蜜蜂以及蚊、蝇等在节肢动物中同属于昆虫纲，是陆地上分布最为广泛的节肢动物类群。昆虫的身体分为：头、胸、腹三部分，具有3对足及可以飞翔的翅。昆虫通常具有2对翅（如蝗虫），但也有的仅有1对翅（如蚊、蝇）或没有翅（如跳蚤）。腔肠动物、环节动物、软体动物、节肢动物等，由于身体背部没有起支持作用的脊柱，因此都属于无脊椎动物。

脊索动物门（如鸟）　在脊索动物门中，脊椎动物的数量最多，结构最复杂。鱼、蛙、蛇、鸟、犬等都是脊椎动物。这些动物身体的背部都具有起支持作用的脊柱，因而被称为脊椎动物。脊椎动物主要包括鱼类、两栖类、爬

---

① 祁乃成，董宝华：《生物——第1册》，43～44页，北京，北京出版集团公司，北京出版社，2011。

行类、鸟类和哺乳类。

鱼类（如鲤鱼）　基本特征是：身体仅分为头、躯干和尾三部分，由于缺少颈部，鱼的头部不能灵活转动；体形多呈梭形，游泳时阻力很小；体表多被有鳞片；用鳃呼吸；心脏只有一个心房和一个心室；体外受精，卵生。

两栖类（如青蛙）　基本特征是：皮肤裸露，能分泌黏液；幼体生活在水中，用鳃呼吸，成体在水中或陆上生活，用肺呼吸（成体的皮肤有辅助呼吸作用）；心脏有两个心房和一个心室，因此心室里的动脉血和静脉血混合；体外受精，卵生。

爬行类（如蜥蜴）　基本特征是：皮肤被有角质鳞片或甲，能防止体内水分蒸发，适于陆地生活；用肺呼吸；心脏有两个心房和一个心室，心室中有不完全的隔膜，动脉血、静脉血混合的程度较小；体内受精，卵生，有卵壳。

鸟类（如家鸽）　基本特征是：具有角质喙；体表被有羽毛；前肢变为翼；骨骼很轻，适于飞行；具有与肺相连通的气囊，能进行双重呼吸，这对鸟类的飞翔生活具有重要作用；具有高而恒定的体温；心脏有两个心房和两个心室，动脉血与静脉血完全分开，保证了动脉血中含有丰富的氧；体内受精，卵生；具有营巢、孵卵和育雏等完善的繁殖行为，因而提高了子代的成活率。

哺乳类（如家兔）　基本特征是：体表有毛被覆；牙齿有门齿、犬齿、臼齿的分化；体内有膈，将体腔分为胸腔和腹腔；心脏有两个心房和两个心室；体温恒定；神经系统发达，适应环境能力强；体内受精，胎生，哺乳。

郁郁葱葱的森林，广袤无垠的草原，以及人工栽培的花草树木，所有的植物组成植物界。以下就一些常见的植物类群的特征，加以进一步了解。

苔藓植物门（如葫芦藓）　苔藓植物有 2 万多种，遍布于世界各地，大多数生活在阴湿的环境中，基本特征是：苔藓植物是多细胞的绿色植物；在形态上，多数有茎叶体，并有假根；茎叶体的叶大多由 1 层细胞组成，茎中的细胞仅有简单的分化；由于吸水、保水能力很弱，所以生活在阴湿的环境里。苔藓植物靠孢子进行繁殖。

蕨类植物门（如肾蕨）　蕨类植物有 12000 多种，在森林、溪沟和田野的阴湿环境里，常常能见到叶子背面长有褐色孢子囊群的植物，这就是蕨类植物。其基本特征是：蕨类植物大多为草本，除有茎和叶的分化外，还有真正的根；在根、茎、叶里都出现了输导组织和机械组织，适合在陆地生活；在生殖季节，它们叶片的背面生出很多褐色的孢子囊，可以通过孢子囊中形成的孢子进行生殖。

裸子植物门（如银杉）　目前已知的裸子植物有 800 多种，我国是世界上裸子植物种类最多、资源最丰富的国家，有 200 多种。其中，银杉、水杉和秃杉被列为国家一级保护植物。松、杉的生殖器官称为球果，有雌、雄两种，两者均由许多木质化的鳞片组成，基本特征是：裸子植物的种子是裸露的，外面没有果皮包被。

被子植物门（如玉米）　目前已知的被子植物有 20 多万种。它们是植物界中种类最多，结构和功能最复杂，分布最广，经济用途最大的一个植物类群。被子植物的基本特征是：具有根、茎、叶、花、果实和种子六大器官；典型的花由花被（花萼和花冠）、雄蕊和雌蕊等部分组成；种子外面有果皮包被。[1]

在自然界除了人们常见的动物和植物以外，还有病毒、细菌、菌物等。病毒和细菌这两类生物极其微小，必须借助显微镜甚至电子显微镜才能看到。荷兰人列文虎克（Leeuwenhoek）是微生物学的先驱，他用自制的显微镜广泛观察自己周围的各种物体。一次他想了解胡椒为什么是辣的，便把浸过水的胡椒粉放在显微镜下观察。他忽然发现，在显微镜的视野中，除了胡椒粉之外，还有许多微小的东西在游动。他接着又用显微镜去观察井水和污水，同样也发现了许多不停游动的小东西。它们有的像棍棒，有的像小球，有的连成链条状，有的聚集成团。列文虎克反复观察，研究这些奇妙的小生物，并仔细地将它们画了下来。正是他坚韧不拔的毅力和勇于探索的精神，开辟了生物学研究的一个新领域，后来这一领域形成了一个学科，称为微生物学。[2]

学生在学习"走进微生物世界"一课时，经常把细菌和菌物混为一谈。菌物这一类生物中的主要类群是真菌。真菌一般体形较大，如一些霉菌、蘑菇等是可以用肉眼直接观察到的。有些真菌可以食用，有些真菌可以用于制作

---

① 祁乃成，董宝华：《生物——第 4 册》，20～42 页，北京，北京出版集团公司，北京出版社，2012。
② 祁乃成，董宝华：《生物——第 1 册》，13～14 页，北京，北京出版集团公司，北京出版社，2011。

食品或用于生产农药。真菌由许多细长菌丝构成，它们通过菌丝从周围活的或者死的生物体上吸收营养物质，并以微小的孢子进行繁殖。孢子与种子的功能相似，但更小且结构简单，通常只含有一个或少数几个细胞，外面有一层坚韧的壁包裹。大多数真菌将孢子散布到空中，如果降落在条件适宜的地方，则可以萌发长成另一株真菌。细菌对人类是有害的，很多疾病是通过细菌传播的。细菌个体微小，由结构原始的单细胞构成，可分为球菌、杆菌和螺旋菌三种基本类型。[①] 病毒在自然界中分布广泛，形状多种多样，有球状、杆状、丝状等。病毒的结构非常简单，由位于中心的核酸(DNA 或 RNA)和蛋白质外壳组成。病毒没有细胞结构。病毒与其他生物不同，其不能独立生活，只有侵入其他生物的活细胞中才能生活。病毒在侵染寄主的细胞后，将其核酸释放到该细胞内，借寄主细胞增殖出大量新的病毒。[②]

二、"不同种类的生物"模块实验活动与概念建立

"不同种类的生物"模块中的核心概念是"地球上生活着不同种类的生物"。教师把本模块的核心概念自上而下进行分解，找到支撑核心概念建构的科学事实(知识点和实验活动)，在教学中，以分解概念为切入点，教师自下而上引领学生开展探究学习，为核心概念建构搭建脚手架。例如，实验活动"种子的生长"中的分解概念为：

第一，不同种类的植物有不同种类和不同数量的种子。

第二，种子是一个生物体，它是有生命的。

第三，环境是生物周围影响生物的一切事物。

第四，每个环境因素都是环境的一部分。它可以是有生命的，也可以是无生命的。

学生需要运用的探究过程技能为：

第一，观察并比较各种各样的种子。

---

① 李晶：《科学——第 8 册》，41～49 页，北京，北京出版社，北京教育出版社，2013。

② 祁乃成，董宝华：《生物——第 4 册》，8 页，北京，北京出版集团公司，北京出版社，2012。

第二，识别与控制变量，在其他因素都一致的情况下，观察并记录光照因素对种子生长的影响。

第三，交流与表达本组的实验结果，其他组倾听并表达认同或质疑的原因。

以上分解概念与探究过程技能是在 1 个实验中完成的，学生在实验过程中要将这些分解概念联系起来，进而为逐层建构核心概念奠定基础。通过观察、识别与控制变量、交流与表达等探究过程技能训练，旨在让学生不仅能动手做，而且会动脑想。在实验操作过程中学会思变，让他们能够运用科学探究方法解决日常生活问题，同时学会利用科学语言提升与他人交流和沟通的能力。

实验活动：种子的生长①

扫描二维码
观看实验视频

🎓 授课对象

3～4 年级学生。

📱 学习目标

1. 观察和比较种子和植物的属性。

2. 组织和交流关于种子的信息。

3. 监控和记录种子每天的变化，获得种植不同植物的经验。

4. 区分不同的陆地环境因素。

5. 用科学思想过程指导调查并建立解释：观察、分析、比较、组织和联系。

【实验概要】

学生观察各种各样的种子，描述种子的属性。他们发现种子的生长需要水和阳光。

---

① Lawrence Hall of Science, University of California at Berkeley, *FOSS Teacher Guide— Environment*, Nashua, Published and distributed by Delta Education, 2004, pp. 67-85.

【实验材料】

每组 4 人

数量	名称	备注
1	6 L 塑料盆	
1	1 L 容器	
1	盆盖	
1	小勺	
2	塑料杯	
1	100 mL 烧杯	

每班

数量	名称	备注
10	塑料杯	有计量刻度
1	苜蓿种子	1 包
1	豌豆种子	1 包
1	萝卜种子	1 包
	土壤	
	水	
	记事贴	
	纸巾	
	学生记录单	

【实验指导】

1. 让学生讨论并描述他们见过的花园，并提问："你见过的花园是什么样子的？它有什么特点？"

2. 介绍栽培植物的容器，学生小组合作建立一个"迷你花园"，每组发放一个透明的塑料容器，建立一块小陆地，选择并讨论种什么植物，浇多少水。做一张陆地种植地图。用符号表示每组种的是什么植物，并讨论如何种植物。

3. 介绍生物体。任何有生命的物体，包括动物和植物。学生可以列举出他们熟悉的动植物。

4. 介绍实验要用到的植物和种子。植物种子的形状多种多样，但是基本结构是相同的。种子的外表是一层种皮，种皮内是胚。胚是幼小的植物体，胚的组成包括胚芽、胚轴、胚根和子叶。有的种子还有胚乳。子叶和胚乳中含有丰富的营养物质。为每粒种子贴标签，以便区分。讨论陆地环境、学习环境和环境因素的概念，并提问下列问题。

(1)每次浇多少水？

(2)你把它们放在了什么位置？

5. 描述实验如何操作，把一组种子放在有阳光的房间，另一组种子放在阴暗的房间。每隔2~3天观察一次，每次10分钟，记录种植植物的生长情况，讨论环境因素对植物的影响。确保每位学生都有操作机会，教师在实验过程中给予适当指导。

6. 光照的影响。学生发现：在其他条件完全一致的情况下，放在有阳光房间的幼苗生长苗壮，叶色鲜绿。放在阴暗房间的幼苗生长弱小，叶色发黄。

7. 建立关于种子生长的科学词汇库，要求学生为词汇库增加科学词汇。当词语被提出时，复习每一个词的含义。

• 环境。

• 环境因素。

• 生物体。

• 陆地环境。

• 发芽。

8. 建立内容/探究表。在内容/探究表列出陈述概念，总结在这个实验中所学到的知识。为了引出(发生、产生)陈述，问学生他们在实验中学到了什么。如果他们需要提示，就问与刚完成调查有关的问题，并尽可能多地用学生的语言在图表纸上写出答案。

• 环境是围绕并影响生物的一切因素。

• 环境因素是环境的一部分，它可以是有生命的，也可以是无生命的。

• 植物生长。

• 植物生长需要水和阳光。

【扩展阅读】

推荐一些与"植物的生长"内容相关的书目给学生，阅读使他们可以获取更多的信息。

第二节　"植物"模块教学指导

一、"植物"模块概念分解与内容解析

（一）"植物"模块概念分解

"植物"模块概念分解见表13。

表 13　"植物"模块概念分解

核心概念	分解概念	概念分级	科学事实
植物能适应环境，可制造和获取养分来维持自身的生存	植物具有获取和制造养分的结构	低层级：说出植物需要水和阳光以维持生存和生长	—
		中层级：描述植物一般由根、茎、叶、花、果实和种子组成，这些部分具有帮助植物维持自身生存的相应功能	
		高层级：知道植物可以吸收阳光、空气和水分，并在绿色叶片中制造其生存所需的养分	
	植物的一生会经历不同的发展阶段，其外部形态结构也会发生相应的变化	中层级：说出植物通常会经历由种子萌发成幼苗，再到开花、结出果实和种子的过程	亲手种下盆栽植物的种子，观察并记录种子萌发成幼苗，再到开花结果的过程
	植物能够适应其所在的环境	中层级：举例说出生活在不同环境中的植物其外部形态具有的不同特点，以及这些特点对维持植物生存的作用	利用图片等资料，对比沙漠、盐碱地及海底的植物在外部形态上的异同

教师在讲"种植植物"时，可以从收集各种植物种子，比较它们的异同开篇，让学生通过讨论与先前经验建立联系。通过"植物"模块强调发展学生的观察能力和比较能力，建立基于经验的概念。而教师在讲授这部分内容时，容易把如何种植某一植物的具体方法作为教学重点，讲授更多的是播种方法，而没有告诉学生种子的萌发与哪些条件有关。例如，在"种植我们的植物"一课，讲授如何种植菜豆，学生更多记住的就是播种的具体步骤："挑选那些饱满的、没有受过损伤的种子；准备好花盆和土；把种子埋入深度约 1 cm 的小坑中，再用土盖好；往花盆中浇水，使土壤湿润，将它放在温暖的地方。"尽管通过这节课的学习，学生学会了如何播种种植菜豆，但是每一步都是在讲科学事实，这些知识没有迁移价值。如果教师能提问学生："你认为菜豆种子的萌发与哪些条件有关？"，学生可能会回答："需要水、空气、阳光等。"此时，教师可以让学生设计一个"种子发芽"的实验计划来验证自己的想法。比如，让学生设计一个"种子萌发与水分关系"的实验计划，实验目的是给不同容器中的种子浇不同量的水，通过对比得到种子萌发与水分的关系。实验步骤：首先，把三粒完好的菜豆种子种在三个同样的花盆中，编号并放在向阳的窗台上；其次，1 号花盆不浇水，2 号花盆每天浇 100 mL 水，3 号花盆每隔两天浇 100 mL 水；最后，观察并记录三个花盆中的种子萌发情况。尽管两节课都是在讲种植菜豆，但很明显第二节课明显是在讲种子萌发的知识，但暗线却渗透着"温度、阳光和空气不变，水分变化"这一分解概念，其目的是为"变量的识别与控制"这一科学过程技能核心概念的建构搭建脚手架。所谓"变量的识别与控制"，就是在进行任何科学实验之前，必须首先明确可能影响实验结果的主要因素，在进行实验时，必须对有关变量进行控制，才能研究自变量与因变量之间的关系，最后得出正确结论。今后学生就会将这一核心概念迁移到新的实验中，进而增强自身利用已有知识去解决未知问题的能力。

在讲"植物"时，告诉学生人类与植物的关系。人类的衣、食、住、行等生产和生活的各个方面都离不开植物。人类的绝大部分食物和很大一部分纺织用的纤维都来自植物。例如，粮食作物有小麦、水稻、玉米、高粱等；果品有苹果、桃、梨、西瓜等；能够获取纤维的有棉、竹、麻等；还有很多植物可以作为蔬菜、油料、药材、香料等供人类利用的资源。此外，很多植物本身具有很高的观赏价值，可以美化人们的生活环境，如剑兰、菊花等观赏花卉。目前，人们防风固沙、水土保持、环境绿化也需要大量植物。

(二)"植物"模块内容解析

在讲"植物的生长"一课时，教师首先可提问学生："你认为植物的生长需要什么?"学生会回答："需要水。水能让枝叶挺立，花朵开放。水分不足，植物会枯萎死亡，没有水就没有植物的存在。"教师可以对学生的回答给予肯定和鼓励，同时让学生做一组实验：分别用蒸馏水和土壤浸出液培养两株幼苗。瓶 A 放入蒸馏水，瓶 B 放入等量的土壤浸出液，同时将两株同种类且健壮的植物幼苗分别放入两个瓶中。实验过程中，可以提问学生："为什么要让两瓶中的液体量相等? 能否放两株不同种类，但同样健壮的植物幼苗?"其目的是以"控制液体量不变，植株种类不变，液体种类变化"这一分解概念入手，让学生通过下位的具体实验活动逐级建立"多个因素影响实验，只有一个条件变化，其他条件都相同，才能得出这个变化的条件对结果的影响"这一核心概念。两周后，让学生观察记录植株的生长情况。前经验会让学生认为，植物的生长需要水，只要每天按时浇水，植物就能健康成长。但当他们通过观察发现，之前同样的两株植物幼苗经过两周后，生长情况并不相同。瓶 A 中的幼苗生长弱小，叶色发黄；瓶 B 中的幼苗生长苗壮，叶色鲜绿。学生产生认知冲突，此时教师给予适当引导，告诉学生："这是因为土壤浸出液中含有多种矿物质，而蒸馏水中不含有矿物质。这说明植物在生长过程中，除了需要水分，还需要多种矿物质。"植物在生长发育过程中需要多种矿物质，其中需求量较大的是含氮、含磷和含钾的矿物质。它们对于植物的生长各有不同作用，一旦缺乏这些矿物质，植物就会出现不良症状。含氮的矿物质会加速细胞分裂和生长，促进植物枝叶繁茂；含磷的矿物质会促进幼苗发育，促进开花、果实成熟；含钾的矿物质使茎秆健壮，抗倒伏，促进淀粉的合成和运输。[1]

---

① 祁乃成，董宝华：《生物——第 1 册》，56～58 页，北京，北京出版集团公司，北京出版社，2011。

根是植物吸收水和矿物质的主要器官。从根的顶端到生长根毛的部位叫根尖，它是吸收水和矿物质最活跃的部分。根尖由根冠、分生区、伸长区、成熟区四部分构成。根冠位于根尖的顶端，细胞体积较大，排列不规则，根冠具有保护分生区的作用。分生区大部分被根冠包围，细胞体积较小，排列紧密，具有很强的分裂能力，能不断产生新细胞。伸长区位于分生区上方，细胞能迅速伸长，几小时内能伸长至原长的 10 倍以上，是根生长最快的部分。根能不断向土壤深处生长，是与伸长区细胞迅速伸长分不开的，伸长区也能吸收少量水分和矿物质。成熟区位于伸长区上方，细胞停止伸长，细胞内有很大的液泡，液泡里充满细胞液。表皮细胞向外突起形成根毛，表皮以内的细胞开始分化形成组织。例如，位于中心部分的某些细胞，细胞质和细胞核消失，上下邻细胞的横壁也消失，形成了导管。根不但能从土壤中吸收水分，而且也能从土壤中吸收矿物质。矿物质被根吸收后，除在液泡里积累一小部分外，大部分进入导管，与水一起运输到植物体的地上部分，供细胞利用。[①]

绿色植物是通过光合作用制造有机营养物质的。光合作用必须在植物的绿色部分进行，绿色部分的细胞中含有叶绿体，叶绿体中含有叶绿素，叶绿素使得植物体呈现绿色。绿色植物通过叶绿体利用光提供的能量，将二氧化碳和水等无机物合成淀粉等有机物，并且把光能转变成化学能，储存在有机物中，同时释放出氧气，这一过程称为光合作用。在光合作用的过程中，绿色植物发生了物质变化，将无机物、二氧化碳和水合成了有机物——淀粉，这些淀粉还可以进一步转化为蛋白质、脂肪等其他有机物。这些有机物不仅是植物自身生长发育所需要的营养物质，也是人类和其他动物的食物来源。光合作用在物质变化的同时还发生了能量的变化，原来的太阳光能转变成淀粉等有机物中贮存的能量，这些能量是植物、动物和人体生命活动的能量来源。煤炭、石油等通过燃烧释放出能量，其中的能量都是亿万年前植物通过光合作用所积蓄的太阳能。生物的呼吸作用要消耗氧气，排出二氧化碳，各种物质的燃烧也是如此。而光合作用则是吸收二氧化碳，释放氧气，这对维

---

① 祁乃成，董宝华：《生物——第 1 册》，61 页，北京，北京出版集团公司，北京出版社，2011。

持大气中氧气和二氧化碳含量的相对稳定起着极其重要的作用。由此可见，光合作用是地球上生物生存、繁衍和发展的基础。

　　植物的叶是光合作用的器官，是由叶片、叶柄和托叶组成的。有的植物没有托叶，有的植物没有叶柄，但叶片是叶的主要部分。叶片一般由表皮、叶肉和叶脉三部分组成。表皮透过光线，防止叶内部水分散失，具有保护作用；叶肉进行光合作用，制造有机物；叶脉对叶片起支撑作用，运输营养物质。叶片在表皮上有气孔，它是由两个半月形的保卫细胞围成的。保卫细胞朝向气孔一侧的细胞壁比外面一侧的细胞壁厚。因此，当保卫细胞吸水膨胀时，气孔就张开，当保卫细胞失水收缩时，气孔就闭合。[①] 例如，在"叶为植物提供'食物'"一课的教学中，核心概念是"生物体的形态结构与其生活环境相适应"。教师把本课的核心概念从上至下进行分解，以分解概念"适应环境的形态结构有助于生物的生存"作为切入点，找到支撑概念建构的科学事实"可可树和橡胶树适于生长在热带地区；落叶松和云杉适于生长在寒带地区。比较生活在不同地区植物的叶有何不同？"不同植物的叶在形状、大小、颜色等方面差异很大，但它们的排列方式及内部结构都是与光合作用相适应的。在课堂教学中，教师自下而上引领学生开展探究学习，进而为核心概念的建构搭建脚手架。

　　植物有多种类群，其中单细胞植物可以依靠细胞质的流动进行细胞内物质的运输，而大多数植物则要依靠体内相应的结构来完成物质的运输。例如，类似杨树的茎叫作木质茎，其结构从外至内依次是表皮、木栓层、皮层、韧皮部、形成层、木质部、髓等。其中，木质部中有起运输作用的导管和起支持作用的木纤维。如果将带叶的杨树枝条插入红墨水中，被染成红色的部分就是导管。导管是由许多筒状的、横壁消失（或部分消失）的死细胞上下相连而形成的。根、茎和叶脉里的导管是相互连通的，导管的主要功能是运输水分和无机盐。木质茎的最外面，容易剥离的一层，俗称树皮，它包括表皮、木栓层、皮层和韧皮部等几部分。韧皮部中有起运输作用的筛管和起支持作用的韧皮纤维。植物体内各器官之间的筛管是连通的。环剥枝条后，因为筛

----

① 祁乃成，董宝华：《生物——第1册》，66～69页，北京，北京出版集团公司，北京出版社，2011。

管被切断，环剥上方的有机养料不能通过筛管继续向下输送，所以形成了树瘤。筛管是由许多管状的活细胞上下连接而形成的。上下相邻的筛管细胞在横壁上有许多小孔。这种带有小孔的横壁，叫作筛板。根、茎和叶脉里的筛管也是相互连通的，筛管的主要功能是运输有机物。而类似于玉米的茎叫作草质茎，草质茎也有木质部和韧皮部，但其结构与木质茎不同。草质茎中没有形成层，因此草质茎不能无限增粗。草质茎由幼苗到成株略有增粗，是由于细胞体积加大的缘故。与木质茎不同，草质茎的木质部与韧皮部是散布于薄壁细胞之间的。植物体所需要的水分、无机盐和有机物，通过导管和筛管运输到植物体的各个部位，使每个细胞都能得到生命活动所必需的营养物质，水分和溶解在水中的无机盐能从根运输到茎，再运输到叶、花、果实等器官，进而使植物能够正常地生长发育和繁殖后代。[①]

二、"植物"模块实验活动与概念建立

"植物"模块中的核心概念是"植物能适应环境，可制造和获取养分来维持自身的生存"。教师把本模块的核心概念自上而下分解，找到支撑核心概念建构的科学事实（知识点和实验活动），在教学中，教师自下而上引领学生开展探究学习，为核心概念建构搭建脚手架。例如，实验活动"植物的光合作用"中的分解概念为：

第一，绿叶在光合作用下可以制造淀粉，并释放出氧气。

第二，绿叶制造淀粉需要二氧化碳做原料。

第三，绿叶制造淀粉只能在有绿色的部分进行。

第四，水是制造淀粉必需的原料。

学生需要运用的探究过程技能为：

第一，观察叶片见光部分遇到碘液变蓝，说明叶片的见光部分产生了有机物——淀粉。

第二，推断和预测影响光合作用的外界条件可能与光照强度有关。

第三，形成与验证假设，让玻璃管内的金鱼藻不断产生气泡，将带火星

---

① 祁乃成，董宝华：《生物——第2册》，3～6页，北京，北京出版集团公司，北京出版社，2011。

的木条伸入装有该气体的瓶口，若木条复燃，则说明该气体为氧气。

第四，形成与验证假设，光合作用是否需要二氧化碳，若需要二氧化碳，则装有氢氧化钠的叶片不变蓝。

第五，交流与表达本组的实验结果，其他组倾听并表达认同或质疑的原因。

以上分解概念与探究过程技能是在 3 个实验中完成的，学生在学习过程中要将这些分解概念联系起来，进而为逐层建构核心概念奠定基础。通过观察、推断和预测、形成与验证假设、交流与表达等探究过程技能训练，旨在让学生不仅能动手做，而且会动脑想。在实验操作过程中学会思变，让他们能够运用科学探究方法解决日常生活问题，同时学会利用科学语言提升与他人交流和沟通的能力。

实验活动：植物的光合作用[①]

🎓 授课对象

5～6 年级学生。

📖 学习目标

(1)了解光合作用需要光和叶绿体，产物为淀粉。

(2)了解光合作用的产物除淀粉外，还有氧气。

(3)了解二氧化碳是光合作用的原料。

(4)运用科学思维方法，进行探究并建立解释：观察、沟通、比较、组织。

扫描二维码
观看实验视频

实验 1：绿叶在光合作用下产生淀粉

【实验概要】

学生进行实验活动——绿叶在光合作用下产生淀粉。叶片见光部分遇到碘液变蓝，说明叶片的见光部分产生了有机物——淀粉。

---

① 祁乃成，董宝华：《生物——第 1 册》，70～74 页，北京，北京出版集团公司，北京出版社，2011。

【实验材料】

每组 4 人

数量	名称	备注
1	银边天竺葵	
1	大烧杯	
1	小烧杯	
1	石棉网	
1	三脚架	
1	酒精灯	
1	培养皿	
1	镊子	
4	学生记录单	

每班

数量	名称	备注
	酒精	
	水	
	碘液	
	火柴	
	黑纸	
	曲别针	

【实验指导】

1. 把盆栽的银边天竺葵放在暗处 1～2 个昼夜后，选一片生长健壮的叶片，用曲别针将黑纸从上下两面夹住叶片的一部分。

2. 将经过处理的银边天竺葵置于阳光下照射 3～4 小时。

3. 去除叶绿素：摘取经遮光处理的叶片，除去黑纸，放在盛有酒精的小烧杯中（酒精应浸没叶片），再将小烧杯放在盛有开水的大烧杯中隔水加热，提问下列问题。

（1）为什么要去除叶绿素？

（2）为什么必须隔水加热？

4. 漂洗：待叶片由绿色变成黄白色后，取出叶片用清水漂洗。

5. 检验：把漂洗后的叶片平铺在培养皿上，然后滴加碘液。片刻后，再用清水洗去碘液。

6. 观察并分析实验结果：观察叶片的银边部分呈现什么颜色，叶片的遮光部分呈现什么颜色，叶片的未遮光部分呈现什么颜色？

7. 有些学生可能会认为光照越强，光合作用就越强。告诉学生：影响光合作用的外界条件主要是光照强度和二氧化碳浓度，在一定限度内，光照越强，光合作用越强；若光照过强，气孔会关闭，从而影响光合作用的进行。

8. 提问学生：是否只有绿色植物才可以进行光合作用？

9. 实验后进行清理，按分工把各种材料放回去，把用过的纸扔掉，擦净桌子。

10. 发给每个学生记录单，记录他们的观察结果。

11. 每个小组的发言人报告他们的实验结果，在黑板上写出他们的观察步骤。当每组都汇报结束后，告诉他们：光是叶绿素形成的条件，植物体见光部分能形成叶绿素。如萝卜见光部位是绿色的，而埋在土壤里的部位是白色的；蒜黄见光后会变成绿色。

12. 增加新的科学词汇到科学词汇库，列举实验中的关键词，复习每个词的意思。

· 叶绿体。

· 光合作用。

13. 建立内容/探究表，在内容/探究表中列出在实践活动中获得的相关知识概念，让学生综述在实验中他们学到了什么，如果需要提示，就提出与他们探究活动相关的问题，并尽可能用他们自己的语言在记录纸上写出答案。

· 为什么在实验前，要将盆栽的银边天竺葵放在暗处1～2个昼夜？

· 为什么要对叶片进行部分遮光处理？

把学生的问题写在记录表里。

扫描二维码
观看
实验视频

实验2：光合作用产生氧气

【实验概要】

学生进行实验活动——光合作用产生氧气。让玻璃管内的金鱼藻不断产生气泡，将带火星的木条伸入装有该气体的瓶口，若木条复燃，则说明该气体为氧气。

【实验材料】

每组4人

数量	名称	备注
	金鱼藻	
1	玻璃管	
1	橡皮塞	
1	小木条	
1	大烧杯	
1	漏斗	
1	棉线	

每班

数量	名称	备注
	清水	
	凡士林油	
	火柴	
	碳酸氢钠	

【实验指导】

1. 切取约 8 cm 长的金鱼藻若干枝，切口向上放入漏斗中，将漏斗倒扣在大烧杯的水中。可按 1：1000 的比例将碳酸氢钠加入烧杯的水中（目的是增加二氧化碳的浓度）。

2. 取玻璃管一支，一端用橡皮塞塞紧，涂上少许凡士林密封，然后往管内注入清水，待装满后用大拇指堵住管口，倒转移入水中，套在漏斗管上。

3. 将实验装置移至光下照射，此时可见金鱼藻不断产生气泡。气体把水从玻璃管内压出，当玻璃管内的水面与烧杯内水面持平时，拔去玻璃管上的塞子，迅速将带火星的小木条插入管中，注意观察会有什么现象发生。

4. 讨论实验结果，把学生的实验结果记录在黑板上，讨论他们的猜测是否与实际结果接近。提问下列问题。

(1)带火星的小木条插入后，出现了什么现象，这个现象说明了什么？

(2)如果该装置放在暗处，能出现这种现象吗？这又说明了什么问题？

5. 增加新的科学词汇到科学词汇库。

·氧气。

6. 建立内容/探究表，在表里增加新的概念。

·将带火星的木条伸入装有该气体的瓶口，若木条复燃，则说明该气体为氧气。

把学生的问题写在记录表里。

实验3：光合作用需要二氧化碳

扫描二维码观看实验视频

【实验概要】

学生进行实验活动——光合作用需要二氧化碳。探究光合作用是否需要二氧化碳，若需要二氧化碳，则装有氢氧化钠的叶片不变蓝。

【实验材料】

每组4人

数量	名称	备注
1	天竺葵	
1	烧杯	
1	铁架台	
2	锥形瓶	
2	培养皿	
2	石棉网	

续表

数量	名称	备注
2	三脚架	
1	酒精灯	
4	学生记录单	

每班

数量	名称	备注
	25％氢氧化钠	
	清水	
	棉花	
	酒精	
	碘液	
	火柴	
	镊子	

【实验指导】

1. 将天竺葵放在暗处 1～2 个昼夜。

2. 在天竺葵上选 2 片大小相近，生长健壮的叶片 A 和叶片 B，用两个分别装有清水和氢氧化钠的锥形瓶套在叶片 A 和叶片 B 上，并用棉花将瓶口塞紧（清水和氢氧化钠不要浸到叶片），固定在铁架台上，移至阳光下照射 2～3 小时。

3. 取下叶片 A 和 B，按照上述实验方法，去掉叶片中的叶绿素，然后用碘液分别检验，观察叶片 A 和 B 的颜色有何不同。

4. 描述实验结果，鼓励学生描述所做的和所发现的现象。

5. 把学生的实验结果记录在黑板上，讨论他们的猜测是否与实际结果接近。提问下列问题。

(1)叶片 A 装置的作用是什么？

(2)叶片 A 和叶片 B 颜色的不同，说明了什么？

6. 增加新的科学词汇到科学词汇库。

• 二氧化碳。

· 氢氧化钠。

7. 建立内容/探究表，在内容/探究表中增加新的概念。

· 氢氧化钠能吸收空气中的二氧化碳。

【扩展阅读】

推荐一些与"植物的光合作用"内容相关的书目给学生，阅读使他们可以获取更多的信息。

第三节　"动物"模块教学指导

一、"动物"模块概念分解与内容解析

(一)"动物"模块概念分解

"动物"模块概念分解见表14。

表 14　"动物"模块概念分解

核心概念	分解概念	概念分级	科学事实
动物能适应环境，通过获取植物和其他动物的养分来维持生存	动物通过不同的器官感知环境	低层级：举例说出动物可以通过眼、耳、鼻等感知环境	通过视觉、听觉、嗅觉、味觉、触觉分别感受不同的食物或物体，了解不同感觉器官的功能
		中层级：举例说出动物通过皮肤、四肢、翼、鳍、鳃等接触和感知环境	
	动物能够适应季节的变化	中层级：举例说出动物适应季节变化的方式；说出这些变化对维持动物生存的作用	通过观看燕子冬季飞往南方，夏季又返回北方等图片或视频，初步了解动物适应季节变化的多种方式
	动物的行为能够适应环境的变化	高层级：举例说出动物在气候、食物、空气和水源等环境变化时的行为	—

　　教师在讲"动物"时，可以提问学生："在日常生活中，你都见过哪些动物？它们是什么样子的?"让学生通过回忆、比较、分类理解动物的特征，通过"动物"模块强调发展学生的观察能力、比较能力和组织分类能力。而教师在讲授这部分内容时，往往容易把动物的具体特征作为教学重点，讲授更多的是每种动物的身体结构、生命周期、生活习性等，而没有在这些大量科学事实的基础上进一步引导学生建构分解概念，导致学生在头脑中形成的都是零散的知识点。例如，在讲"动物过冬"时，教师列举了大量科学事实，如大雁迁徙、松鼠储存过冬食物、野兔长出保暖的绒毛等。在此基础上，教师可以进一步引导学生建构"动物能够适应季节的变化"这个分解概念。当学生再学习其他生物时，如"植物过冬""动物过冬"时，在不同科学事实的基础上，形成相应的分解概念。教师在教学过程中，帮助学生进行适时的梳理总结，最终让学生建立起"生物体能适应环境变化，并通过各种方式获取养分来维持生存"这一核心概念。再如，讲"动物的器官"，教师举例，如兔子的眼睛、马的眼睛、牛的眼睛都长在头的两侧，这有利于它们在进食的同时，时刻警惕周围环境变化；老虎的眼睛、狮子的眼睛、豹子的眼睛都长在头的前面，这使它们目光准确，有利于追击猎物。在此基础上，教师可以引导学生建构"食草动物的眼睛通常长在头的两侧；食肉动物的眼睛通常长在头的前面"这个分解概念。当学生再学习"动物的牙齿""动物的爪趾"时，在不同科学事实的基础上，形成相应的分解概念，最终在学生头脑中形成"生物体的结构与功能相适应"这个核心概念。

　　教学中要告诉学生，很多种类的动物与人类都有着密不可分的关系。例如，蜂蜜能生产蜂蜜、蜂蜡和蜂王浆等，除了可供食用外，还可用于医药和工业。蚯蚓可以疏松土壤。很多昆虫可以清除腐烂的有机体，参与大自然的物质循环。人们对蛇进行仿生学研究，以改善航空和航海仪器。鱼类既可供食用，也可供观赏，鱼鳞还可以制作鱼鳞胶等。与此同时，有些动物也会给人类带来危害。例如，蚊、虱、蚤等会吸食人的血液，并传播疾病。很多有害昆虫会危害各种农作物，如蝗虫肆虐时，会导致农作物减产，甚至颗粒无收，有些昆虫还会损坏衣物、粮食、书籍等储存物品。尽管动物有时会给人类的生产生活带来一些危害，但正是它们的存在才使大自然得以维持生态平衡，如果这个平衡遭到破坏，那么人类也终将失去自己的家园。

(二)"动物"模块内容解析

动物与植物一样，在生活过程中，都会经历生长和发育。生长是指生物体的体积、质量不断增加，由小长大的过程。发育是指生物体的结构和功能不断完善，个体成熟的过程。绝大多数动物的生长和发育都是从受精卵开始的，由于不同动物的生活环境、生活习性以及形态结构不同，因而它们生长发育的特征也各有不同。例如，在"昆虫的生命周期"一课，教师首先可以展示家蚕的生活史标本，并提醒学生注意观察家蚕的幼虫和成虫的区别，以及发育过程需要经历哪些阶段。家蚕的受精卵孵化成幼虫，幼虫在形态结构、生活习性等方面与成虫差异很大。刚孵化出的小幼虫称为蚁蚕，经过四次脱皮生长发育成为能吐丝结茧的大幼虫。幼虫蜕皮期间不吃也不动，称为眠。四眠以后的蚕体内，绢丝腺已经充分发育，其中的胶质液体能从吐丝孔中吐出，遇到空气后就会凝结成蚕丝。家蚕用蚕丝做茧，在茧内发育成蛹，以后蛹再羽化为成虫，即蚕蛾。家蚕的生长发育过程经历了受精卵、幼虫、蛹、成虫四个时期，而且幼虫在形态结构、生活习性等方面与成虫有显著的不同，这样的生长发育过程称为完全变态。

此时，教师再展示蝗虫的生活史标本，同样提醒学生注意观察蝗虫的幼虫和成虫的区别，以及发育过程需要经历哪些阶段。蝗虫的受精卵孵化出的幼小个体，在形态结构、生活习性等方面与成虫相似，只是身体较小，翅较短，生殖器官尚未发育成熟，称为若虫。蝗虫的若虫也称为跳蝻。跳蝻经过五次脱皮后，生长发育为成虫。若虫每蜕一次皮就增加一龄，如第一次脱皮前为一龄，第一次蜕皮后至第二次蜕皮前为二龄，依此类推。蝗虫的生长发育过程经过了受精卵、若虫、成虫三个时期，这样的生长发育过程称为不完全变态。[①] 在此基础上，教师进一步引导学生建构分解概念"昆虫的一生都要经历出生、生长发育、成熟、繁殖、衰老死亡的过程"。同时告诉学生，昆虫与人类的关系非常密切，许多昆虫对人类是有益的，如家蚕、蜜蜂等，它们

---

① 祁乃成，董宝华：《生物——第3册》，43～45页，北京，北京出版集团公司，北京出版社，2011。

为人类提供蚕丝、蜂蜜等工业和医药业原材料；有些昆虫还是害虫的天敌，如螳螂、七星瓢虫等。但是也有些昆虫对人类是有害的，比如蝗虫、苍蝇、蚊子、蟑螂等，它们侵食农作物、传播疾病、吸食人血，给人们的生产和生活带来危害。此后，当学生再学习其他动物时，如"两栖动物的生命周期""哺乳动物的生命周期"以及"人的生命周期"时，在不同科学事实的基础上，形成相应分解概念。进而为学生构建核心概念"生物体的生命过程都要经历出生、生长、发育、成熟、繁殖、衰老死亡等阶段"搭建脚手架。

在讲"生物与环境"时，任何生物都必须从其周围环境中获取生存所必需的空气、水、营养和其他条件。因此，构成环境的各个因素必然会影响到生物的生存和发展。那么，生物体赖以生存的环境是由哪些因素构成的？这些因素又对生物的生活有着怎样的影响？环境是指生物个体或群体周围的一切事物的总和，它们直接或间接地影响着生物的生存和发展。各种生物的生活环境都是由许多因素组成的，水、阳光、空气、温度和土壤这些非生命物质部分称为非生物因素。而生命物质部分称为生物因素。生物因素包括植物、动物和微生物，同时也包括人类。例如，在东北虎栖息地的森林环境中，有各种树木、灌木、杂草、苔藓和蕨类等植物，也有东北虎和它需要猎取的猎物鹿、野兔等动物，还有山雀、啄木鸟、松鼠和各种昆虫，以及土壤中的蚯蚓，各种真菌和细菌等，这些都是生物因素。生物因素又可分为种内关系和种间关系。

种内关系　同种生物之间的关系称为种内关系。例如，蚜虫聚集生活在植物幼嫩的器官表面，将口器插入植物组织里吸食汁液。如果植物提供的营养充足并且不被捕食者打扰，它们会终生生活在这里。然而，当植物幼嫩的器官不能满足蚜虫群体的营养需要时，蚜虫个体之间就会发生种内斗争。但也存在另一种现象，即当群体中有一只蚜虫被天敌捕获时，它会释放出一种化学物质，告知其他同伴迅速逃走。可见，同种生物个体之间既有斗争也有互助。

种间关系　不同种生物之间的关系称为种间关系。一种生物以另一种生物为食，是种间关系的表现之一。种间关系比较复杂，如七星瓢虫吃蚜虫，而蚂蚁又会驱赶七星瓢虫，这是因为蚜虫分泌物中的蜜露是七星瓢虫的食物。可见，七星瓢虫与蚜虫之间是种间斗争的关系，而蚂蚁与蚜虫之间是种间互助的关系。

自然环境中，生物与环境之间是相互作用的。在一定程度上，环境因素影响生物的形态、生理和分布，生物也表现出与其生存环境的适应，同时还能影响和改变环境。适应是生物在形态、结构和生理等方面与其生存环境相适应的现象。生物只有适应环境才能生存和延续下来。生物的适应分为环境性适应、营养性适应和防御性适应等类型。

环境性适应　水和温度都是影响生物分布的重要因素。无论植物还是动物，都具有与其生存环境中水分状况和温度变化相适应的特征。例如，生活在缺水条件下的骆驼，白天能够忍受较高的温度贮热，夜间再通过皮肤散热，以此减少体内水分的消耗。又如，生活在北方的海豹，皮下脂肪厚达 60 mm，约占体壁横切面的一半以保持体内温度，而体表温度则接近海水温度，正因为如此，海豹才能生活在温带和寒带的沿海地区。

营养性适应　动物的营养性适应有许多典型实例。例如，不同种类的昆虫有专门摄取特定食物的口器。蝗虫用其咀嚼式口器快速地取食植物的叶；蚂蚁的口器用于捕食和切碎小动物；大多数鼠类咬食谷物、种子、树皮等植物性食物，它们的门齿能够不断生长，以弥补摄食造成的门齿磨损。

防御性适应　无论植物还是动物，都具有防御天敌的特性。例如，斑马靠奔跑躲避猛兽的攻击；龟在遇到袭击时，会将头和四肢缩回到坚硬的"盔甲"里。有的动物具有保护色，如青蛙的体色与周围环境的色彩相一致，便于隐蔽自己，不被天敌或猎物发现。有的动物具有毒牙或者毒毛，当遇到危险时，会显示出醒目的斗姿来警示对方。[①] 总之，在教学中，教师可以列举大量的科学事实，帮助学生构建"生物体的形态、结构和生理活动与其周围环境相适应"这一核心概念。

---

① 祁乃成，董宝华：《生物——第 3 册》，70～76 页，北京，北京出版集团公司，北京出版社，2011。

二、"动物"模块实验活动与概念建立

"动物"模块中的核心概念是"动物能适应环境，通过获取植物和其他动物的养分来维持生存"。教师把本模块的核心概念自上而下分解，找到支撑核心概念建构的科学事实（知识点和实验活动），在教学中，教师自下而上引领学生开展探究学习，为核心概念建构脚手架。例如，实验活动"等脚类昆虫与甲壳虫"中的分解概念为：

第一，设计一个可控的实验，观察各种环境因素对生物的影响。

第二，每一种生物都有一个适宜的生活环境。

第三，等脚类昆虫喜欢湿润的环境，甲壳类昆虫喜欢干燥的环境。

第四，等脚类昆虫和甲壳类昆虫喜欢暗环境。

学生在实验过程中要将这些分解概念联系起来，进而为逐层建构核心概念奠定基础。

学生需要运用的探究过程技能为：

第一，识别与控制变量。在其他因素都一致的情况下，观察并记录湿度对虫子行为的影响。

第二，识别与控制变量。在其他因素都一致的情况下，观察并记录亮度对虫子行为的影响。

第三，形成与验证假设。学生在已经掌握相关知识的基础上，针对自己感兴趣的科学问题，提出假设，根据科学原理和科学事实进行理性思维的加工以后，对未知的自然现象及其规律做出验证并建立解释。

第四，交流与表达本组的实验结果，其他组倾听并表达认同或质疑的原因。

以上分解概念与探究过程技能是在 4 个实验中完成的，学生在学习过程中要将这些分解概念联系起来，进而为逐层建构核心概念奠定基础。通过识别与控制变量、形成与验证假设、交流与表达等探究过程技能训练，旨在让学生不仅能动手做，而且会动脑想。在实验操作过程中学会思变，让他们能够运用科学探究方法解决日常生活问题，同时学会利用科学语言提升与他人交流和沟通的能力。

实验活动：等脚类昆虫与甲壳虫[①]

🍃 授课对象

5～6 年级学生。

📋 学习目标

1. 探究湿度对虫子行为的影响。

2. 探究光照对虫子行为的影响。

3. 源自对动物的观察，组织并分析数据。

4. 对于各种环境因素，确定生物最适宜的生存环境。

5. 运用科学思维过程进行调查并建立解释：观察、交流、比较、组织和联系。

实验 1：建立动物通道

【实验概要】

等脚类昆虫与甲壳虫它们更喜欢哪种环境？学生用锡铝纸制作动物通道，目的是建立生物对环境选择的探究实验。

【实验材料】

每组 4 人

数量	名称	备注
5	等脚类昆虫	
5	甲壳虫	
2	塑料杯	
1	塑料板	
2	手持放大镜	

① Lawrence Hall of Science，University of California at Berkeley，*FOSS Teacher Guide—Environment*，Nashua，Published and distributed by Delta Education，2004，pp. 103-121.

续表

数量	名称	备注
2	铝箔纸	36 cm×46 cm
2	硬横格纸	7 cm×28 cm
4	学生记录单	

每班

数量	名称	备注
	旧报纸	
	塑料布	
	纸巾	
	陶土	
	热水瓶	

【实验指导】

1. 介绍等脚类昆虫与甲壳虫，首先告诉学生：本次实验会学习到等脚类与甲壳类两类昆虫，它们是有生命的，我们不应该伤害它们。

2. 分发材料，发给每组两个透明塑料杯。一个杯子放 5 只等脚类昆虫，另一个杯子放 5 只甲壳虫。

3. 让学生观察两种昆虫的相同点与不同点，并记录下来。提醒学生注意安全，不要被昆虫伤到。

4. 介绍动物通道，用硬横格纸折成一个长方体的无顶纸盒，将铝箔纸沿着硬横格纸包起来。

5. 讨论动物与环境因素，教师可让学生讨论对两种昆虫的观察，并提出建议：如果环境适宜，我们可以把它们放到一个干燥的容器中，进而了解它们更喜欢什么样的环境。

6. 思考并设计实验，提问学生：你能否用建立的动物通道去发现多少水是它们最适宜生存的？

在此次实验中，学生应该建立起一种意识，即实验中所有条件因素都应是统一的，用水量除外。环境应该是从潮湿到干燥循序渐进的过程，以便昆虫选择最适宜的生存环境。

7. 介绍或回顾变量的概念。实验中，所有的因素或变量都是相同的，只有水量除外。

8. 建立科学词汇库，要求学生为词汇库增加新的科学词汇。当词语被提出时，复习每一个词的含义。

- 变量。
- 环境因素。
- 等脚类昆虫。
- 甲壳虫。

9. 建立内容/探究表。内容/探究表列出陈述概念，总结在这个实验中所学到的知识。为了引出(发生、产生)陈述，问学生他们在实验中学到了什么。如果他们需要提示，就问与刚完成调查有关的问题，并尽可能多地用学生的语言在图表纸上写出答案。

设计一个附有控制变量的实验，以便可以在实验过程中观察其中一个因素对实验的影响。

实验2：适宜的湿度

【实验概要】

等脚类昆虫与甲壳虫对湿度的反应是怎样的？学生运用铝箔纸制作动物通道，建立一个关于昆虫对环境因素中水反应的观察实验。

【实验材料】

每组4人

数量	名称	备注
5	等脚类昆虫	
5	甲壳虫	
3	塑料杯	
1	塑料板	
2	动物通道	

续表

数量	名称	备注
1	小勺	
1	烧杯	
2	手持放大镜	

每班

数量	名称	备注
	旧报纸	
	塑料布	
	纸巾	
	陶土	
	热水瓶	

【实验指导】

1. 介绍等脚类昆虫与甲壳虫，首先告诉学生：本次实验会学习到等脚类昆虫与甲壳虫，它们是有生命的，我们不应该伤害它们。

2. 分发材料，告诉学生：如果环境适宜，我们可以把它们放到一个拥有干燥环境的容器中，进而了解它们更喜欢什么样的环境。回顾之前有关生物与非生物环境因素：光照、热量、湿度、植物、土壤与空气。

3. 设计实验，强调变量的概念，建立实验。

(1)将陶土平均分成3份，放在通道中。

(2)一份干燥陶土、一份微湿陶土、一份潮湿陶土。

(3)为了实验的准确性，让等脚类昆虫与甲壳虫有充足的时间选择它们适宜的环境。

4. 学生记录。大约10分以后，学生记录实验情况，昆虫是什么反应？（停留在土壤表面、钻进土壤中，还是离开了土壤等）

5. 介绍土壤，告诉学生：土壤的土质是一样的，只是湿度不同。重新建立实验。

(1)每份土壤取50 g。

（2）潮湿的土壤加 10 mL 水，并与土壤混合。

（3）每份土壤之间不应相互接触。

（4）一组测试等脚类昆虫，另一组测试甲壳虫。

6. 开始实验，记录实验结果。

记录短时间实验结果。10～15 分以后，学生记录实验情况，也许此实验结果并不具有代表性。

记录长时间实验结果。学生可能需要更多的时间进行实验，可以让学生自己决定他们的实验时间。如果实验需要过夜，可以用塑料布盖住通道，以避免昆虫爬出通道。

7. 介绍"更适宜的环境"，让学生回顾之前的实验，告诉他们：动物会向可以满足它们需要并且适宜的地方迁移。动物所选择的环境就是它们生存的适宜环境。学生记录结论：水对于等脚类昆虫与甲壳虫来说是重要的环境因素。

8. 增加新的科学词汇到科学词汇库。

• 更适宜的环境。

9. 建立内容/探究表，在内容/探究表中增加新的概念。

每种生物都有适合自身生存的环境条件。等脚类昆虫更适宜潮湿环境，甲壳虫则更适宜干燥环境。

实验 3：适宜的光照

【实验概要】

等脚类昆虫与甲壳虫对亮度的反应是怎样的？学生运用铝箔纸制作动物通道，建立一个关于昆虫对环境因素中亮度反应的观察实验。

【实验材料】

每组 4 人

数量	名称	备注
5	等脚类昆虫	
5	甲壳虫	
3	塑料杯	

数量	名称	备注
2	动物通道	
2	黑纸	
2	手持放大镜	

每班

数量	名称	备注
	旧报纸	
	塑料布	
	纸巾	
	陶土	

【实验指导】

1. 不同的环境因素，提问学生：如何设计一个光照对昆虫的影响的实验？学生可能会提出遮住通道的一端。教师可以解释，遮光材料可以使用黑色纸板制作。

2. 建立实验，提醒学生：实验中所有的因素或变量都是相同的，光照除外。

3. 开始实验，每组将昆虫放到通道中，记录实验结果。

记录短时间实验结果。10~15分以后，学生记录实验情况，也许此实验结果并不具有代表性。

记录长时间实验结果。学生可能需要更多的时间进行实验，可以让学生自己决定他们的实验时间。如果实验需要过夜，可以用塑料布盖住通道，以避免昆虫爬出通道。

4. 让学生小组讨论光照实验结果，然后提问下列问题。

(1)你有什么论据可以证明光照对昆虫有影响？

(2)从这几次的实验中，描述等脚类昆虫与甲壳虫更适宜的环境条件。

(3)你为什么认为等脚类昆虫比甲壳虫更适宜黑暗的环境？

5. 增加新的科学词汇到科学词汇库。这部分没有新的词汇，回顾之前的科学词汇，也可以询问学生是否有他们愿意添加的新词。

6. 建立内容/探究表，在内容/探究表中增加新的概念。

· 等脚类昆虫与甲壳虫更喜欢黑暗的环境。

实验4：自主设计实验

【实验概要】

针对没有测试过的环境因素，学生可以自己设计一个实验。

【实验材料】

每组4人

数量	名称	备注
5	等脚类昆虫	
5	甲壳虫	
3	塑料杯	
2	动物通道	
2	手持放大镜	

每班

数量	名称	备注
	旧报纸	
	塑料布	
	纸巾	
	陶土	
	植物	
	水	
	冰	
	黑纸	

【实验指导】

1. 讨论其他环境因素，提问学生：是否想过其他环境因素对昆虫的影响？如果学生思考有困难，教师可以给出建议。

(1)一株植物。

(2)冷、热。

(3)遮蔽。

2. 设计实验，提醒学生：实验中，所有的因素或变量都是相同的，需要测试的环境因素除外。

3. 开始实验，每组将昆虫放到通道中，学生自己决定实验时间，记录实验现象与数据。

4. 教师评价：观察学生实验情况，他们的实验是否合理，是否对变量进行了控制。

5. 同全班分享实验结果，每组派出一位代表陈述实验测试结果。每组陈述完毕后，全班进行讨论。

(1)当环境改变时，动物会怎样？你为什么这么认为？

(2)如果把这些动物置身户外，你认为最大的影响因素是什么？

6. 把昆虫放到陆生环境容器中。当实验全部完成后，将昆虫放到陆生环境容器中。学生会感觉这种环境并不适合所有动物生存，不同环境适合不同的动物生存，可以让学生建立适宜昆虫生存的环境容器。

【扩展阅读】

推荐一些与"生物与环境"内容相关的书目给学生，阅读使他们可以获取更多的信息。

第四节　"人体"模块教学指导

一、"人体"模块概念分解与内容解析

(一)"人体"模块概念分解

"人体"模块概念分解见表15。

表 15　"人体"模块概念分解

核心概念	分解概念	概念分级	科学事实
人体由多个系统组成，分工配合，共同维持生命活动	人体有感知各种环境刺激的器官	低层级：识别眼、耳、鼻、舌、皮肤等器官	—
		高层级：举例说出人体对某些环境刺激的反应方式和作用；列举保护这些器官的方法	
	人体具有进行各种生命活动所需的器官	中层级：简要描述人体用于呼吸的器官；简要描述人体用于摄取养分的器官；列举保护这些器官的方法	通过测量、统计和分析全班同学的肺活量；讨论呼吸系统保健、传染病、抽烟、一氧化碳中毒、大气污染等与呼吸有关的问题
	人脑具有高级功能，能够指挥人的行动，产生思想和情感，进行认知和决策	高层级：简要描述脑是认知、情感、意志和行为的生物基础	—
	人脑需要被保护	高层级：举例说出为保护脑的健康需要采取的主要措施。比如，人需要充足的睡眠，需要避免长期的精神压力，防止外界的激烈冲撞，保持愉快、积极的情绪等	—
	生活习惯和生存环境会对人体产生一定影响	高层级：列举睡眠、饮食、运动等影响健康的因素，养成良好生活习惯；列举噪声、雾霾、污水等对人体健康的影响，养成环保意识	制订自己的作息计划；从健康的角度评价家庭生活质量（可以从饮食、家居环境、生活习惯等方面评价）

　　以往教师在讲"人体"这部分内容时，习惯把重点放在讲授各个器官"是什么"的问题，例如，重视观察与描述口腔的构造，而没有理解"这些事实意味着什么"，如口腔对于人体消化系统具有的重要意义。例如，在"人体是怎样

消化食物的"一课，教师首先通过挂图让学生体验食物在人体内是怎样"旅行"的。让学生通过观看挂图对人体的消化系统形成初步的整体认识，再将事实性目标转述为："消化系统由不同的器官组成，这些器官在人体的消化过程中发挥不同的功能"，分解概念为：

第一，口腔是消化系统的开端，食物进入口腔后被牙齿磨碎。

第二，食道是连接口腔与胃的一条管道，可以将食物送到胃里。

第三，胃接收口腔咀嚼过的食物，胃的蠕动一方面把食物消化成食糜，另一方面把食糜送入小肠。

第四，小肠是食物消化和营养物质吸收的主要场所。小肠的蠕动可以使食糜与消化液充分混合，促进食物的消化和吸收。

第五，大肠是消化系统的最后一部分，不能消化的食物残渣经过大肠形成粪便排出体外。学生在学习过程中，将这些分解概念联系起来，形成核心概念"系统与相互作用"。"口腔的构造""食道的构造""胃的作用"等就成为这一核心概念建构中的重要一环。

在讲"生存环境对人类产生的影响"时，告诉学生，环境污染是人类在生产和生活过程中不断向环境排放废弃物的结果。因此，要防止环境污染必须从改变能源结构、控制废弃物的排放入手。改变能源结构就是减少对煤炭、石油等燃料的使用，开发利用太阳能、风能以及潮汐能等能源。控制废弃物的排放，包括减少能源的消耗，保证燃料的充分燃烧，生产并运用无硫、无铅燃料，制定工厂、车辆有害气体的排放标准和工业废水的排放标准，减少或杜绝废弃物的产生等。同时，在有关地区或水域建立监测站，对大气和水质进行定期检查。垃圾是固体的污染物，在倾倒时要分类处理，凡可回收的应重新利用，以减少垃圾的产量。对于有危害性的废弃物（如医院的废弃物）一定要进行专门处理。

(二)"人体"模块内容解析

教师在讲授"感觉器官"时，告诉学生："人能感觉到明暗、声音、气味、味道、冷热，是因为人有眼睛、耳朵、鼻子、舌头和皮肤等感觉器官。"人的每一种感觉，视觉、听觉、嗅觉、味觉和触觉，能接收周围环境中的某种特殊信息。

感觉器官将这种信息转化为神经冲动发送到大脑，然后大脑分析这些信息。

　　眼睛会对光等刺激做出反应，它们将这些刺激转化为能够分析的神经冲动，使人能看到物体。那么，光线是怎样进入眼睛的呢？首先，光线撞击角膜，这是覆盖在眼睛前面的一层透明组织；其次，光线闯过位于角膜后面充满液体的小室，到达瞳孔。瞳孔是光线进入眼睛的一个窗口。光线较强时，瞳孔缩小；光线较弱时，瞳孔放大。瞳孔的大小通过虹膜里的肌肉进行调整。虹膜是包着瞳孔的环状结构，调节着进入眼睛的光线数量。虹膜决定了眼睛的颜色。如果一个人眼睛是褐色的，那么虹膜也是褐色的。然后，光线穿过瞳孔，射到晶状体。晶状体是一种能聚集光线的柔韧结构，其功能好像能使光线发生折射，所以形成的图像是倒立的。附着在晶状体上的肌肉能调节晶状体的形状，这种调节使形成的图像更清晰，穿过晶状体之后，聚焦的光线又穿过一种透明的像果冻状的液体，然后光线撞击到视网膜上。视网膜是排列在眼睛后侧的一层感应细胞。视网膜大约含有 13 亿个感光细胞。感光细胞有两种类型：视杆感光细胞和视锥感光细胞。视杆感光细胞只有在昏暗的光线下工作，它使人能看到黑色、白色和灰色的阴影。相反，视锥感光细胞只能在明亮的光线下工作，它使人能看到各种颜色，而在昏暗的光线下只能看到有阴影的灰色图像。当光线撞击视杆感光细胞和视锥感光细胞时，产生神经冲动，这些神经冲动穿过视觉神经传递到大脑。左右两只眼睛分别与一根视觉神经相连。大脑在处理视觉信息时做两件事：一是将颠倒的图像重新翻转；二是将来自左右两只眼睛的图像组合成一个图像。

　　耳朵是对声音的刺激做出反应的感觉器官，耳朵将声音转化为神经冲动，然后传递给大脑进行分析。耳的结构使耳能接收声波，进而使人具有听觉。耳分为三个部分：外耳、中耳和内耳。外耳包括耳廓和外耳道，其外形类似烟斗。这种烟斗状的形状使外耳能够聚集更多的声波。声波顺着外耳道向内传播。在耳道的末端，声波到达鼓膜。鼓膜是一层隔膜，将外耳和中耳隔开，当声波撞击鼓膜时，鼓膜会发生振动，接着鼓膜将振动传递到中耳。中耳中含有三块身体里最小的听小骨：锤骨、砧骨和镫骨。这三块听小骨的名字是根据各自的形状而定的。鼓膜的振动传到锤骨，锤骨的旋转带动砧骨，砧骨又推动镫骨。镫骨镶嵌在内耳开口处的前庭膜上，前庭膜将振动送入耳蜗的液体中。耳蜗是一片蜗牛壳状的内腔，排列着许多能对声音做出反应的感受器，当耳蜗里的液体振动时，刺激了这些感受器，感觉神经元就通过听觉神经发送神经冲动到大脑。这些神经冲动被大脑分析重组后，变成能听到的声音。其实，耳朵也控制着人体平衡的感觉。耳蜗上面是半规管，它是耳朵内形成平衡感的一种结构。半规管主要由导管及两个充满了液体的小囊组成，其表面还排列着如发丝状延伸的细胞。当头移动时，半规管里的液体开始上涨，上涨的液体使细胞的发丝状延伸物弯曲。这种弯曲在运动神经元里产生神经冲动，神经冲动传递到大脑，大脑对神经冲动分析后确定头的运动方式和身体的位置。如果大脑感觉身体正在失去平衡，便发出神经冲动到肌肉，帮助恢复平衡。

嗅觉和味觉密切联系，它们都依赖于所感知的化学物质。这些化学物质引起鼻和口腔里的感受器反应，然后经反射弧将神经冲动传递到大脑，大脑对这些信息进行分析，辨别出各种气味和味道。鼻子能够分辨出50多种基本气味，而味蕾只能分辨出四种味道：酸、甜、苦、咸。

与视觉、听觉、嗅觉和味觉不同，触觉并不固定在某一个位置上。相反，触觉产生于皮肤上所有的地方。皮肤是人体最大的感觉器官。皮肤含有各种不同的触觉感受器，其中一些能对轻微的触摸或沉重的压力做出反应，还有一些能接受疼痛的感觉及感觉温度的变化。能对轻微的触摸做出反应的感受器位于真皮层上面，它通过反射弧使大脑获得信息，这些感受器会让人感觉到物品的质地，例如，光滑的玻璃和粗糙的砂纸给人的感觉是不一样的。真皮层深处的感受器能接收压力产生的触觉，例如，在桌面上用力按下手，会感觉到手指上的压力。真皮层含有能对温度和疼痛做出反应的感受器。疼痛是很不舒服的，但却是身体的一个重要触觉，因为它提醒身体存在危险。比如，把脚伸进浴缸，当水很烫时，人会立刻缩回脚。类似这种经历，会让人理解疼痛是怎样促使身体做出这个重要反应的。[①]

----

① ［美］帕迪利亚：《科学探索者——人体生理卫生》，顾维颖，孟莉英，廖苏梅，译，205～211 页，杭州，浙江教育出版社，2003。

在讲"呼吸系统"时，教师告诉学生："呼吸系统就是将氧气从外界环境运输到体内，同时将二氧化碳和水排出体外。"那么，人体为什么需要氧气？因为细胞释放能量时发生的化学反应需要氧气，反应的结果是使体内细胞能执行所有维持生命的任务。犹如火没有氧气就不能燃烧一样，人体细胞如果没有氧气，也不能维持生命。教学中，教师经常把呼吸作用简称为呼吸，但其实在科学上，呼吸和呼吸作用具有不同的含义。呼吸作用是氧气和葡萄糖在细胞里进行一系列复杂化学反应的一个过程，这一过程释放出的能量可促进细胞生长和其他生理活动。除了释放能量，呼吸过程还产生二氧化碳和水，人体通过肺将二氧化碳和一部分水排出体外。呼吸作用也叫细胞的呼吸，指细胞内部的化学反应，而呼吸仅指空气在肺部的运动。

空气从外环境进入肺部，共通过了以下器官：鼻腔、咽喉、气管和支气管，而这一过程仅历时几秒钟。鼻腔有两个鼻孔，鼻孔之间被一道薄薄的墙隔开。空气通过鼻孔进入鼻腔。鼻腔的内壁上含有丰富的血管，温暖的血液流过这些血管，将流入鼻腔的空气加热。分布在鼻腔壁上的一些细胞还能分泌黏液，这种黏稠的物质使脆弱的血管组织保持湿润，避免干燥，黏液还能捕获灰尘和细菌等颗粒。鼻腔内还有纤毛，这是一种微小的头发丝状的延伸物，能够像鞭子一样摆动。纤毛将黏液扫入喉咙，然后推入胃内，混合着各种被捕获的颗粒和细菌的黏液，一同被胃酸分解。当然，还有一些颗粒和细菌不会进入胃内，它们刺激鼻子或喉咙的黏膜，使人打喷嚏。喷嚏产生的强大力量把细菌和颗粒从鼻腔喷入空气。流经鼻腔后，空气进入咽喉。咽喉不仅是呼吸系统的一部分，而且也属于消化系统。鼻腔和口腔都与咽喉相连，空气从咽喉进入气管。如果用手指顺着脖子的中间往下移动，就能感觉到气管。气管的形状犹如字母 C，由环状的软骨组成，这使气管具有弹性，并随时保持畅通。与鼻腔一样，气管中也具有纤毛和黏液，气管中的纤毛向上摆动时，把黏液送到咽喉，然后黏液被吞入胃中。气管中的纤毛和黏液不断地清洁和湿润通过鼻腔的空气。空气从气管进入支气管，然后再进入肺。肺是呼吸系统的主要器官。左支气管与左侧的肺相连，右支气管则与右肺相连。在肺里，每一根支气管又以类似于树杈的形式分成更小的管子。支气管的末端是更小的结构，看上去像一串串葡萄，这些"葡萄"就是肺泡，专门帮助气体在空气和血液之间运动。每一个肺泡都被一张毛细血管网包围着，而毛细血管内的血液获取通过肺泡空气中的氧气。由于肺泡壁和毛细血管壁非常薄，所以物质能够轻易地穿过它们进入体内。当空气进入肺泡，氧气穿过肺泡壁和毛细血管壁进入血液，二氧化碳和水则从血液进入肺泡，这一过程称为气体交换。[①]

人体的各种活动，主要由神经系统控制，脑是其控制中心。人脑大约含有 1000 亿个神经元，所有的神经元都是中间神经元，其中的每一个都能接受来自其他 10000 个神经元的信息，并且能发送 1000 多条信息。三层结缔组织覆盖在脑表面，最外层和中间一层之间充满了流动的液体。头盖骨是一层结缔组织，与这些液体一起具有保护脑避免受伤的作用。脑有三个主要部分，包括大脑、小脑和脑干，其中最大部分是大脑。大脑能分析接收的感觉、控制骨骼肌的运动、执行学习、记忆和判断等复杂的思维过程。大脑被分成左右两个半球，这两个大脑半球具有不同的功能。大脑的右半球含有发送神经冲动到身体左侧的运动神经元的作用。相反，左半球控制着身体右侧的运动神经元的作用。当人用右手去拿铅笔做作业时，控制操作的信息来自大脑的左半球。此外，左、右大脑半球控制着不同的思维活动。右半球通常与创造力和艺术才能相联系，相反，左半球与数学技巧、说话、写字和逻辑思维相联系。脑的第二个组成部分叫作小脑。小脑能使运动协调、准确，维持身体平衡。脑干位于小脑和脊髓之间，控制着人体必需的自发行为，即不随意行为。脑干的作用是调节呼吸中枢及心血管运动中枢，即控制呼吸与心跳。用手指沿背部的中央往下移动，能感觉到脊柱，脊柱包围和保护着脊髓。脊髓连接着大脑和周围神经系统，包围和保护大脑的那一层结缔组织同样覆盖在脊髓外面。此外，与大脑一样，脊髓内也有液体起保护作用。

与身体其他部位一样，神经系统损伤会影响它的功能。神经系统的损伤包括两种：脑震荡和脊髓损伤。脑震荡是脑部的瘀伤。当大脑的软组织与头

---

① ［美］帕迪利亚：《科学探索者——人体生理卫生》，顾维颖，孟莉英，廖苏梅，译，131~135 页，杭州，浙江教育出版社，2003。

盖骨碰撞时，就会引起脑震荡。大脑摔在硬物上或遇到交通事故时，都有可能引起脑震荡。大多数的脑震荡患者会产生短时间的头痛症状，但是损伤的组织会自行愈合。如果受伤后患者失去记忆、神志不清或者感到昏昏欲睡，那就要去医院检查。为了降低脑部损伤的几率，骑车、滑冰或做其他有可能碰伤脑袋的活动时，都应戴上头盔。而当脊髓被切断或压碎时就会导致脊髓受伤。脊髓切断时，受损的那个部位的神经轴突会裂开，导致神经冲动不能穿过。这种损伤会导致瘫痪，丧失身体某些部位的运动能力。车祸是导致脊髓损伤的最常见原因，所以开车或乘车前要系好安全带保护自己，避免脊髓受伤。[①]

二、"人体"模块实验活动与概念建立

"人体"模块中的核心概念是"人体由多个系统组成，分工配合，共同维持生命活动"。教师把本模块的核心概念自上而下分解，找到支撑核心概念建构的科学事实（知识点和实验活动），在教学中，教师自下而上引领学生开展探究学习，为核心概念建构搭建脚手架。例如，实验活动"人体"中的分解概念为：

第一，人体大约由 206 块骨组成，骨的功能有支持、保护、运动等。人的骨骼与其他哺乳动物的骨骼相似。骨的形状与其功能相适应。

第二，将两块骨连接起来的结构叫作关节。关节的形状与其运动功能相适应。

第三，人体的运动需要骨骼和肌肉，肌肉与骨通过腱相连。

第四，协调是指身体各个部分协同完成一项任务。

第五，反应时间是指一个人对刺激产生反应所需要的时间。

学生需要运用的探究过程技能为：

第一，观察身体的运动，确定自己身体中骨的数量。

第二，能根据给定的材料，制作骨骼模型。

---

① ［美］帕迪利亚：《科学探索者——人体生理卫生》，顾维颖，孟莉英，廖苏梅，译，197～203 页，杭州，浙江教育出版社，2003。

第三，比较人的骨骼与哺乳类动物的骨骼的相同点与不同点。

第四，观察人体的不同关节，将人体关节与机械装置进行比较。

第五，建立模型验证肌肉、肌腱是怎样协同工作的。

以上分解概念与探究过程技能是在 3 个实验中完成的，学生在学习过程中要将这些分解概念联系起来，进而为逐层建构核心概念奠定基础。通过观察、比较、建立模型等探究过程技能训练，旨在让学生不仅能动手做，而且会动脑想。在实验操作过程中学会思变，让他们能够运用科学探究方法解决日常生活问题，同时学会利用科学语言提升与他人交流和沟通的能力。

实验活动：人体[①]

🎓 授课对象

5～6 年级学生。

📖 学习目标

1. 认识身体中一些重要的骨，知道人体骨的数量，以及重要骨骼的名称和位置。

2. 观察人体的不同关节，将人体关节与机械装置进行比较。

3. 学习肌肉的收缩，建立模型验证肌肉、肌腱是怎样协同工作的。

4. 使用科学的思考过程去操控研究并做出说明：观察、交流、对比、组建和描述。

实验 1：骨骼

【实验概要】

学生在跳绳时观察身体的运动；他们相互合作确定自己身体骨的数量；通过观察骨骼图片和模型，发现 200 多块骨；能根据给定的材料，制作骨骼模型；最

扫描二维码观看实验视频

---

① Lawrence Hall of Science，University of California at Berkeley，*FOSS Teacher Guide—Human*，Nashua，Published and distributed by Delta Education，2004，pp. 43-59.

后比较人的骨骼与哺乳类动物的骨骼。

【实验材料】

每组 4 人

数量	名称	备注
2	跳绳	
1	人体骨骼照片	正面、侧面
1	人体躯干骨模型	
1	人体头骨模型	
1	人体上、下肢骨模型	
1	骨骼拼图	
4	学生记录单	

每班

数量	名称	备注
	钉子	
	牙签	
	胶水	
	剪刀	

【实验指导】

1. 向学生介绍：人体是一部精密的仪器，这部仪器的运转需要多个部分的协调工作，我们首先通过观察人体的运动来研究人体。

2. 两名学生一组，一名学生跳绳，另一名学生观察并记录：跳绳时，身体的哪一部分在运动？

3. 活动开始并讨论观察到的现象，让学生将注意力聚焦到骨骼，提问下列问题。

(1)当你跳绳时，你的骨在运动吗？

(2)你的骨在哪儿？

(3)你是怎么知道你的骨在哪儿的？

(4)你把身体内全部的骨叫什么？

(5)你认为你有多少块骨？

数骨的数目，学生每4人一组，每名组员数自己身体的一个部分。

4. 介绍关节，提问下列问题。

(1)你的骨是否会产生感觉？

(2)如果骨是硬的，身体怎么弯曲？

引导学生发现关节，学生汇报结果。

5. 教师建议：我们如何能知道我们漏数了？怎样能发现更多的骨？介绍和讨论骨骼图片，重新数骨的数量，重新填写学生记录单。明确人体骨的数量，讨论骨骼的功能。

6. 准备骨骼拼图，两名学生一组，将分散的骨骼卡片拼成一套完整的骨骼。完成后，各组互评拼图结果，教师指出拼图中的问题并指导学生进行修正。

7. 比较人骨与哺乳类动物的骨有哪些相似之处？又有哪些不同之处？全班讨论。

8. 建立科学词汇库。要求学生为词汇库增加科学词汇。当词语被提出时，复习每一个词的含义。

• 骨。

• 软骨。

• 骨骼。

9. 建立内容/探究表。内容/探究表列出陈述概念，总结在这个实验中所学到的知识。为了引出(发生、产生)陈述，问学生他们在实验中学到了什么。如果他们需要提示，就问与刚完成调查有关的问题，并尽可能多地用学生的语言在图表纸上写出答案。

• 骨骼的主要作用是什么？

• 人体的骨骼中共有多少块骨？

实验2：关节

【实验概要】

辨认手的关节，观察手的活动，探究人体骨模型上关节的数量和形状；认识

扫描二维码观看实验视频

144

自己身体内关节的类型；比较关节的功能与机械运动。

【实验材料】

每组 4 人

数量	名称	备注
1	人体骨骼模型	
1	大白鼠骨骼模型	
1	鸡骨骼模型	
1	人体拇指关节图片	

每班

数量	名称	备注
	塑料绳	
	彩笔	
	塑料袋	
	贴纸	

【实验指导】

1. 复习关于骨的知识，提问下列问题。

(1)你可以有多少种不同的方法来运动你的身体？

(2)什么是人体骨骼？它是由什么组成的？

(3)骨骼的功能是什么？

让学生活动他们的手，可以让拇指尖碰其他手指的手指尖，观察手指(尤其拇指)的复杂运动。我们能完成这些动作是因为人有一个与其他手指相对的拇指。

2. 手的关节，每只手有 14 个关节，你能发现吗？拇指与其他手指有什么区别？

3. 描述拇指的功能，设定一个场景：在没有拇指的帮助下，用手拧开瓶子上的瓶盖。测试拇指的功能，通过测试使他们认识到没有拇指，要完成一项任务是多么困难。提问学生：与其他手指相比，拇指的优势在哪里？

4. 验证关节的功能。

(1)固定拇指，用塑料绳将一块木条固定在拇指上，同时将塑料绳缠绕在手腕上。

(2)把食指和中指用塑料绳缠绕在一起。

像往常一样，完成日常经常做的事情。比如，写字、系鞋带、拿东西、用筷子、拧瓶盖等。

5.讨论：和往常有什么不同？命名关节，提出下列问题。

(1)所有的关节都有名字吗？

(2)它们的运动方向都相同吗？

(3)介绍身体各部位关节的名称。

6.将人的腿骨与大白鼠的腿骨和鸡的腿骨做比较，组装大白鼠的腿骨和鸡的腿骨，观察、记录并讨论。

7.建立科学词汇库，增加新的科学词汇，列举实验中的关键词，复习每个词的意思。

• 关节。

• 关节联结。

• 反向拇指。

8.建立内容/探究表。内容/探究表列出陈述概念，总结在这个实验中所学到的知识。为了引出(发生、产生)陈述，问学生他们在实验中学到了什么。如果他们需要提示，就问与刚完成调查有关的问题，并尽可能多地用学生的语言在图表纸上写出答案。

• 你能说出骨的结构和功能的关系吗？

• 什么样的身体特征帮助我们完成每天错综复杂的任务？

• 在人体骨骼中所有的联结都相同吗？

扫描二维码
观看实验视频

实验 3：肌肉

【实验概要】

观察肌肉的运动，学生建立模型展示肌肉是怎样引起腿、拇指和手臂的运动的？

【实验材料】

每组 2 人

数量	名称	备注
4	带孔的木条	
2	有孔塑料管	
2	无孔塑料管	
1	手臂和手的粘贴画	
1	腿和脚的粘贴画	
1	500 mL 的容器	

每班

数量	名称	备注
	胶带	
	纸带	

【实验指导】

1. 制作腿和脚的模型。两名学生一组，按照提示，将肌腱(纸带)和肌肉(塑料管无孔)粘到木条上。

(1)将两个木条用无孔管联结起来(大腿骨和小腿骨)，无孔管即关节。

(2)把带孔的塑料管套到木条的另一端，把另一木条插到孔内，这个木条即为脚。

(3)做 6 个"C"字形纸带，即为肌腱。弧度小的一端与塑料管(肌肉)相连，弧度大的一端与木条(骨)相连。

(4)用大弧度的纸带将膝和脚连起来。

(5)让肌肉收缩，观察腿、脚的运动。

2. 制作拇指模型，了解学生对"运动的产生是由于肌肉的收缩引起的""关节起到联结作用"知识内容的理解程度，提出问题：肌肉是怎样引起骨产生运动的？

3. 制作拇指模型，观察手：让手运动几次，引导学生发现引起手产生运动的肌肉，最后确定引起手运动的肌肉在小臂上。

(1)取手臂和手的塑料支架，将"肌肉"装上，观察当肌肉收缩时，手是怎样活动的？

（2）描述拇指模型，取出短木条、长木条和无孔的塑料管，要求学生依照图片制作拇指模型。

（3）介绍肌腱，让学生用胶带做肌腱，将拇指固定起来。

（4）介绍韧带：身体有很多地方是借助韧带连起来的。

4.制作手臂模型，仿照腿和脚模型，制作手臂模型。根据模型讨论：肌肉是怎样工作的？当学生在制作模型时，教师巡视观察，以了解学生对手臂肌肉的理解，指导学生填写记录单。

5.建立科学词汇库，列举实验中的关键词。确认下列这些新词汇被加入科学词汇库中。

- 肌肉。
- 收缩。
- 肌腱。

6.建立内容/探究表。内容/探究表列出陈述概念，总结在这个实验中所学到的知识。为了引出（发生、产生）陈述，问学生他们在实验中学到了什么。如果他们需要提示，就问与刚完成调查有关的问题，并尽可能多地用学生的语言在图表纸上写出答案。

- 肌肉是怎样工作的？
- 肌肉收缩时会怎样？
- 肌肉怎样通过拉动骨来运动呢？

【扩展阅读】

推荐一些与"人体"内容相关的书目给学生，阅读使他们可以获取更多的信息。

第五节　"动植物繁殖"模块教学指导

一、"动植物繁殖"模块概念分解与内容解析

（一）"动植物繁殖"模块概念分解

"动植物繁殖"模块概念分解见表16。

表 16　"动植物繁殖"模块概念分解

核心概念	分解概念	概念分级	科学事实
植物和动物都能繁殖后代，使它们得以世代相传	生物有生有死；从生到死的过程中，有不同的发展阶段	中层级：举例说出植物和动物从生到死的生命过程	种养一株植物或照顾一只小动物，观察并记录生物体的成长过程；交流经验和体会，展示观察记录
	生物繁殖后代的方式有多种	中层级：描述有的植物通过产生足够的种子来繁殖后代，有的植物通过根、茎、叶等来繁殖后代；描述和比较胎生与卵生动物繁殖后代方式的不同	—
	生物体的后代与亲代非常相似，但也有一些细微的不同	高层级：描述和比较植物后代与亲代的异同，如花的颜色、叶的颜色、大小与形状等；描述和比较动物后代与亲代的异同，如毛皮的颜色、躯体的大小、外形和外貌等	—
	有些曾经生活在地球上的植物和动物现在已不复存在，而有些现今存活的生物与它们具有相似之处	高层级：根据化石资料举例描述已灭绝的生物，如恐龙、猛犸象等；描述和比较灭绝生物和当今某些生物的相似之处	利用照片、视频等资料，了解恐龙等已经灭绝的生物

　　在讲"哺乳动物的生命周期"一课，教师列举科学事实，以狗的生命周期为例，狗要经历胎儿、幼狗、小狗、大狗四个发展阶段。动物都有自身的生命周期，哺乳动物也不例外。不同动物的生命周期不同。有的动物发育成熟很快，出生后当年就能繁育后代，如兔子、鼠类等，但它们的寿命一般也不会太长。有的动物要经过若干年发育成熟后才能繁殖后代，例如，大型哺乳动物一般在成熟以后，才可以进行生殖，直到衰老死亡。在此基础上，教师

进一步引导学生建构"哺乳动物的一生都要经历出生、生长发育、成熟、繁殖、衰老死亡的过程"这一分解概念。当学生再学习其他动植物时，例如，"鱼类的生命周期""鸟类的生命周期"以及"绿色开花植物的生命周期"，基于不同的科学事实，形成相对应的分解概念。教师在学生学习过程中加以梳理总结，最终帮助学生建立"生物体都有生命过程，尽管细节有所不同，但都要经历出生、生长发育、成熟、繁殖、衰老死亡等阶段"这个核心概念。

再如，"小动物从哪里来？"一课，通过观察家兔的生活，知道兔子的胎儿从母兔身体里吸收营养，直到它的身体各部分都发育齐全以后才离开母体。小兔出生以后，母兔分泌乳汁喂养小兔，直到小兔能够自己吃草为止。教师在讲解科学事实的基础上，帮助学生建立分解概念"绝大多数哺乳动物的胚胎是在母体内发育的，胚胎发育所需的营养由母体供给，直到胎儿出生为止，这种生殖方式叫作胎生"，同时展示不同阶段家兔的图片，引导学生比较小兔与母兔的异同。在讲"鸟的繁殖"一课，鸟以产蛋的方式繁殖后代。蛋是带壳的卵，可为幼鸟的发育提供营养和空气。当幼鸟发育成熟时，便破壳而出。雌鸟通常把蛋产在巢里，不同种类的鸟产的蛋，数目、大小和颜色不同。教师在此基础上，帮助学生建立分解概念"鸟类的受精卵都是在母体外独立进行发育的，胚胎发育所需的营养由受精卵自身供给。胚胎发育完成后，幼体破卵膜或卵壳而出，这种生殖方式叫作"卵生"，同时展示不同阶段鸟的图片，引导学生比较幼鸟与成鸟的异同。当学生在学习其他动植物的生殖方式时，形成相应分解概念，教师进行适时梳理总结，最终在学生头脑形成核心概念"生物体都能繁殖后代，使它们得以世代相传，尽管生殖方式不同，但后代与亲代外形相似，内部结构一样。"

教学中告诉学生，保护自然环境，人人有责。拯救动植物濒危物种是保护自然生态资源的重要方面。我国极度濒危的物种主要有：大熊猫、朱鹮、金丝猴、藏羚羊、扬子鳄、亚洲象、长臂猿、麋、普氏原羚、白鱀豚等。对于濒危物种和珍稀物种，主要采取就地保护、建立自然保护区等措施。我国目前共建立各类自然保护区超过 2000 处。此外，我国还建立了多个濒危珍稀动植物繁育中心和保护基地，已有 60 多种濒危野生动物通过人工繁育获得成功。告诉学生，珍爱生命，从我做起，保护身边的动植物，保护周围的环境就是保护我们自己的家园。

（二）"动植物繁殖"模块内容解析

有性生殖是生物界中主要的生殖方式，而植物和动物的有性生殖过程又有所不同。绿色开花植物的有性生殖是将种子种到土壤中，种子会萌发并生长发育成为一个新的植物体。新的植物体再经过开花、传粉和受精，形成含有种子的果实，完成有性生殖的过程。

花的主要结构是雄蕊和雌蕊。雄蕊的花药里能产生花粉粒，花粉粒将来会产生精子。雌蕊的子房里生有胚珠。胚珠是着生在子房壁上的卵形小体，植物种类不同，子房内胚珠的数目也会不同。在胚珠内靠近珠孔的地方有一个卵细胞，在胚珠的中央有两个极核。当花发育成熟后，花冠和花萼绽开，露出雄蕊和雌蕊，这一过程就是开花。开花后，花的雄蕊和雌蕊显露出来，以便于植物进行传粉。花开放后，雄蕊成熟的花药开裂，花粉粒散出并落到雌蕊柱头上的过程就是传粉。传粉是绿色开花植物进行有性繁殖的必要过程。一般情况下，只有经过传粉以后，果实和种子才能够形成。传粉有自花传粉和异花传粉两种方式。异花传粉又主要分为风媒传粉和虫媒传粉。虫媒花一般都有色彩鲜艳的花冠，或有香甜的花蜜和特殊的香味，能够吸引昆虫为花传粉。虫媒花的花粉粒一般比较大，常黏结成块，有利于昆虫携带。风媒花的花粉粒轻而且数量多，易于随风传播。风媒花雌蕊的柱头多能分泌黏液，易于粘住花粉。成熟的花粉粒经过传粉落到雌蕊的柱头上，不久就萌发出花粉管，并沿着花柱向下生长，直至胚珠的内部。在伸长的花粉管内，有两个精子。花粉管伸入到胚珠内部后，释放出两个精子，其中一个精子与卵细胞结合，形成受精卵；另一个精子与两个极核结合，形成受精极核，这个过程就是绿色开花植物所特有的双受精现象。受精卵是子代的第一个细胞，经过细胞的分裂和分化，在胚珠中发育成为胚。胚是新一代植物体的幼体。受精极核发育成为胚乳，胚乳中储存有营养物质。珠被发育成为保护种子内部结构的种皮。种皮、胚和胚乳共同构成种子。与此同时，子房壁发育成为果皮，果皮和种子构成果实。

例如，桃和杏的果实中，最外面的薄皮是它们的外果皮，肉质多汁的部分是它们的中果皮，桃核外面的硬壳是它的内果皮，桃核里的桃仁是种子。葡萄的果实中，最外面的薄皮是它的外果皮，肉质多汁的部分是它的中果皮和内果皮，内部是种子。花生果实外面的壳是它的果皮，里面的花生仁是种子。像桃、葡萄、花生等的果实，它们的果皮都是由子房壁发育来的，这样的果实属于真果；像苹果的果实，肉质多汁的部分是由花托和子房壁发育来的，这样的果实属于假果。有的植物靠果皮开裂时产生的机械力将种子弹射出去；有的植物借助风力将果实和种子散布出去；有的通过钩挂在动物体身上将果实和种子散布出去；还有的被动物吞食后，种子随粪便的排出而散布出去。总之，果实的形态结构特点适于将种子散布出去，使植物的分布范围扩大，使植物的种族得以更好地延续。①

　　而绝大多数动物和人一样，都有专门的生殖器官，卵巢产生卵细胞，精巢产生精子。精子和卵细胞通过受精作用，结合形成受精卵，再由受精卵发育成新个体。由于动物的生活环境和生活习性不同，形态结构也不一样，所以它们受精的方式和胚胎发育的方式也有所不同。鱼类和蛙类在生殖季节，雌、雄个体之间常以特定的生殖行为相联系。例如，有的雌鱼与雄鱼相互追逐，有的雄鱼通过身体表面鲜艳的色彩以吸引雌鱼。雄三刺鱼在生殖季节腹部会变红，并能够利用植物材料与体内分泌的黏液筑成一个临时的巢，跳起"之"字形的"舞蹈"。雌鱼发现后，便向雄鱼游过来，于是雄鱼带着雌鱼向巢游去。雌鱼在雄鱼的引导下，钻进巢中，这时雄鱼立刻用头部轻轻撞击雌鱼的尾部，刺激雌鱼排卵。雌鱼排卵后离巢，雄鱼钻入，把精子排在卵上，使卵受精。在生殖季节，雄蛙求偶时，喉部两侧会鼓起鸣囊，使其发出的声音格外洪亮，以吸引雌蛙。当雌、雄蛙相遇抱对后，它们分别把卵细胞和精子排到水中，精子和卵细胞在水中结合形成受精卵，完成受精作用。像鱼类、两栖类这样的动物，在生殖季节，雌、雄个体分别把卵细胞和精子排入水中，精子和卵细胞在水中结合成受精卵，完成受精作用，这种受精方式称为体外受精。生活在陆地上的动物，如昆虫、爬行动物、鸟类、哺乳动物等不适于进行体外受精。这些动物一般通过雌、雄个体的交配，雄性动物把精子送入

① 祁乃成，董宝华：《生物——第3册》，2～9页，北京，北京出版集团公司，北京出版社，2011。

雌性动物体内，并与卵细胞结合成受精卵，完成受精作用，这种受精方式称为体内受精。

　　动物通过不同的受精方式，使精子和卵细胞结合成受精卵。受精卵在适宜的条件下开始进行细胞的分裂、组织的分化，进而形成各种器官、系统，发育成为幼体，完成胚胎发育。动物的胚胎发育主要有两种类型：胎生和卵生。绝大多数的无脊椎动物和脊椎动物中的鱼类、两栖类、爬行类、鸟类，以及某些低等的哺乳动物（如鸭嘴兽）的受精卵都是在母体体外独立进行发育的。胚胎发育所需的营养由受精卵自身所含的卵黄供给。胚胎发育完成后，幼体破卵膜或卵壳而出，这种胚胎发育的方式就是卵生。卵生动物产生的卵一般都较大，含卵黄较多，这样才能保证胚胎发育所需的营养供应。绝大多数哺乳动物的胚胎是在母体的子宫里发育的，胚胎发育所需要的营养物质通过胎盘由母体供给，直至胎儿出生为止，这种胚胎发育的方式就是胎生。

　　从绿色开花植物和动物的有性生殖过程看，在生殖时，一般都是由雌、雄个体分别产生出雌性生殖细胞（卵细胞）和雄性生殖细胞（精子），然后雌性生殖细胞和雄性生殖细胞结合形成受精卵，完成受精作用，再由受精卵发育成新的个体。通过两性生殖细胞的结合形成受精卵，再由受精卵发育成新的生物个体生殖方式，就是有性生殖。[①] 生物体通过有性生殖方式产生后代，由于具备了亲代雌、雄双方的遗传物质，所以具有更强的生活力和变异性，更能适应复杂多变的生活环境。生物不经过两性生殖细胞的结合，而是由母体直接产生新个体的生殖方式，叫作无性生殖。无性生殖在生物界中普遍存在，无性生殖的类型大致可以分为四种。

　　分裂生殖　细菌、蓝菌、变形虫、草履虫、眼虫等单细胞生物普遍进行的就是分裂生殖。例如，变形虫生长到一定时期，在适宜的环境条件下，细胞核先分裂为二，然后细胞从中部的外周向内凹陷，缢裂成两个变形虫。像变形虫这样的单细胞生物，通过细胞分裂，将一个亲代个体分为形态、大小、结构相似的两个子代个体的生殖方式，叫作分裂生殖。

　　孢子生殖　孢子生殖是指由母体产生的无性生殖细胞在适宜的环境条件

_____

① 祁乃成，董宝华：《生物——第 3 册》，15～16 页，北京，北京出版集团公司，北京出版社，2011。

下发育成为新个体的一种生殖方式。例如，蘑菇由蘑菇孢子形成的孢子印，蘑菇的每个孢子都可以直接发育成一个新个体。这种由孢子直接发育成新个体的生殖方式，叫作孢子生殖。霉菌、蘑菇、蕨类植物所产生的孢子是一种无性生殖细胞。这些孢子成熟以后，可以散落在母体周围，也可以随空气、水等传播到其他地方，如果遇到适宜的环境条件，孢子就可以生长发育为新的个体。

出芽生殖　　出芽生殖是指由母体产生芽体，芽体长大后与母体脱离形成新个体的生殖方式。例如，酵母菌、水螅在温度适宜且营养丰富的环境中，它们的身体表面会长出形态、结构与母体相似的芽体，芽体逐渐长大，然后与母体脱离，形成新的能够独立生活的酵母菌、水螅。

营养繁殖　　像甘薯、草莓、马铃薯等落地生根的植物，它们的营养器官（根、茎、叶）的一部分在脱离母体后（或暂不脱离母体），能够通过细胞的分裂、组织的分化和器官的形成进而生长发育成为新的独立生活的个体。这种通过营养器官长成新个体的繁殖方式，就是营养繁殖。营养繁殖也可以通过人工方式实现，常用的人工营养繁殖方法有扦插、压条、嫁接等。随着生物科学技术的发展，人们创造了一种特殊的营养繁殖方法——植物的组织培养。这种方法是在无菌条件下，将离体的活细胞或活组织培养在含有各种营养成分的培养基内，并将它们放在适宜的环境中，使其成长为新的植物个体。

通过无性繁殖产生的后代，由于只具备母体的遗传特性，所以它们的生活力和变异性都不如有性生殖产生的后代大。但是，无性生殖产生的后代能够较稳定地保持母体的遗传特性，而且通过无性生殖繁殖后代的速度快，产生子代的数量多，有利于生物种族的繁衍。[1]

二、"动植物繁殖"模块实验活动与概念建立

"动植物繁殖"模块中的核心概念是"植物和动物都能繁殖后代，使它们得以世代相传"。教师把本模块的核心概念自上而下分解，找到支撑核心概念建构的科学事实（知识点和实验活动），在教学中，教师自下而上引领学生开展探究学习，为核心概念建构搭建脚手架。例如，实验活动"植物的生长和发

---

[1]　祁乃成，董宝华：《生物——第 3 册》，21～27 页，北京，北京出版集团公司，北京出版社，2011。

育"中的分解概念为：

第一，植物种子的外表是一层种皮，种皮内是胚。

第二，种子萌发需要适量的水和适宜的温度。

第三，萌发是种子生长的开始，种子逐渐萌发为幼苗，直至生长发育为成熟的植株。

第四，种子萌发时，胚根发育成为幼苗的根，胚芽发育成为幼苗的叶和茎。

学生需要运用的探究过程技能为：

第一，观察菜豆种子和玉米籽粒的基本结构。

第二，分析种子萌发所需要的条件。

第三，观察菜豆种子萌发成为幼苗的全过程，概括胚在种子萌发过程中的变化及生长发育的结果。

第四，交流与表达本组的实验结果，其他组倾听并表达认同或质疑的原因。

以上分解概念与探究过程技能是在 3 个实验中完成的，学生在学习过程中要将这些分解概念联系起来，进而为逐层建构核心概念奠定基础。通过观察、分析、概括等探究过程技能训练，旨在让学生不仅能动手做，而且会动脑想。在实验操作过程中学会思变，让他们能够运用科学探究方法解决日常生活问题，同时学会利用科学语言提升与他人交流和沟通的能力。

实验活动：植物的生长和发育[①]

授课对象

5～6 年级学生。

学习目标

1. 解剖和观察菜豆种子及玉米籽粒[②]，了解种子的基本结构。

[①]　祁乃成，董宝华：《生物——第 3 册》，30～35 页，北京，北京出版集团公司，北京出版社，2011。

[②]　注：玉米籽粒俗称"玉米种子"，实际是玉米的果实。

2. 了解种子萌发所需要的条件。

3. 观察菜豆种子萌发成为幼苗的全过程，解释胚在种子萌发过程中的变化及生长发育的结果。

实验 1：观察种子的结构

扫描二维码
观看实验视频

【实验概要】

学生将用水浸软的菜豆种子和玉米籽粒进行解剖，观察它们的结构。

【实验材料】

每组 2 人

数量	名称	备注
1	菜豆种子	
1	玉米籽粒	
2	放大镜	
1	解剖刀	
1	镊子	
1	碘酒	
2	培养皿	
1	滴管	
2	学生记录单	

每班

数量	名称	备注
	清水	
	白纸	
1	菜豆种子结构挂图	
1	玉米籽粒结构挂图	

【实验指导】

1. 用水将菜豆种子和玉米籽粒浸软。

2. 将用水浸软的菜豆种子置于培养皿中，再观察其外形(注意种脐的位置)，然后用解剖刀划开种皮，并用镊子将种皮撕去。

3. 将菜豆种子合拢着的两个"豆瓣"打开，用放大镜观察，对照菜豆种子结构挂图，辨认菜豆种子的各部分结构。

4. 将用水浸软的玉米籽粒置于培养皿中，先观察其外形(注意胚的位置)，然后用解剖刀将玉米籽粒纵切，并在切面上滴一小滴碘酒。

5. 对照玉米籽粒结构挂图，辨认玉米籽粒的各部分结构。

6. 提问并讨论如下问题。

(1)比较菜豆种子和玉米籽粒的结构有什么不同？

(2)种子结构中最主要的部分是什么？为什么？

7. 发给每个学生记录单，记录他们的观察结果。

8. 挑选两名发言人报告他们的实验结果，询问其他组是否认同。当汇报结束后，告诉他们：植物种子的形状多种多样，但基本结构是相同的。种子的外表是一层种皮，种皮内是胚。胚是幼小的植物体，胚的组成包括胚芽、胚轴、胚根和子叶，有的种子还有胚乳，子叶或胚乳中含有丰富的营养物质。

9. 增加新的科学词汇到科学词汇库，建立科学词汇库。

·种皮。

·胚。

10. 建立内容/探究表，在内容/探究表中列出在实践活动中获得的相关知识概念，让学生综述在实验中他们学到了什么，如果需要提示，就提出与他们探究活动相关的问题，并尽可能用他们自己的语言在记录纸上写出答案。

·为什么要将种子用水浸软？

·你们可以继续尝试观察其他种子的结构。

把学生的问题写在记录表里。

实验 2：种子的萌发

【实验概要】

学生通过实验探究影响种子萌发的内部因素和外部因素。

【实验材料】

每组 4 人

数量	名称	备注
6	饱满完整的玉米籽粒	
6	胚乳部分受损的玉米籽粒	
6	胚部分受损的玉米籽粒	
6	铅丝	
2	烧杯	

每班

数量	名称	备注
	清水	
	标签	

【实验指导】

1. 取 6 根铅丝，把每根铅丝的一端弯成钩状，其他部分均匀地弯出 3 个圆形小环，环与铅丝成直角，环的大小要比玉米籽粒小一点。

2. 取第一根铅丝，贴上标签"1 号"，将准备好的 3 粒饱满完整的玉米籽粒分别放在"1 号"铅丝的 3 个圆形小环上，并将它挂在烧杯 A 里。

3. 取第二根铅丝，贴上标签"2 号"，将准备好的 3 粒胚乳部分受损的玉米籽粒分别放在"2 号"铅丝的 3 个圆形小环上，也将它挂在烧杯 A 里。

4. 取第三根铅丝，贴上标签"3 号"，将准备好的 3 粒胚部分受损的玉米籽粒分别放在"3 号"铅丝的 3 个圆形小环上，也将它挂在烧杯 A 里。

5. 按照步骤 2、3、4 同样的办法，分别将不同的玉米籽粒放在"4 号""5 号""6 号"铅丝的 3 个圆形小环上，并将它们挂在烧杯 B 里。

6. 分别向 A、B 两个烧杯中慢慢加入冷水，水量以不没过第二粒玉米籽粒为准。

7. 将烧杯 A 放到温暖的环境中，烧杯 B 放入冰箱内的低温环境中，每天分别进行观察。

8. 提问并讨论。

(1)上述装置中，哪些玉米籽粒萌发了，哪些没有萌发？

(2)分别分析种子萌发和未萌发的原因。

(3)种子萌发的内部因素和外部因素分别是什么？

9. 挑选两名发言人报告他们的实验结果，询问其他组是否认同。当汇报结束后，告诉他们，胚乳为种子萌发提供所需的营养物质，如果胚乳仅部分受损，种子是可以萌发的，但可能会萌发得不好。种子萌发的内在因素是胚要完整。只要胚是完整的，没有受到任何破坏，再加上有营养供应，种子就可以萌发。如果胚乳被完全切除，由于没有营养物质，种子是不会萌发的。种子萌发的外部因素是需要适量的水和适宜的温度。水过多或过少，温度过高或者过低，种子都不能萌发。

10. 建立科学词汇库，增加新的科学词汇到科学词汇库。

· 种子萌发。

· 内部因素。

· 外部因素。

11. 建立内容/探究表，在表里增加新的概念。

· 在满足了种子萌发所需要的内部和外部因素后，种子会逐渐萌发为幼苗，直至生长发育成为成熟的植株。

把学生的问题写在记录表里。

实验3：菜豆种子萌发过程中的生长发育

【实验概要】

观察菜豆种子萌发成为幼苗的全过程，解释胚在种子萌发过程中的变化及生长发育的结果。

159

【实验材料】

每组 4 人

数量	名称	备注
4	菜豆种子	
1	广口瓶	

每班

数量	名称	备注
	沙土	
	清水	

【实验指导】

1. 用水浸泡菜豆种子至膨胀。

2. 在广口瓶中放入半瓶沙土，浇水使沙土湿润。

3. 沿广口瓶壁种植 2 至 4 粒用水浸泡过的菜豆种子。（注意要在广口瓶外能够看到种子）

4. 将此装置放在温暖而黑暗的环境中培养。

5. 观察并记录菜豆种子萌发的过程。

6. 提问并讨论。

(1)菜豆种子萌发时，最先突出种皮的是什么？它将发育成植物体的什么结构？

(2)菜豆种子萌发后，胚的各个结构将分别发育为植物体的哪些部分？

7. 挑选两名发言人报告他们的实验结果，询问其他组是否认同。当汇报结束后，告诉他们，菜豆种子萌发时，胚根最先突出种皮并发育成为幼苗的根，然后胚芽生长，并和子叶一同钻出土壤表面，胚芽发育成为幼苗的叶和茎。当幼苗长出第一片绿色的幼叶时，种子中所贮存的营养物质基本消耗完毕，通过绿色幼叶的光合作用，使植物体获得继续生长和发育所需要的有机营养。

8. 建立科学词汇库，把学到的新科学词汇加入科学词汇库。

• 根。

• 茎。

• 叶。

9. 建立内容/探究表，在内容/探究表中增加新的概念。

· 菜豆种子萌发时，胚根最先突出种皮并发育成为幼苗的根，胚芽发育成为幼苗的叶和茎。

【扩展阅读】

推荐一些与"植物的生长和发育"内容相关的书目给学生，阅读使他们可以获取更多的信息。

第六节　"生物与环境"模块教学指导

一、"生物与环境"模块概念分解与内容解析

(一)"生物与环境"模块概念分解

"生物与环境"模块概念分解见表 17。

表 17　"生物与环境"模块概念分解

核心概念	分解概念	概念分级	科学事实
动植物之间、动植物与环境之间存在着相互依存的关系	动物和植物都有基本的生存需要，如空气和水；动物还需要食物，植物还需要光；栖息地能满足生物的基本需要	中层级：描述动植物维持生命需要空气、水、温度和食物等；举例说出水、阳光、空气、温度等的变化对生物生存的影响	用简单的实验或依据生活经验，探讨水、阳光、空气、温度、肥料等因素对植物生长的影响，例如，探究水对种子萌发的影响
		高层级：举例说出常见的栖息地为生物提供光、空气、水、适宜的温度和食物等基本需要	
	动物的生存依赖于植物，一些动物吃其他动物	中层级：列举动物依赖植物筑巢或作为庇护所的实例	—
		高层级：说出不同动物以植物或其他动物为食，动物维持生命需要消耗这些食物而获得能量；说出常见植物和动物之间吃与被吃的链状关系	

续表

核心概念	分解概念	概念分级	科学事实
动植物之间、动植物与环境之间存在着相互依存的关系	动物会给植物的生存带来影响	中层级：列举动物帮助植物传粉或传播种子等实例	—
	自然或人为干扰能引起生物栖息地的改变，这种改变对生活在该地的植物和动物的种类与数量可能产生影响	中层级：举例说出人类生产、建筑等活动对动植物生存产生的影响	讨论人类保护自然环境和维持生态平衡的重要性；讨论人如何与自然和谐相处，保持可持续发展
		高层级：认识到人与自然环境应该和谐相处；认识到保护身边多种多样的生物非常重要	

　　在"生物对环境的适应"一课，本课的核心概念是"生物体的形态结构与其生活环境相适应"。教师把本课的核心概念从上至下分解为分解概念"适应环境的形态有助于生物体的生存"，并找到支撑核心概念建构的科学事实，例如，在植物繁茂的地方呈翠绿色的草蛉与绿叶的颜色相近；豹皮毛上的斑点有利于隐蔽自己，使豹很难被猎物发现；金凤蝶幼虫上黑黄相间的斑纹能吓退其他小动物；蒲公英形似降落伞的种子能随风传播，有利于获得更广阔的生存空间等。在教学中，教师自下而上引领学生开展探究学习，为核心概念建构搭起脚手架。再如"生物对环境的影响"一课，本课的核心概念是"生物与其生活环境之间相互依赖、相互影响"。教师把本课的核心概念从上至下分解为分解概念"生物与环境之间存在相互作用"，找到支撑核心概念建构的科学事实，例如，根瘤菌可以固氮，使土壤肥沃，而肥沃的土壤会让作物更加苗壮成长；草原上的草能保持水土、减少风沙，过度放牧会使草原沙漠化等。教师自下而上开展教学，帮助学生建构核心概念。学生一旦理解核心概念后，就可以解释新情境中的相关问题了。通过核心概念的迁移应用可以解决大量在课堂上未接触的事实性问题，不仅节省了课堂时间，提高了教学效率，而且减轻了学生的课业负担，提高了分析问题、解决问题的能力。

　　在讲"人类与环境的关系"时，告诉学生：在现代化建设的过程中，利用土地、矿藏、海洋、生物等自然资源是必须的，也是应该的，但要注意自然资源的利用限度。如果只顾眼前利益，不顾自然资源可被利用的限度，那么就会给人类带来一系列的危害和灾难，包括土壤侵蚀、土地荒漠化、生态环境的破坏以及野生生物物种的灭绝等。因此，合理开发和利用自然资源，更好地保护自然环境，使人类与其他生物世世代代地和谐发展，已成为人类任重道远的神圣责任。

(二)"生物与环境"模块内容解析

环境对生物有重要的影响，任何生物都需要从周围环境中获取生存所必需的空气、水、温度、营养等。所以，生物的生存和发展离不开构成环境的各个因素。水是一切生物维持生命的来源，同时，水也是构成生物体的主要成分。例如，人体重的大约 65% 是水，当人体的失水量约占体重的 20% 时，人就会死亡。正因为没有水就没有生命，所以一年的总降水量、雨水的季节分布、湿度以及地面水的供应和质量等便成为限制生物分布的重要因素。阳光是植物进行光合作用不可缺少的条件。在阳光普照的陆地表面一般都可以生长植物，而在阳光照射不到的洞穴里植物就很难生长。在海面 200 m 以下几乎无光，所以没有进行光合作用的植物生存。此外，光照时间的长短还是影响植物开花的因素之一，例如，在自然环境中，二月兰多在春天开花，菊则在秋天开花。阳光对动物的行为也有重要影响。例如，光照时间的长短，对鸟类的迁徙、兽类的换毛都有显著影响。很多在水中生活的动物，白天在水下活动，夜晚则出没于水的表层。空气也是大多数生物得以维持生命的重要因素之一。例如，人在无氧环境中只能活几分钟，陆地上的生物从空气中获得氧气，水生生物则从水中获得氧气。陆地上进行光合作用的植物，还需要从空气中获得二氧化碳。生物只能在一个狭窄的温度范围内生存。不同生物以及同一生物的不同发育阶段，所能忍受的温度范围差别很大。例如，哺乳动物长时间处在环境温度在 42 ℃ 以上时就会死亡。正因为生物的生存需要适宜的温度，所以温度也是限制生物分布的一个重要因素。温度的昼夜变化也会影响动物的行为。例如，澳大利亚的一种蛙，在炎热的白天躲藏在凉爽的泥沙下面，到了夜晚才出来活动。温度的季节变化也能影响动物的行为。

例如，蛇的冬眠就是动物对季节性变温的一种适应。而土壤中不仅有矿质颗粒、腐殖质、无机盐、水和空气，还有土壤微生物和土壤动物。土壤的肥力、通气状况和含水量，既能够影响土壤微生物和动物的活力，也会影响地表生活的植物、动物和其他生物。

生物的活动也能影响和改变环境。例如，草坪和灌木丛环境的空气温度都明显低于裸地。这是因为植物的枝叶遮挡了阳光的直射，同时植物的蒸腾作用还增大了周围的空气湿度。从改善环境的角度看，除叶片进行蒸腾作用增大了空气湿度外，光合作用过程中吸收二氧化碳和释放氧气，能够净化空气，植物的叶片还有吸附尘埃和吸收有毒气体等作用。在裸岩、峭壁、墙头和树皮上常常生有地衣。地衣是藻类和菌物共生的一类生物，它能分泌多种酸性物质，加速岩石的风化和土壤的形成。而动物的生活也能影响环境，例如，牛、羊适度地啃食牧草有助于牧草的更新。同时，它们排出的粪尿又成为牧草的肥料。但是，如果牛、羊的数量过多，超过草场的承受力时，草地植被就会遭到破坏，久而久之会导致草原荒漠化。

任何生物都生活在一个特定的环境里，在这一定的区域内，由各种生物与非生物环境相互作用而组成的统一整体，称为生态系统。生态系统多种多样，一片森林或草原、一条河流或小溪、一个湖泊或池塘，都属于一个自然生态系统。乡村的一块农田、城市的一片绿地、居室内的一个水族箱，都属于一个人工生态系统。一个自然或人工生态系统都是由生物和非生物环境两部分构成的。非生物环境包括阳光、温度、水、空气和无机盐等，其中阳光是一切生物生存的根本能源。一个生态系统中的生物种类是多样的，其中绿色植物等能将水和二氧化碳等简单无机物制造成有机物并储存能量，这些生物统称为生产者。生产者是生态系统中所有食物的制造者，能够为动物和微生物提供必需的营养物质和能量。生态系统中的动物，只能直接或间接地依靠生产者而获得食物和能量。这些以其他生物为食的生物称为消费者。按食物性质不同，又可将消费者分为食植动物、食肉动物和杂食动物。生态系统中的某些细菌、真菌和食腐性小动物能将动物的遗体或遗物最终分解为无机物，并归还无机环境，这些生物称为分解者。因此，一个生态系统是由非生物环境、生产者、消费者和分解者组成的，它们彼此之间存在着极为密切的关系。在讲"生物之间"一课时，会涉及两个概念：食物链和食物网。在生态系统中，各种生物之间通过捕食与被捕食而形成的单方向的食物链接关系，叫作食物链。例如，在一个草原生态系统中，草被兔食，兔被狐食；植物种子被鼠食，鼠被蛇食，蛇被猫头鹰食。在一个生态系统中，有些动物以多种生物为食，所以往往有若干条食物链。例如，鸟既摄食植物的种子，也捕食小昆虫；鼠既被狐食，也被蛇食。在生态系统中，由多条食物链交错连接而形成的捕食关系，叫作食物网。食物链和食物网是生态系统的营养结构，也是生态系统内物质流动和能量传递的渠道。

人类和所有生物所共同拥有的地球，可以看作一个最大、最复杂的生态系统，这个生态系统称为生物圈。生物圈是人类和其他各种生物的共同家园。但是，地球上适于人类生存和活动的空间是有限的，可被人类利用的生物资源、矿产资源和水资源等也是有限的。人类活动对生物圈的影响主要有以下三个方面。

第一，世界人口激增，人类活动必将对生物圈产生强烈的影响。世界人口激增的一个重要标志是人口加倍所需要的时间越来越短。世界人口从 5 亿增至 10 亿约经历了 230 年，从 10 亿增至 20 亿约经历了 100 年，从 20 亿增至 40 亿仅约经历了 45 年。若按此计算，到 2040 年世界人口将达到 100 亿。世界人口的超速增长，对地球资源的压力越来越大。

第二，生态破坏，由于人类对地球资源的不合理利用而引起自然环境衰退。从全球看，当前的生态破坏主要表现在耕地面积不断减少，土壤荒漠化和水土流失的面积不断扩大。土地利用不合理，土地的生产力下降，造成粮食供应不足。世界水资源的消耗量逐年增长，被利用的地表水已经超过可用总量的一半，并且水质也在逐年恶化。除此以外，全球石油危机、森林资源过度消耗、海洋鱼类过度捕捞等。自然资源枯竭已经成为人类面临的全球性问题之一。

第三，环境污染，由于人类在生存和生活过程中不断向环境中排放各种废弃物，造成的大气污染、水污染、固体废物污染等已经威胁到各种生物以及人类自身的生存，影响到生物圈的可持续发展。例如，工业生产和生活燃煤排放出的二氧化硫，是大气的主要污染源，也是形成酸雨的主要因素之一。酸雨能使土壤和水域逐渐酸化，如工业、采矿业等排放的废水，农业使用的化肥、农药，以及日常生活中排放的污水所引起的水体污染，造成淡水生态系统濒临瓦解，近海频繁发生大面积的赤潮。[①]

二、"生物与环境"模块实验活动与概念建立

"生物与环境"模块中的核心概念是"动植物之间、动植物与环境之间存在着相互依存的关系"。教师把本模块的核心概念自上而下分解，找到支撑核心概念建构的科学事实（知识点和实验活动），在教学中，教师自下而上引领学生开展探究学习，为核心概念建构搭建脚手架。例如，实验活动"水生环境"中的分解概念为：

第一，水生环境包括生物因素和非生物因素。

第二，建立一个金鱼的水生环境，水和温度是两个非生物因素。

第三，生物产生的二氧化碳会引起水生环境酸度的变化。

第四，水生环境中包括多种生物，不同的水生生物共同构成一个水生群落。

第五，一系列的生物单方向的取食关系，叫作食物链。

学生需要运用的探究过程技能为：

第一，观察水生环境，并记录变化。

第二，观察不同水环境的酸度，测量水中生物产生 CO_2 的量。

第三，识别与控制变量。在其他因素都一致的情况下，测量不同水样的酸度。

第四，比较自己建立的水生环境与自然的水生环境的相同之处和不同之处。

第五，交流与表达本组的实验结果，其他组倾听并表达认同或质疑的原因。

以上分解概念与探究过程技能是在 3 个实验中完成的，学生在学习过程中要将这些分解概念联系起来，进而为逐层建构核心概念奠定基础。通过观察、测量、识别与控制变量、交流与表达等探究过程技能训练，旨在让学生不仅能动手做，而且会动脑想。在实验操作过程中学会思变，让他们能够运

---

① 祁乃成，董宝华：《生物——第 4 册》，66～68 页，北京，北京出版集团公司，北京出版社，2011。

用科学探究方法解决日常生活问题，同时学会利用科学语言提升与他人交流和沟通的能力。

实验活动：水生环境①

🎓 授课对象

4～5 年级学生。

📋 学习目标

1. 随时观察水生环境，并记录变化。

2. 鉴别并监测清水环境中的环境因素。

3. 联系并观察不同水环境的酸度，测定水中生物产生 CO_2 的量。

4. 运用科学思维过程进行调查并建立解释：观察、交流、比较、组织和联系。

实验 1：金鱼的水生环境

扫描二维码
观看实验视频

【实验概要】

学生建立清水环境，每过一段时间都要进行观察。学生观察金鱼并监测水环境因素与温度的变化。

【实验材料】

每组 4 人

数量	名称	备注
1	6 L 水盆	
1	盆盖	
1	摄氏温度计	

---

① Lawrence Hall of Science, University of California at Berkeley. *FOSS Teacher Guide—Environment*, Nashua, Published and distributed by Delta Education, 2004, pp. 134-152.

续表

数量	名称	备注
2	金鱼	
2	记事贴	
2	学生记录单	

每班

数量	名称	备注
	浮萍	
	水藻	
	鱼食	
	渔网	
	清水	

【实验指导】

1. 讨论水生环境，让学生描述他们所知道的水生环境。教师可以写在黑板上。提问学生，水生环境与我们之前学过的陆生环境有何相同之处？有何不同之处？

2. 介绍水生环境，告诉学生：我们会得到一个小的金鱼缸，里面有自来水（去氯）和金鱼。对学生解释水要静置24小时或者进行化学处理，以保证金鱼的安全。水对于金鱼来说不要含有氯气和氯胺。

3. 给学生一些时间观察金鱼，让他们观察金鱼的结构、运动和行为，并描述一下金鱼所处的环境因素。

(1)静置的自来水或处理过的自来水。

(2)光照与温度。

(3)金鱼缸壁。

(4)水中存在的一些气体。

(5)其他种类的金鱼。

让学生再想想忽略了哪些重要因素，如食物。在自然环境中，食物可能源自其他生物，如一些水生植物或动物。

4. 教师告诉每组成员都有照顾金鱼的责任：按时喂食、测量温度、监测水质等。

5. 讨论鱼缸放在什么位置是最理想的。例如，避免温差过大、避免阳光直射。让学生自己决定是否需要遮盖，同时教师可以指出水生环境中会包括一些水生植物。如果时间允许可以进行介绍。

6. 把学到的新科学词汇加入科学词汇库。

• 水生环境。

• 金鱼缸。

7. 建立内容/探究表，在内容/探究表中列出在实践活动中获得的相关知识概念，让学生综述在实验中他们学到了什么，如果需要提示，就提出与他们探究活动相关的问题，并尽可能用他们自己的语言在记录纸上写出答案。

• 水质与温度是建立金鱼水生环境时十分重要的两个环境因素。

把学生的问题写在记录表里。

实验 2：水中的酸度

扫描二维码观看实验视频

【实验概要】

学生用溴麝香草酚蓝(Bromothymol Blue，BTB)指示剂比较金鱼水生环境的酸度，其中只包括一些水生植物，他们会把水中的酸度与金鱼产生的二氧化碳联系起来。

【实验材料】

每组 4 人

数量	名 称	备 注
3	玻璃杯	
3	杯盖	
1	100 mL 烧杯	
1	金鱼	
1	溴麝香草酚蓝指示剂	
1	5 mL 小勺	
3	记事贴	

每班

数量	名称	备注
	水草	
	水藻	
	清水	
	食醋	
	记事贴	
	白纸	
	吸管	

【实验指导】

1. 介绍 BTB 指示剂，向学生展示。

(1)如果我们把几滴 BTB 指示剂滴到之前我们静置 24 小时的自来水中，会有什么现象？

(2)大家都知道醋是酸性的，如果我们把几滴 BTB 指示剂滴到食用醋中，会有什么现象？

2. 指示剂的概念，告诉学生："BTB 指示剂可以表现水中的酸度。了解水生环境中水的酸度是十分重要的，因为如果水中的酸度过强就会伤害到鱼类以及其他生物。蓝色表示水几乎呈现中性，绿色表示水中酸度微弱，黄色则表示酸度很强。"提问学生：如果 BTB 指示剂呈现由蓝变绿再变黄代表什么？

3. 测试三种水样：1 号杯是只有金鱼的水，2 号杯是只有水草的水，3 号杯只是水。使用 BTB 指示剂测试三种水样。

(1)每杯取 5 mL 水。

(2)加入 2 滴 BTB 指示剂。

(3)搅拌。

4. 比较结果，学生会发现水样表现出不同颜色，并且会回答哪杯水酸度最高。

5. 讨论酸度，提问学生：你认为是什么原因导致三杯水样的酸度不同？

6. 设置挑战。教师可以让学生自己尝试解决一个他们感兴趣的问题。提醒他们，建立实验时要注意控制变量。教师关注学生的表现，如果学生在建立实验时有困难，可以建议他们重新回顾之前的实验，阅读BTB指示剂使用说明，大家也可以共同讨论。

7. 控制变量，询问学生在实验中控制了哪些变量？

8. 建立实验，学生可以选择金鱼、水草等放入杯中。通过观察实验过程，他们会注意到金鱼杯中的水会变成绿色或黄色，为什么？此时可以让学生做另一个实验：让一名学生接100 mL水，加入6滴BTB指示剂，用吸管向水中吐气，小组其他成员观察现象。

9. 向学生解释二氧化碳，告诉他们：鱼同人类一样，呼出的气体是二氧化碳（CO_2），二氧化碳遇水会生成碳酸。"

10. 结束实验时，告诉学生：金鱼并不能长时间处在含有高浓度二氧化碳的水中，所以我们要把鱼放回鱼缸，收拾材料。

11. 观察放有水草的杯子。白天学生可能会记录之前的实验现象。当天色暗下来或者晚上，放有水草杯中的水会变绿。可以让学生把它们放在窗台边。30分～40分以后，再记录实验现象。当有阳光照射时，颜色又会变蓝。提问学生：为什么杯中的颜色会变化？

12. 增加新的科学词汇到科学词汇库。

•二氧化碳。

13. 建立内容/探究表，在内容/探究表里增加新的概念。

•水生生物产生的二氧化碳可以改变水的酸度。

把学生的问题写在记录表里。

实验3：介绍新的生物

【实验概要】

通过介绍池塘蜗牛与水生植物，学生可以建立一个更为复杂的水生环境。

【实验材料】

每组 4 人

数量	名称	备注
1	500 mL 容器	
3	蜗牛	
1	100 mL 烧杯	
1	金鱼	

每班

数量	名称	备注
	水草	
	水藻	
	清水	
	钩虾	
	鱼食	
	渔网	

【实验指导】

1. 讨论其他生物，提问学生：如何使金鱼的水生环境更具多样性？听听同学们的意见，他们是否有更好的想法。

2. 丰富水生环境，可以添加一些蜗牛、钩虾或者水草等。

3. 班级讨论。

(1)你认为真正的自然环境是怎样的？

(2)你认为我们建立的水生环境与自然的水生环境有何相同之处？有何不同之处？

(3)你最喜欢实验过程中的哪种生物(动物或植物)？为什么？

(4)如果让你重新建立一个水生环境，会与这次不同吗？为什么？

4. 增加新的科学词汇到科学词汇库。这部分没有新的词汇，回顾之前的词汇库，也可以询问学生他们是否有愿意添加的新的词汇。

5. 建立内容/探究表，在内容/探究表中增加新的概念。

· 水生环境可以包括很多不同种类的生物。

【扩展阅读】

推荐一些与"水生环境"内容相关的书目给学生，阅读使他们可以获取更多的信息。

如果条件允许，教师可以多开展一些开放性科学实验活动，鼓励学生自主探究学习，通过实验收集论据，进而验证自己的观点。

第四章　地球与宇宙科学内容体系解析

地球是太阳系八大行星之一，按离太阳由近及远的次序排为第三颗，也是太阳系中直径、质量和密度最大的类地行星，距离太阳 1.5 亿公里。地球自西向东自转，同时围绕太阳公转。至今约有 46 亿年，它有一个天然卫星——月球，二者组成一个天体系统——地月系。46 亿年以前起源于原始太阳星云。地球内部有核、幔、壳结构，地球外部有水圈、大气圈以及磁场。地球是目前宇宙中已知存在生命的唯一的天体，是包括人类在内上百万种生物的家园。地球演化大致可分为三个阶段。

第一个阶段为地球圈层形成时期。大约 46 亿年前，诞生时的地球与如今的地球大不相同。根据科学家推断，地球形成之初是一个由炽热液体物质（主要为岩浆）组成的炽热的球。随着时间的推移，地表的温度不断下降，固态的地核逐渐形成。密度大的物质向地心移动，密度小的物质（岩石等）浮在地球表面，这就形成了一个表面主要由岩石组成的地球。

第二个阶段为太古宙、元古宙时期。地球不间断地向外释放能量，由高温岩浆不断喷发释放的水蒸气、二氧化碳等气体构成了非常稀薄的早期大气层——原始大气。随着原始大气中的水蒸气不断增多，越来越多的水蒸气凝结成小水滴，再汇聚成雨水落入地表，原始的海洋就这样形成了。

第三个阶段为显生宙时期。显生宙时期延续的时间相对短暂，但这一时期生物极其繁盛，地质演化十分迅速，地质作用丰富多彩，加之地质体遍布全球各地，广泛保存，可以极好地对其进行观察和研究，是地质科学的主要研究对象，并建立起了地质学的基本理论和基础知识。

第四章主要就地球与宇宙科学主题下每个模块进行概念分解，围绕核心概念组织教学；将分解概念的知识与教学中遇到的问题做详细讲解；在小学阶段如何通过实验活动建立该概念。

第一节　"太阳系"模块教学指导

一、"太阳系"模块概念分解与内容解析

（一）"太阳系"模块概念分解

"太阳系"模块概念分解见表18。

表18　"太阳系"模块概念分解

核心概念	分解概念	概念分级	科学事实
在太阳系中，地球、月球和其他星球都在有规律地运动着	地球每天自西向东围绕地轴自转，形成昼夜交替等有规律的自然现象	低层级：描述太阳每天在天空中东升西落的位置变化；描述怎样利用太阳的位置辨认方向	观察、记录、描述太阳每天东升西落的现象，认识太阳每天的位置变化规律，学习观察的方法
		中层级：描述一天中在太阳光的照射下，物体影子的变化规律	
		高层级：知道地球自西向东围绕地轴自转，形成了昼夜交替与太阳东升西落的现象；知道地球自转轴（地轴）及自转的周期、方向等	
	地球每年自西向东围绕太阳公转，形成四季等有规律的自然现象	低层级：描述一年中季节变化的现象，举例说出季节变化对动植物和人类生活的影响	观测、记录一天中不同时段和一段时间内阳光下影子的方向和长短，描述影子的变化规律；模拟地球自转和公转的运动状态，并将影子的变化与地球运动联系起来
		高层级：知道正午时物体影子在不同季节的有规律的变化；知道四季的形成与地球围绕太阳公转有关	

续表

核心概念	分解概念	概念分级		科学事实
在太阳系中，地球、月球和其他星球都在有规律地运动着	月球围绕地球运动，月相每月都在有规律地变化着	低层级：描述月相的变化现象		持续观察、记录一段时间内月球在天空中的位置变化和月相变化，学习长期观测的方法；模拟日、地、月三个天体的运动模式
		中层级：知道月球是地球的卫星；描述月相变化的规律		
	太阳系是人类已经探测到的宇宙中很小的一部分，地球是太阳系中的一颗行星	低层级：知道太阳能够发光发热，描述太阳对动植物和人类生活有着重要影响		收集资料，认识太阳系八颗行星及其大小、位置的相对关系
		中层级：知道地球是一个球体，是太阳系中的一颗行星；描述月球表面的概况；知道太阳是一颗恒星		
		高层级：太阳是太阳系中心，太阳系中有八颗行星，描述它们在太阳系中的相对位置；描述日、地、月的相对大小和相对运动方式；知道宇宙中有无数星系，银河系只是其中之一；知道大熊座、猎户座等主要星座；学习利用北极星辨认方向；了解人类对宇宙的探索历史，关注我国及世界空间技术的最新发展		

　　教师在讲"地球运动引起的变化"时，往往列举了大量科学事实，如青藏高原地区曾经是一片汪洋大海，经过几百万年的地壳运动，才隆起上升为高原；火山喷发、地震是由于地球内部的构造运动引起的；昼夜现象是地球自转运动形成的，地球不停地自转，昼夜就会交替形成；地球公转使地球上的不同地区出现了春、夏、秋、冬四季变化。在此基础上，教师进一步引导学生建构"地球运动引起地表变化、昼夜变化、四季变化"这个分解概念。当学生再学习"地球上的大气""地球上的岩石"以及"热运动""电磁运动"等内容时，

形成相应的分解概念。尽管这些内容不是在同一章节完成的，但教师要在学生学习这一过程中进行适时地梳理总结，揭示各种变化的共同规律及相互关系，最终在学生头脑中形成"变化的形式多种多样"这一核心概念。再如，讲"太阳系"时，教师可以让学生建立一个太阳系模型，将八大行星按照距离太阳的远近进行排列。告诉学生，太阳系只是人类已经探测到的宇宙中很小的一部分，地球是太阳系中的一颗行星。银河系是包含太阳系在内的一个更大的星系。而银河系在浩瀚无垠的宇宙中又是极小的一部分。尽管自然界中可以描述的结构，如宇宙、太阳系、地球等问题非常复杂，但是从各种层次都可以提出结构问题。当学生再学习"地球圈层的结构""生命系统的层次结构"时，形成相应的分解概念，最终帮助学生建立"尺度与结构"这一核心概念。

在讲"太阳、月球、星空"时，告诉学生，宇宙大爆炸、黑洞、黑子、太阳系外星球、棕矮星、类星体、宇宙射线、银河系等一系列有关宇宙和太空的现象与名词，如果没有伽利略的发明也许都将不复存在。在伽利略之前，沉迷于夜空世界的天文学者只能用他们的肉眼来观察天空。伽利略自制的望远镜所放大的倍率在今天看来小得可怜，但在人类科学史上却引发了一场革命。随着科学技术的不断发展，望远镜从小口径到大口径、从光学望远镜到全电磁波段望远镜、从地面望远镜到空间望远镜，它已经成为人类文化历史上最伟大的奇迹之一，它不仅使天文学发生了变革，而且深刻地影响了其他科学的发展乃至整个人类社会的进步，改变了人类的宇宙观。为了纪念伽利略首次用望远镜观测天体 400 周年，联合国把 2009 年定为国际天文年。

(二)"太阳系"模块内容解析

在宇宙众多的天体当中，与地球关系最密切的是太阳和月球。它们直接或间接地影响着人们的生产和生活。距离地球最近的恒星是太阳。太阳、八颗行星及其卫星、矮行星、小行星、彗星、流星体、行星际物质等共同组成了太阳系。太阳虽然是一颗普通的恒星，但在太阳系中，太阳的质量最大，约占太阳系总质量的 99.86%。在太阳巨大的引力作用下，太阳系中的行星、彗星等天体都围绕太阳运行。同时，太阳还是这个系统中唯一能够自身发光的天体，它发出的光和热，照亮并温暖着整个太阳系。

　　教学中，学生经常混淆的两个概念是行星和小行星。行星是自身不能发射可见光的天体，只能靠反射太阳光发亮。在太阳系中，目前已知的有八颗行星，按照距离太阳的远近，由近及远依次是：水星、金星、地球、火星、木星、土星、天王星和海王星。八颗行星都围绕太阳运行，它们绕日公转的轨道面近似在同一平面，公转的方向都是自西向东，公转的轨道都近似正圆。小行星虽然都很小，却都直接围绕太阳运行，所以被称为小行星。它们的运行轨道主要介于火星和木星之间。但是，有些小行星的轨道与火星轨道、木星轨道相交。就是说，总有一些小行星有时会运行到木星和土星之间，或者运行到火星和地球之间。小行星的质量小，当它们运行到这几颗行星（包括它们的卫星）附近时，由于万有引力的作用，轨道参数就会发生变化，因此有可能撞击行星或卫星。卫星是围绕行星运行的天体，质量比其绕行的行星小得多。但是，在太阳系的已知卫星中，其质量、大小却相差悬殊。例如，木星的卫星中，有的大得几乎和地球差不多；我们熟悉的月球，其质量接近八颗行星中质量最小的水星；而那些小的卫星，像土星的一些卫星，科学家用了几个世纪的时间才发现它们。

　　此外，彗星和流星体也是组成太阳系的一部分。彗星是太阳系中一类特殊的成员，肉眼不常见。只有当它们运行到距离太阳比较近的时候，生活在地球上的人们才有机会看到它们。在人们看到它们的那段时间，彗星的形态又常常是多变的。随着时间和位置的变化，尾巴的方向、大小和亮度都有所不同。中国人以它带着尾巴的形状命名，俗称"扫帚星"。其实，彗星是由宇宙中的散碎固体物质和一些气体物质聚集而成的。中间较大的固态核心，称为彗核；外围的细小颗粒和气体，分别称为彗发、彗尾。当它们靠近太阳时，强大的太阳风和光压，使彗尾转向背离太阳的方向。一般来说，距太阳越近，彗尾就越长。实际上，流星体是闯入地球大气层中的一些天体碎块。它们有的来自小行星，有的来自彗星或星际物质。当它们以极高的速度冲入地球大气层时，由于摩擦作用而发热、燃烧，人们便可以看到一条亮线"划破"静寂的夜空，这就是流星现象。绝大部分流星体在大气中焚烧后，化为气体和细小的固体颗粒。少数流星体没有完全烧尽，剩余的固体部分落到地表，称为陨星。根据其化学成分，又可以分为陨石和陨铁等。[1]

在讲"宇宙中的地球"一课时，教师告诉学生，地球是太阳系中的一颗行星，与太阳相距约 1.5 亿千米。地球的运动有多种方式，其中自转运动和公转运动是两种基本形式。地球的自转运动与公转运动使地球产生昼夜交替、四季变换的自然现象，影响大气、水的运动方向，甚至可以影响到地球环境的变迁。地球绕其自转轴的旋转运动，叫作地球的自转。一般可以从地轴的空间位置、地球的自转方向、周期和速度等方面来说明地球自转的规律。地球自转轴简称地轴。地轴的空间位置基本上是稳定的。目前，地轴北端始终指向北极星附近。地球自转的方向是自西向东。从地轴北端或北极上空观察，地球呈逆时针方向旋转；从地轴南端或南极上空观察，地球呈顺时针方向旋转。地球自转一周的时间是 1 日。由于在计算自转周期时，选定的参考点不同，日的时间长度略有差别，名称也不同。如果以距离地球遥远的同一恒星为参考点，则一日的时间长度为 23 时 56 分 4 秒，叫作一个恒星日。如果以太阳为参考点，则一日的时间长度为 24 小时，叫作一个太阳日。地球自转速度可以用角速度和线速度来描述。根据地球自转周期，可以算出地球自转的角速度约 15 度每小时。地球表面除南北两极点外，任何地点的自转角速度都相等。地球自转的线速度，则因纬度的不同而有差异。这是因为纬线圈的周长自赤道向两极逐渐减小。南北极点地球自转的角速度和线速度均为零。

地球绕太阳的运动，叫作地球的公转。一般从地球公转的方向、周期、轨道和速度等方面来说明地球公转的规律。同地球自转方向一致，地球公转的方向也是自西向东，即从地球北极上空观察，地球沿逆时针方向绕太阳公转。地球公转一周 360 度，所需要的时间为 365 日 6 时 9 分 10 秒，这叫作 1 恒星年。地球公转的线路叫作公转轨道，它是近似正圆的椭圆轨道，太阳位于椭圆的一个焦点上。每年的 1 月初，地球距离太阳最近，这个位置叫近日点。每年的 7 月初，地球距离太阳最远，这个位置叫远日点。由于太阳略微偏离地球公转轨道的中心，因此，日地距离不断随地球公转而发生细微的变化，地球公转速度也相应地有一些周期性的变化。一般情况下，在不特别考

---

[1]　王民：《地理——选修 1》，30～34 页，北京：中国地图出版社，2011。

察地球的近日点和远日点时，我们可以使用日地平均距离 1.5 亿千米、平均角速度 1 度每天、平均线速度 30 千米每秒等数据来说明地球公转的基本情况。

地球在自转的同时围绕太阳公转，因此，地球的运动是这两种运动的叠加。地球自转和公转的关系，可以用赤道平面与黄道平面的关系来表示。地球自转的平面是过地心并与地轴垂直的平面，被称为赤道平面，地球公转轨道平面称为黄道平面。赤道平面与黄道平面之间存在一个交角，叫作黄赤交角。目前的黄赤交角是 $23°26'$。地球在公转的过程中，地轴的空间指向和黄赤交角的大小，在一定的时期内可以看作是不变的。因此，地球在公转轨道上的不同位置，地表接受太阳垂直照射的点（简称太阳直射点）是有变化的。太阳直射的范围，最北到北纬 $23°26'$，最南到南纬 $23°26'$。北半球夏至日（6 月 22 日前后），太阳直射在北纬 $23°26'$，之后太阳直射点逐渐南移；秋分日（9 月 23 日前后），太阳直射赤道；冬至日（12 月 22 日前后），太阳直射在南纬 $23°26'$，之后太阳直射点逐渐北返；春分日（3 月 21 日前后），太阳直射赤道；到了夏至日，太阳再次直射北纬 $23°26'$。太阳直射点在南、北回归线之间的往返运动，称为太阳直射点的回归运动。太阳直射点回归运动的周期为 365 日 5 时 48 分 46 秒，称为一个回归年。在太阳直射点上，单位面积获得的太阳辐射能量最多。显然，太阳直射点的南北移动，使太阳辐射能在地球表面的分配，具有回归年的变化。

地球是一个既不发光也不透明的球体，所以在同一时间里，太阳只能照亮地球表面的一半。向着太阳的半球是白天，背着太阳的半球是黑夜。昼半球和夜半球的分界线（圈），叫作晨昏线（圈）。晨昏线（圈）把经过的纬线分割成昼弧和夜弧。地球不停地自转，昼夜也就不断地交替。昼夜交替的周期是 1 个太阳日，即 24 小时。昼夜交替，影响着人类的生活作息，因此太阳日被用来作为基本的时间单位。此外，太阳日的时间不长，所以整个地球表面增热和冷却不致过分剧烈，从而保证了地球上生命有机体的生存和发展。由于地球自西向东自转，同一纬度地区相比，东面的地区总是比西面的地区先看到日出，因此，东面地区总是比西面地区时刻早。东西间的差异体现为经度上的差异，这种因经度不同而不同的时刻，叫作地方时。

由于昼夜长短的时间变化和正午太阳高度的位置变化，使得太阳辐射既有时间的变化，也有位置的变化。全球同纬度地区（除赤道外），太阳辐射在一年中呈现有规律的变化，形成四季。从天文含义看四季，夏季是一年内白昼最长、太阳最高的季节，也是获得太阳辐射最多的季节；冬季是一年内白昼最短、太阳最低的季节，也是获得太阳辐射最少的季节；春季和秋季是冬、夏两季的过渡季节。全球不同纬度地区，太阳辐射从低纬度向高纬度呈有规律地递减，据此可划分为五带。五带的划分是一种比较古老、比较简单的纬度地带划分方法，它以南、北回归线和南、北极圈为界限，把地球表面粗略地分为热带、南温带、北温带、南寒带、北寒带五个热量带。其中，有极昼和极夜的地带，即极圈以内，称为寒带；有正午太阳直射的地带，即南北回归线以内，称为热带；既无极昼和极夜现象，又无正午太阳直射的地带，称为温带。五带反映了太阳辐射年总量从低纬地区向高纬地区减少的规律。五带的划分虽然比较简单，但它是科学家们进一步研究地球表面地域分异规律的基础。例如，地理学家把气候、植被、土壤等因素综合起来考虑，划分了热带雨林带、温带落叶阔叶林带、寒带苔原带等。[1]

在讲"月球"时，告诉学生，月球是地球唯一的天然卫星，也是宇宙中距离地球最近的自然天体，它与人类的关系非常密切。月球距地球约 $3.8×10^5$ km，假如乘坐时速 100 km 的火车去月球，大约要走 160 天才能到达。学生可能会认为月球的大小和太阳差不多。实际上，月球要比地球和太阳小得多。月球的质量约为地球的 1/81，体积约为地球的 1/49。月球的质量比地球小得多，因此引力也小得多。由于月球表面的引力很小，保留不住大气，所以月球上没有大气，也就没有风、云、雨、雪等天气现象，月球上无法传播声音，因此，月球表面是一个寂静无声的世界。月球表面昼夜的温差很大，白天温度高达 130 ℃，而夜晚温度又降到 -180 ℃以下。[2]

月球围绕地球自西向东公转，构成了地月系。公转轨道为椭圆形，地球位于椭圆的一个焦点上，由于地球围绕太阳公转，所以月球在绕地球公转的同时还和地球一起绕太阳旋转。月球围绕地球公转 1 周的时间是 27.32 日。月球在绕地球公转的同时，自身也在不停地旋转。月球自转 1 周的时间也是

[1] 袁孝亭：《地理——必修1》，13~20页，北京，人民教育出版社，2014。
[2] 王民：《地理——选修1》，36~37页，北京，中国地图出版社，2011。

181

27.32 日。而且公转与自转的方向相同，都是自西向东，称为同步自转。这样，人们在地球上始终只能看到月球朝向地球的大约半个月面，无法看到月球的背面。月球作为地球的一颗天然卫星，与地球的关系尤其密切。月球留给人们最深的印象是月亮圆缺的变化。月亮圆缺的各种形状叫作月相。月球本身不发光，只是反射太阳光发亮。月球围绕地球公转，同时又随地球围绕太阳公转，月球、地球和太阳三者的相对位置不断变化，因此，地球上的观测者所见到的月球被照亮的部分，也在不断变化，从而产生不同的月相。①

二、"太阳系"模块实验活动与概念建立

"太阳系"模块中的核心概念是"在太阳系中，地球、月球和其他星球有规律地运动着"。教师把本模块的核心概念自上而下进行分解，找到支撑核心概念建构的科学事实（知识点和实验活动），在教学中，以分解概念为切入点，教师自下而上引领学生开展探究学习，为核心概念建构搭建脚手架。例如，实验活动"太阳轨迹追踪"中的分解概念为：

第一，影子的长度取决于地球相对于太阳的方向与位置。

第二，一日内影子的长度随太阳在天空中的位置而变化。

学生需要运用的探究过程技能为：

第一，观察并比较不同时刻的影子。

第二，分析太阳位置与影子形状和方向的关系。

第三，交流与表达本组的实验结果，其他组倾听并表达认同或质疑的原因。

以上分解概念与探究过程技能是在 2 个实验中完成的，学生在实验过程中要将这些分解概念联系起来，进而为逐层建构核心概念奠定基础。通过观察、分析、交流与表达等探究过程技能训练，旨在让学生不仅能动手做，而且会动脑想。在实验操作过程中学会思变，让他们能够运用科学探究方法解决日常生活问题，同时学会利用科学语言提升与他人交流和沟通的能力。

---

① 人民教育出版社地理社会室：《地理》，22 页，北京，人民教育出版社，2009。

实验活动：太阳轨迹追踪[①]

🎓 授课对象

5～6 年级学生。

🔲 学习目标

1. 观察和比较太阳照射的影子。

2. 使用罗盘进行定向。

3. 比较并分析太阳的位置与投影的方位与大小。

4. 运用科学思维方法，进行探究和解释：观察、沟通、比较、组织以及表述。

实验 1：影子游戏

【实验概要】

学生观察并记录一日内太阳位置与影子的变化。

【实验材料】

每组 4 人

数量	名称	备注
2	粉笔	
4	学生记录单	

每班

数量	名称	备注
	时钟或手表	
	文件夹	

[①] Lawrence Hall of Science, University of California at Berkeley, *FOSS Teacher Guide—Solar System*, Nashua, Published and distributed by Delta Education, 2004, pp. 78-91.

【实验指导】

1. 讨论影子，了解学生对影子的认识，可以提问以下问题。

(1)影子是什么？

(2)形成影子需要什么条件？

(3)你一直都有影子吗？

(4)如果你站在一个地方全天保持不动，你的影子会怎样变化？

2. 准备去户外，告诉学生详细计划，记录影子。指导一名学生站立不动，另一名学生在地上用粉笔描绘出影子的轮廓(实物图)，注意描绘出双脚站立的位置，以便过段时间再次站立到原处。

3. 影子挑战游戏，利用影子做些有趣游戏(丰富学生的直接经验)。

(1)用手的影子连接手的影子。

(2)用手触碰手的影子。

(3)做出最小的影子。

(4)用手的影子触碰同伴的膝盖影子。

(5)使自己的影子消失。

(6)使自己的影子融进别人的影子。

(7)用自己的影子与同伴的影子握手。

讨论观察结果，记录自己刚才的观察结果，分享彼此的观察结果。告诉学生，稍后还会回到户外现场，站立到原来的位置，请他们思考影子将发生什么变化，让学生把想法记录下来。

4. 再次观察影子。3～4小时后，再带学生到户外原来地点，站立到原来位置，观察影子的变化，比较完毕后回教室讨论。

5. 讨论变化的影子，提问学生，他们观察到什么变化，突出强调形状和方位的变化。提问：

为什么你影子的形状和方位发生了变化？（因果、解释）

学生应认识到太阳位置的变化导致影子形状与方位的变化。让学生预测在日落前影子的变化，并让他们记录最新的观察结果。

6. 建立关于影子游戏的科学词汇库，要求学生为词汇库增加科学词汇。当词语被提出时，复习每一个词的含义。

·影子。

·方位。

实验 2：影子追踪

【实验概要】

学生制作并使用工具监测太阳位置。

【实验材料】

每组 4 人

数量	名称	备注
1	罗盘	
1	硬纸卡	
1	高尔夫球座	
1	手电筒	
2	手电筒电池	
2	粉笔	
4	学生记录单	

每班

数量	名称	备注
	透明胶带	
	时钟或手表	
	尺子	
	地球仪	
	胶水	
	草稿纸	
	文件夹	

【实验指导】

1. 讨论太阳与影子的关系，用一把尺子做标杆，演示光源与影子的关系，提问学生以下问题。

(1)已知光源与标杆，你能确定影子将怎样出现吗？

(2)如果已知影子，你能确定光源位置吗？

2. 介绍影子记录仪，展示样品，并指导学生自己制作。

(1)将影子记录纸粘贴在硬卡纸板上。

(2)将高尔夫球座倒粘在坐标中心处。

3. 介绍罗盘，讲解罗盘的基本原理以及如何使用。利用罗盘给影子记录仪定方向，追踪记录一日的太阳轨迹，组员可以每小时轮流记录。教师根据记录结果提问下列问题。

(1)各小组绘制的图表是否一样？

(2)如果明天再次重复记录，结果是否一样？

4. 模拟演示，用手电筒在室内模拟演示，观察影子记录仪上的变化。

5. 变换演示，保持手电筒位置不变，移动记录仪营造影子变化，模拟太阳相对静止而地球在自转的情景，如果有地球仪，可用地球仪演示。

6. 保存影子记录，小心卸除罗盘和球座，取下记录纸妥善保存以便参考比较。

7. 建立关于影子追踪的科学词汇库。要求学生为词汇库提出科学词汇。当词语被提出时，复习每一个词的含义。

· 罗盘。

· 太阳。

· 方向。

8. 建立内容/探究表，在内容/探究表中列出在实践活动中获得的相关知识概念，让学生综述在实验中他们学到了什么，如果需要提示，就提出与他们探究活动相关的问题，并尽可能用他们自己的语言在记录纸上写出答案。

· 如何根据影子判断太阳的位置？

· 为什么一日内影子是变化的？

【扩展阅读】

推荐一些与"太阳与地球"内容相关的书目给学生，阅读使他们可以获取更多的信息。

第二节　"地球圈层"模块教学指导

一、"地球圈层"模块概念分解与内容解析

(一)"地球圈层"模块概念分解

"地球圈层"模块概念分解见表 19。

表 19　"地球圈层"模块概念分解

核心概念	分解概念	概念分级	科学事实
地球上有大气、水、生物、土壤和岩石，地球内部有地壳、地幔和地核	地球被一层大气圈包围着	低层级：知道有阴、晴、雨、雪、风等天气现象；描述天气变化对动植物和人类生活的影响	使用气温计测量一天中不同时段或不同地点的气温，描述一天中气温变化的大致规律；观察、测量、记录一段时间的天气现象
		中层级：使用气温计测量气温，描述一天中气温变化的大致规律；利用气温、降水量等可测量的量描述天气；知道气候和天气的概念不同	
		高层级：描述雾、雨、雪、露、霜、雹等天气现象形成的原因	
	地球表面有各种水体组成的水圈	中层级：知道地球表面海陆分布的情况；知道地球陆地表面有河流、湖泊等水体类型	运用地球仪或世界地图，简要说明地球上的海陆分布状况，以及陆地上有不同类型的水体；做与地球水循环有关的成云致雨的模拟实验
		高层级：描述地球上的水在陆地、海洋及大气之间处于不间断的循环之中；举例说明水在地球上的循环产生的天气现象；举例说明水在地表流动的过程中，塑造着地表形态	

续表

核心概念	分解概念	概念分级	科学事实
地球上有大气、水、生物、土壤和岩石，地球内部有地壳、地幔和地核	陆地表面大部分覆盖着土壤，生存着生物	低层级：观察并描述周围的土壤上生长着的植物和生活着的动物	观察土壤标本，知道土壤的基本成分，做对比实验，比较沙质土、黏质土、壤土的特征
		中层级：知道土壤是地球上重要的资源以及组成土壤的主要成分；观察并描述沙质土、黏质土和壤土的不同特点；举例说出沙质土、黏质土和壤土适宜生长的不同植物	
	地球表面覆盖着岩石	中层级：知道岩石是由矿物组成的；观察花岗岩、砂岩、大理岩的标本，认识常见岩石的表面特征；知道矿产是人类工农业生产的重要资源	—
	地球内部可以划分为地壳、地幔和地核三个圈层	高层级：描述地球内部有地壳、地幔和地核三个圈层；知道地壳运动是地震、火山喷发等自然现象形成的原因；说出地壳主要由岩浆岩、沉积岩和变质岩三大类岩石构成	利用图片和视频资料，或通过模拟实验，初步了解地震和火山喷发形成的原因

教师在讲"岩石"时，可以展示不同种类的岩石，比较它们的异同，让学生通过讨论与先前经验建立联系。通过"地球圈层"模块强调发展学生的观察能力、比较能力和分析能力，建立基于经验的概念。而教师在讲授这部分内容时，应避免把岩石本身作为教学重点，讲授各种岩石的具体特征，而没有告诉学生岩石变化的原因与哪些条件有关。例如，在讲岩石时，学生记住更多的就是各种岩石的具体特征：花岗岩呈花斑状，由黑、白、肉红或无色透明的颗粒组成，颗粒较粗，粗糙，很坚硬；砾岩看起来像混凝土，由碎石子或卵石组成，粗糙，硬；石灰岩呈青灰色、灰色或微黄色，颗粒细，较硬，常有化石，遇盐酸冒泡等。尽管通过这节课的学习，学生学会了区分几种常见的岩石，但是每一步都是在讲科学事实，这些知识没有迁移价值。如果教师能提问学生：你认为岩石的模样是什么原因造成的呢？学生头脑中会有各

种答案。此时，教师可以和学生一起搜集关于岩石的资料。全班一起分享搜集关于岩石的图片，比如河流中的石块、大峡谷中的石块、溶洞中的石块等。让学生分析，这些石块的模样都是怎样的？为什么它们会变成现在的模样？虽然这节课也是在讲认识几种常见的岩石，却渗透着"水、风、温度等因素可以改变岩石的外形"这一分解概念，教师让学生搜集各种岩石资料，对大量科学事实进行归纳，告诉学生，在温度、水、风、动植物等自然力量的共同作用下，会对岩石造成破坏，这种现象叫作风化。学生在学习这部分内容的过程中，教师适时进行梳理总结，最终在学生头脑中形成"坚硬的岩石在风化作用下会改变模样，这是一个长期缓慢的过程"这一核心概念。今后学生就会将这一核心概念迁移到新的情境中，进而增强自身利用已有知识去解决未知问题的能力。

在讲"土壤"时，告诉学生，土壤是陆地上具有肥力并能生长植物的疏松表层，粮食、蔬菜、水果的种植都离不开土壤。但是随着人口急剧增长，工业迅猛发展，固体废物不断向土壤表面堆放和倾倒，有害废水不断向土壤中渗透，大气中的有害气体及飘尘也不断随雨水降落在土壤中，导致土壤污染。当土壤中含有的有害物质过多，超过土壤的自净能力，就会引起土壤的组成、结构和功能发生变化，微生物活动受到抑制，有害物质或其分解产物在土壤中逐渐积累，通过植物、动物或水等间接被人体吸收，危害人体健康。同时，土壤污染还会导致其他环境问题。比如，土地受到污染后，含重金属浓度较高的污染表土容易在风力和水力的作用下，进入大气和水体中，导致大气污染、地表水污染、地下水污染和生态系统退化等其他次生生态环境问题。而且，土壤污染具有隐蔽性和滞后性。大气污染、水污染和废弃物污染等问题相对比较直观，通过感官就能发现。而土壤污染则不同，它往往要通过对土壤样品进行分析化验和农作物的残留检测，甚至通过研究对人畜健康状况的影响才能确定。因此，土壤污染从产生污染到出现问题通常会滞后较长的时间。所以，人们在关注饮水安全、空气清洁的同时，对于土壤的保护同样不容小觑。

（二）"地球圈层"模块内容解析

地球主要分为四个圈层：大气圈、水圈、岩石圈和生物圈。最外层的圈层是大气圈，它由环绕在地球周围的混合气体组成。其中含量最高的是氮气和氧气，除此之外，大气圈中还包含水蒸气、二氧化碳和其他气体。水圈包括海洋、湖泊、河流和冰川。水圈中的水大部分来自海洋中的咸水，但是淡水也是水圈的一部分。海洋面积占地球表面的 2/3。地球坚固的岩石外壳被称为岩石圈。岩石圈由各大陆和面积稍小的岛屿组成，可延伸到整个洋底，表面从平坦的平原变化到起伏的丘陵，从河谷变化到巍峨的山峰。地球上的一切生物，包括空气中、海洋里、地上和地下，构成生物圈。生物圈延伸到其余各个圈层。教学时，教师以"地球是由大气圈、水圈、岩石圈、生物圈组成的大系统，人类生活在地球大系统中"这一分解概念作为切入点，搜寻支撑这一分解概念的知识点作为载体，帮助学生建构"系统与相互作用"这一核心概念。

例如，让学生设想自己坐在热气球上进行一次空中旅行，从海拔为零的温暖海滩起飞。随着气球的上升，距离地面越来越远。当气球上升至海拔 3000 m 的高空时，人会感到空气开始变冷，随着气球继续往上升，空气越来越冷。到 6000 m 的高空时，人会开始感觉呼吸困难，空气变得越来越稀薄，是时候返回地面了。那么如果继续乘着热气球上升，将面临什么？随着进一步升高，气压和温度都会急剧改变。根据气温变化规律的不同，大气层主要分为四层：对流层、平流层、中间层和热层。

对流层　地球大气层的最里层，这一层大气叫作对流层。人们就生活在这里，相比其他各层，对流层的天气状况是最变化多端的，对流层是天气现象的发生地。在雷雨天气，空气非常潮湿，而在晴朗、万里无云的日子里，空气就变得十分干燥，这是由于水在大气和地表之间不断地循环运动。因此，大气中水的含量也在不断地发生变化。水在大气和地表之间的运动叫作水循环。作为水循环的一部分，大气中的一些水汽凝结，形成云、雨和其他形式的降水，于是水又从云中降落回地表，穿透地面，最终进入海洋、湖泊和溪流中。如果风遇到小山或山丘，空气就被迫向上抬升。在沿着斜坡上升的过程中，空气逐渐冷却下来，于是在山脉的向风面，即面对风的一面就开始下雨或下雪。当空气到达山脉的另一面时，空气中已经失去了大部分水汽，这时的空气是干冷的，于是在山脉的背风面形成雨影区。正如只有很少量的光线能照进阴影里一样，在雨影区内几乎没有雨水。空气在穿过山脉时不仅失去了大量的水汽，而且在滑下山腰的过程中，逐渐升温，这段温暖而干燥的空气导致山脉的背风面变成沙漠。虽然普通的热气球不可能升得很高，但是有些气球还可以继续上升。为了测量天气状况，科学家发送携带有多种仪器的气象气球，这些气球在地面是部分充气的。因为在大气中升得越高，气压就越低，让气球部分充气是为了当外界气压降低时，使气球有一个膨胀的空间。虽然对流层是大气中最薄的一层，但它几乎包含了整个大气层的全部质量。在对流层中，温度随着海拔的升高而降低。一般每升高 1 km，温度就大约下降 6.5℃。在对流层的顶部，温度不再降低，大约保持在 −60 ℃。在那里，液态水结成薄薄的羽状冰晶体。

　　平流层　从对流层顶部向上延伸到距离地表 50 km 的高空，就是平流层。平流层的底部很冷，约 −60 ℃，而平流层顶部的温度比底部高，这是因为平流层的上部包含有一个臭氧层。臭氧吸收来自太阳的能量并把它转变为热量加热大气。随着气象气球穿过平流层向上飞，外界的气压继续下降，气球继续膨胀，直到爆炸，气球上的仪器装置就落回地面。

　　中间层　在平流层上方，温度的下降标志着另一个大气层的开始，这就是中间层。中间层位于距离地球表面 50 km～80 km 的高空。中间层的外部是大气层中最冷的部分，温度大约是 −90 ℃。如果一颗流星划过夜空，其实看到的是燃烧着的流星体闯入中间层释放出灼热的气体留下的痕迹。中间层保护地球表面免遭大部分流星体，即来自太空的石块和金属块的侵袭。

　　热层　大气顶部的空气非常稀薄。在距离地表 80 km 的高空，空气的密度大约只有海平面的 0.001％。这就好像携带海平面 1 m³ 的空气，到中间层顶部被扩大为 100000 m³。大气的最外层，即热层，从距离地表大约 80 km 的上空向外延伸，没有明确的外部界限。在热层的外部边缘，大气也并不是突然消失了，而是气体分子、原子之间相隔越来越远，最终逐步融入太空。虽然热层的大气非常稀薄，但它的温度却高达 1800 ℃，比炼铁炉中的温度还要高。因为来自太阳的热量最先被热层所吸收，氮分子和氧分子把太阳能转化成了热能。虽然热层的温度很高，但在热层中却感觉不到一丝温暖，一支普通温度计显示的温度将低于 $0℃$，因为温度是大量物质分子平均动能的反映。热层中的气体分子运动得很快，所以温度非常高。然而在稀薄气体中，分子之间距离很远，因而没有足够的分子来碰撞温度计使之发热。[①]

教学中，学生看到很多岩石破碎成越来越小颗粒的图片，这是由于造山运动将岩石挤迫到地表，岩石暴露受到风化。风化是在地表发生的岩石和其他物质破碎的过程。热、冷、水和冰，以及大气中的氧和二氧化碳都与风化有关。如结冰与融化周而复始能将岩石破裂成碎粒，雨水能溶解岩石中的无机物。侵蚀是通过风、水、冰或重力搬运岩石碎屑物。风化和侵蚀共同持续作用将地表的岩石碎屑冲蚀和带走。风化分为机械风化和化学风化两种。两种风化作用都很缓慢，但只要有足够的时间，它们能分解最大最硬的岩石。

机械风化　岩石中物理破碎的风化称为机械风化。这些被破碎下来的小碎块岩石与它原来的岩石体由相同的物质组成。机械风化通过结冰与融化、加热与冷却、植物的生长、动物活动和磨蚀将岩石分解成碎片。磨蚀是指被水、冰、风或重力带来的岩石碎屑对岩石的摩擦。机械风化作用缓慢，但经过较长的时期，它确实能磨蚀掉岩石，机械风化甚至能磨蚀掉整座大山。在较冷的气候条件下，机械风化最重要的力是水的结冰与融化。水渗入岩石的缝隙，当温度下降时结冰。水结冰时体积膨胀。冰的作用像一个楔子，使岩石中的缝隙加宽加深，这个过程叫作冰楔。冰融化后，水渗入岩石的更深处。通过不断地结冰融化，缝隙慢慢地扩大，直到岩石块剥落。

化学风化　除机械风化外，还有一种风化侵袭着岩石。化学风化是通过化学反应破碎岩石的一个过程。化学风化作用包括水、氧、二氧化碳、生物有机体和酸雨。化学风化所产生的岩石碎粒的矿物组成不同于原来岩石。每种岩石由一种或多种矿物组成，如花岗岩由长石、石英和云母 3 种矿物组成，但化学风化最终将组成花岗岩的长石变为黏土。化学风化在岩石中形成洞穴或柔软的斑点，使得岩石更容易破碎。化学风化与机械风化经常一起作用，

---

① ［美］帕迪利亚：《科学探索者——天气与气候》，徐建春，郑升，译，31～36 页，杭州，浙江教育出版社，2003。

当机械风化将岩石破碎成小块，有更多的岩石表面积暴露于化学风化之中。[①]

决定风化速率最重要的因素是岩石的类型与气候。岩石中的矿物质组成决定风化的速率。由不易溶解于水的矿物质组成的岩石风化较慢，由易溶解于水的矿物质组成的岩石风化较快。气候是一个地区的平均天气状况。在湿润气候条件下化学风化和机械风化加快。降水提供了化学变化中所需要的水，也为结冰与融化提供了条件。高温条件能加快化学反应，这就是化学风化在湿热气候条件下风化速率更快的原因。例如，花岗岩是非常坚硬的岩石，由熔岩在地球内部冷却而形成。花岗岩在寒冷的气候条件下风化缓慢，因此经常被用作建筑材料。但在湿热的气候条件下，花岗岩风化较快并最终成为碎屑。

一块光滑的岩石表面似乎难以生长植物。但仔细观察，在这坚硬的表层有不少细小的缝隙。经过一段时间以后，机械风化和化学风化将慢慢使缝隙扩大。雨水和风将带来一些被风化的岩石、灰尘和干燥的树叶。风也能带来细小的种子，在足够的湿度条件下，种子将生根发芽，几个月后，当植物开花，岩石就像突然有了鲜花。与花园中又厚又肥沃的土壤相比，岩石缝隙中的土壤几乎没有。但土壤最初就是从缝隙中风化的岩屑和其他物质开始形成的。土壤是地球表层松散的风化物质，支撑植物生长。当地表岩石被风化破碎并与其他物质混合时，土壤便开始形成。土壤是岩石微粒、无机物、腐殖质、空气和水的混合物，组成土壤的沙质土、黏质土和壤土都来自风化的岩石。土壤中的腐蚀有机物是腐殖质。腐殖质是动植物腐烂时产生的黑色物质，有助于在土壤中为水和空气创造空间，这是植物生长所必需的。腐殖质也丰富了植物生长所必需的氮、硫、磷和钾。

在讲"地球内部结构"时，教师可以把"地球内部可以划分为地壳、地幔和地核三个圈层"这一分解概念作为切入点，列举支撑这一分解概念的知识点。当学生学习"宇宙与太阳系的研究方法""生命系统的层次结构与研究方法"等

[①]　［美］帕迪利亚：《科学探索者——地表的演变》，李绿芊，王张华，王莹等，译，40～45页，杭州，浙江教育出版社，2003。

内容时，在不同科学事实的基础上，教师进行适当引导与梳理，最终帮助学生建立"尺度与结构"这一核心概念。

例如，组成地球的三个主要圈层是：地壳、地幔和地核，每层的物质组成、温度、压力都不同。地壳是地球的"皮肤"，它由岩石组成。人们可以看到的地壳是一些裸露在地表的岩石和山脉，还有一些地壳被土壤和大面积的水域覆盖。与下面的圈层相比，地壳很薄，就像洋葱表面的纸状表皮。地壳包括大陆地壳和大洋地壳，大洋地壳最薄，高山下的地壳最厚，地壳的平均厚度约为17 km。大洋地壳简称洋壳，洋壳主要由像玄武岩这类密度大的岩石组成。玄武岩呈黑色，密度大，结构紧密。大陆地壳，即陆壳，主要由像花岗岩这类密度小的岩石组成。花岗岩的晶体粗大，但密度小于玄武岩，颜色通常较浅。地幔是指地壳下面的地球中间层，穿过由玄武岩和花岗岩组成的地壳，之下是温度较高的地幔层。地壳和上地幔层很相似，它们共同组成岩石圈，岩石圈的平均厚度约为 100 km。岩石圈以下的地幔层，温度更高，压力更大。在这一层中，温度和压力仍分别随深度的增加而升高和加大。因此，地幔层不像岩石圈那么坚硬，而且随深度的增加逐渐变软，如同马路上被太阳暴晒后的沥青一样，具有可塑性。这一层地幔层叫作软流层，软流层的物质是缓慢流动的。也就是说，在地幔中，上面是岩石层，下面是一直延伸到地核的固态物质。地幔的厚度约为 2865 km。穿过地幔就到达地核，地核由液态的外地核和固态的内地核两部分组成，这两部分都是由铁和镍组成的。外地核呈熔融状态，包围着内地核。尽管外地核内压力很大，但它是黏稠的液体。而内地核的极大压力把铁原子和镍原子挤到一起，成为固态金属球，所以内地核不可能扩散开来，或变成液体。外地核和内地核的质量占地球质量的 1/3，但体积只占地球的 15％，地核的体积比月球略小一点。[①]

二、"地球圈层"模块实验活动与概念建立

"地球圈层"模块中的核心概念是"地球上有大气、水、生物、土壤和岩

---

① ［美］卡罗尔：《科学探索者——地球内部》，吉云松，王张华，译，19～21 页，杭州，浙江教育出版社，2003。

石，地球内部有地壳、地幔和地核"。教师把本模块的核心概念自上而下分解，找到支撑核心概念建构的科学事实（知识点和实验活动），在教学中，教师自下而上引领学生开展探究学习，为核心概念建构搭建脚手架。例如，实验活动"模仿岩石"中的分解概念为：

第一，地球物质具有能从颜色、形状和质地等方面被观察和描述的特性。

第二，岩石是由一种不同成分的物质组成的，这种成分叫矿物。

第三，矿物是不能用物理方法再分的物质。

第四，有些物质，例如盐，能够溶于水，但是当水分蒸发后，能够重新结晶。

学生需要运用的探究过程技能为：

第一，观察并比较模仿岩石与真正岩石，选择恰当的测量工具来测量岩石的直径、周长、厚度和质量。

第二，实验实施和结果分析，用指甲钳代替地质学家的地质锤把岩石分开。这种方法不能把所有的成分分开，因此用水进一步做分开工作。将水和分开后的物质放入烧杯，观察摇动前后的结果有何不同。

第三，观察烧杯中分开的成分，将这些成分放在蒸发皿上蒸发，确定是否还有更多其他成分。当水分蒸发后，出现的晶体就是盐和铝结晶。

第四，交流与表达本组的实验结果，其他组倾听并表达认同或质疑的原因。

以上分解概念与探究过程技能是在 3 个实验中完成的，学生在学习过程中要将这些分解概念联系起来，进而为逐层建构核心概念奠定基础。通过观察、比较、实验实施和结果分析、交流与表达等探究过程技能训练，旨在让学生不仅能动手做，而且会动脑想。在实验操作过程中学会思变，让他们能够运用科学探究方法解决日常生活问题，同时学会利用科学语言提升与他人交流和沟通的能力。

实验活动：仿造岩石[①]

扫描二维码
观看
实验视频

🎓 **授课对象**

4～5年级学生。

📖 **学习目标**

1. 观察并描述仿造岩石的物理特性。

2. 通过测量工具收集仿造岩石的数据。

3. 记录并比较仿造岩石的过程和结果。

4. 岩石能够分成不同的成分——矿物，其中一些成分能够溶于水。当水蒸发后，溶解的成分又可以以晶体的形式重现。

5. 通过晶体的形状确定其成分。

6. 运用科学思维方法，进行探究并建立解释：观察、沟通、比较、组织。

实验1：观察仿造岩石

【实验概要】

通过实验，学生知道岩石具有很多特性，如形状、大小、颜色和质地等。地质学家利用岩石的不同特性可以鉴定不同的岩石，岩石的某些特性能够被测量和比较。

【实验材料】

每组4人

数量	名称	备注
2	纸盘	
1	卷尺	
2	手持放大镜	
1	天平	

---

① Lawrence Hall of Science，University of California at Berkeley，*FOSS Teacher Guide—Earth Material*，Nashua，Published and distributed by Delta Education，2004，pp. 48-63.

续表

数量	名称	备注
	砝码	
4	学生记录单	

每班

数量	名称	备注
	水彩笔	
	水	
	食用色素(红色)	
	食用色素(蓝色)	
	食用色素(黄色)	
	白面粉	
	食盐	
	铝粉	
	砂子	
	砾石	
	牡蛎壳碎片	

【实验指导】

1. 介绍地质学知识，告诉学生，对地球组成物质的研究叫作地质学，他们将扮演地质学家，对地球进行研究，地质学家对地球研究的内容之一是岩石研究，岩石是组成地球的物质之一。

2. 介绍关于岩石特性的概念，解释：地质学家要对所研究的岩石进行仔细观察。岩石经常是变化的，地质学家要对检验前后的岩石进行对比。教师提问：地质学家常用哪些特性来描述岩石？

把学生的回答写在黑板上，这些特性包括：质地、颜色、形状或边缘、大小、质量(重量)，可能还有气味。

3. 向学生展示仿造岩石，并指出它和真正岩石的相似性，要求他们尽量详细地描述。如果仿造岩石发生了某种变化，学生需要记录下来。在最初的观察过程中，学生要保持仿造岩石的完整性。

4. 向学生展示手持放大镜，卷尺，天平和砝码，做好记录。

(1)观察外观：学生描绘岩石的草图，并记录观察结果。

(2)使用放大镜进行观察：学生对岩石的局部通过使用放大镜进行放大观察并画出来。

5. 每组4位成员分成2人一队。选一名材料员负责取本组的材料：2个纸盘、2块仿造岩石、1套测量工具、彩色笔或蜡笔。学生拿到材料后就可以进行观察或测量。

6. 当学生开始实验时，教师进行巡视。观察哪些学生能够正确使用卷尺和其他工具，不能正确使用工具的学生，教师提供指导。

7. 让学生描述观察到的仿造岩石的特性，要求他们说出是如何利用手持放大镜发现更多细节的，分享各组的观察结果，特别是对观察到的不同之处进行讨论。

8. 让学生把他们的仿造岩石统一放在桌子上，每队交换记录本，看他们能否利用记录本上的记录找到对应的岩石。如果不能，要求记录的一方提供附加信息，直到找到为止。

9. 提出反馈问题，让学生把自己的经验和地质学家的经验进行比较。

(1)科学家利用哪些工具研究岩石？

(2)每个工具可以提供哪些信息？

(3)在记录的时候哪些信息比较重要？

(4)仿造岩石与真正的岩石有何异同？

(5)你将如何研究真正的岩石？

10. 建立关于仿造岩石的科学词汇库，要求学生为词汇库增加科学词汇。当词语被提出时，复习每一个词的含义。

• 地质学。

• 地质学家。

- 特性。
- 周长。
- 直径。
- 厚度。
- 质量。

11. 建立内容/探究表，在内容/探究表中列出在实践活动中获得的相关知识概念，让学生综述在实验中他们学到了什么，如果需要提示，就提出与他们探究活动相关的问题，并尽可能用他们自己的语言在记录纸上写出答案。

- 我们可以通过岩石的哪些特性将一种岩石和其他岩石区分开来？
- 你如何把仿造岩石和真正岩石区分开来？
- 地质学家为什么对岩石的不同特性看得很仔细？
- 如何比较岩石的大小？

12. 如果学生想出了一个他们能够回答的问题，并能够设计一个实验验证，或者想出一个想要进一步学习的主题，教师鼓励他们把问题或主题写在纸上放入文件夹中。他们不一定只用这些问题或主题做研究，但是这可以作为全班的一种资源保存。

实验 2：把岩石分开

【实验概要】

学生通过实验知道岩石由各种矿物组成。矿物的有些成分可以通过把岩石打碎辨认出来。水经常被用来分开成分，有的成分能够被分成更小的部分，有的成分可以用水继续分解，分解的部分有些能够溶解。

【实验材料】

每组 4 人

数量	名称	备注
2	仿造岩石	
4	纸盘	

续表

数量	名称	备注
2	手持放大镜	
2	指甲钳	
1	塑料杯	
8	小烧瓶	
1	注射器	50 mL

每班

数量	名称	备注
	大号放大镜	
	护目镜	

【实验指导】

1. 教师提问：你认为仿造岩石是由一种成分组成的还是由多种成分组成的？告诉学生，今天的任务是"挑战把岩石分开，并尽可能地辨别其中的成分，越多越好"。解释对岩石成分的研究是地质学家的一项重要工作，这可以为研究地球的构成提供有力证据。

2. 介绍地质锤。告诉学生地质学家利用特殊的工具，如地质锤来分开岩石进行观察。拿出指甲钳告诉他们，在本次实验中，将用指甲钳代替地质锤。介绍指甲钳的使用方法，注意安全，在分开岩石之前，要求学生带上护目镜。

3. 讨论如何分开岩石，并将岩石分类。

(1)把岩石分成两半，每位学生拿一半放在纸盘上。

(2)每位学生用指甲钳把岩石弄碎，分类成堆。

(3)分类完毕后，记录观察结果。

4. 当学生完成分开岩石、将岩石分类，并记录观察结果后，和学生讨论岩石和矿物的不同，定义"岩石"：岩石是由多种成分组成的一种地球物质。讨论时可以提问下列问题。

(1)你能够分辨出你手中仿造岩石的组成成分吗？

(2)如果你手中还有由其他成分组成的仿造岩石，它和现在手中的仿造岩石一样吗？

(3)想象一下，如果你把所有分开的岩石成分重新弄在一起而形成的新的仿造岩石与原来的是否一样？

5. 定义"矿物"。要求学生仔细观察红色沙砾，帮助他们给矿物下定义。告诉学生，如果我们用锤子把红色花岗岩分成细块，它还是沙砾，所以沙砾不是岩石，它是由一种成分组成的。当一种成分不能再细分的时候，我们称之为矿物。要求记录矿物的成分，让他们尽量多地写出自己知道的矿物的名字。

6. 收集沙砾和牡蛎壳，讨论如何分开灰色的物质。要求学生仔细观察剩下的物质。提问：你认为灰色的物质能够再被分开吗？如果能，将如何做到呢？

小组进行讨论。几分钟后，要求各组分享交流意见。如果学生最初说不出来，建议他们把灰色物质和水混合，想想会有怎样的结果，然后对此进行讨论。

7. 向学生展示小烧瓶，把水与物质混合并观察结果。

(1)把小烧瓶的三分之一装上灰色物质。

(2)往瓶中加水至距离瓶口 1 cm 处(大约小手指的宽度)。

(3)盖上盖，压紧盖子，把瓶子摇晃几分钟。

(4)观察瓶内现象，在记录单上绘出小烧瓶的形状。

(5)记录观察结果。

8. 加水再记录，要求每组材料员再拿 4 个小烧瓶、1 杯水和注射器，要求学生加水，再次摇晃并记录观察结果。学生摇完小烧瓶后讨论下列问题。

(1)如何加水能够有助于把成分分开？

(2)你是否注意到了物质原来的状态是怎样的？

(3)如果把小烧瓶放置一晚上将会怎样？

(4)你认为有些物质是否会溶于水？为什么？

(5)如果有物质溶于水了，你将如何进行观察？如果有的物质没有溶解，你将如何进行观察？

9. 将小烧瓶放置一夜，要求学生在他们的烧瓶上贴上标签。学生可以把它放在自己的凳子上或外面的柜子里，放置一夜。

　　10. 增加新的新科学词汇到科学词汇库。

　　• 岩石。

　　• 矿物。

　　• 溶解。

　　11. 建立内容/探究表，在内容/探究表里增加新的概念。

　　• 岩石和矿物的区别在哪里？

　　• 如何把岩石中的矿物分开？

把学生的问题写在记录表里。

实验 3：观察晶体

【实验概要】

　　通过实验，学生知道岩石由矿物组成。蒸发是分开液体成分和固体成分的一种方法。矿物晶体可以通过鉴别形状分开。

【实验材料】

每组 4 人

数量	名称	备注
1	托盘	
4	小烧瓶	实验 2
4	蒸发皿	
4	手持放大镜	

每班

数量	名称	备注
	水盆	
	清水	

【实验指导】

1. 观察小烧瓶，请材料员从托盘中取回自己组在实验 2 中的小烧瓶。提醒学生，最初的目的是把仿造岩石分开。现在让学生自由描述他们在小烧瓶里看到了什么现象。

2. 记录观察结果，鼓励学生仔细观察烧杯里的层次，他们会发现分成了两层。仿造岩石中有两种成分：面粉和砂子。

3. 讨论如何分开液体，以及某些物质溶于水的可能性。提问学生：如果有某种物质溶于水，我们如何把它和水分开？

4. 如果学生没有提出利用蒸发分开水和溶于水中的物质，展示蒸发皿，提问学生，把水放在这个蒸发皿中放几天会发生什么情况？听听学生的回答。如果需要，帮助他们设计如下实验步骤。

(1)把小烧瓶上的标签取下并贴在托盘上。

(2)把蒸发皿放在托盘靠标签的位置。

(3)把小烧瓶里的液体部分倒入蒸发皿，只要覆盖蒸发皿底部就可以，再三强调是液体部分。

(4)请组长把小烧瓶拿到清洗台进行清洗后，放回放置在角落的托盘上。

(5)材料员把托盘整齐地放在指定的位置，在以后的几天时间内等待水蒸发。

5. 在未来的几天内，学生观察结果。提问学生：为什么要把液体放置几天？

6. 当水蒸发后，残留物中会出现晶体。要求学生观察并记录观察结果，请每组汇报他们在蒸发皿中的发现(有呈 X 型或六边形的小方块)。请学生在黑板上绘制出他们所看到的现象，让学生比较每组之间的相同点和不同点，向他们解释：蒸发皿中的小方块叫晶体，晶体是物质的固体形式，能够通过其特殊的外形来辨别。

7. 辨别晶体。请学生思考晶体是什么样子的，它们是如何出现在蒸发皿中的。一些学生可能以前就认识盐结晶并且能够马上认出。给每组发一张晶体辨别卡，利用它来比较和辨别蒸发皿中的晶体。一般所有的学生都能够辨别出盐晶体，偶尔在蒸发皿中有六边形的晶体，那是氯化铝结晶。

8. 讨论晶体是从哪里来的。请学生先说出自己对从仿造岩石到蒸发皿再到晶体过程的看法。让学生讨论这一过程，直到达成一致意见。

让学生记录讨论结果，把仿造岩石的所有成分都列出来，包括两种颜色的砾石、牡蛎壳碎片、砂子、盐和面粉。

注意：写出所有的成分并不是最重要的，重要的是找到能够证明某种成分存在的证据。砾石和牡蛎壳存在的证据，在分开仿造岩石之初就可以确定，面粉和砂子沉淀后可以确定，盐要溶液蒸发后结晶出来才可以确定。

9. 向学生解释：仿造岩石是由砾石、砂子、面粉和盐等组成的。真正的岩石是由真正的矿物组成的。

10. 增加新的科学词汇到科学词汇库。

- 晶体。

- 蒸发。

11. 建立内容/探究表，在内容/探究表中增加新的概念。

- 你如何才能够把盐从水中分离出来？

- 你怎么知道方块的晶体是盐？

【扩展阅读】

推荐一些与"岩石"内容相关的书目给学生，阅读使他们可以获取更多的信息。

第三节 "地球家园"模块教学指导

一、"地球家园"模块概念分解与内容解析

(一)"地球家园"模块概念分解

"地球家园"模块概念分解见表20。

表 20　"地球家园"模块概念分解

核心概念	分解概念	概念分级	科学事实
地球是人类赖以生存的家园	地球为人类生存提供各种自然资源	低层级：说出人类生活离不开动植物的一些实例，初步树立珍惜动植物资源的意识	调查日常生活中垃圾分类、资源回收、物品重复使用等情况
		中层级：举例说出人类生活离不开淡水，树立节约用水的意识；人类利用土壤进行农业生产，树立保护土壤资源的意识；人类利用矿产资源进行工业生产，树立合理开采利用矿产资源的意识	
		高层级：了解地球上的海洋为人类生存提供多种资源；一些自然资源可再生，一些自然资源不可再生；列举日常生活中可回收和可再利用的资源，树立回收和再利用资源的意识；树立保护资源的意识，说出自己力所能及保护资源的举措	
	人类生存需要不同形式的能源	高层级：描述人类生产生活离不开的能源；太阳能是生活中可利用的一种清洁、可再生能源；煤炭、石油和天然气是目前人类利用规模最大的能源，知道它们的形成与太阳能有关；树立节约能源意识，了解开发利用新能源的一些举措	查阅和分析资料，认识一些资源、能源及其形成过程；了解我国是一个能源短缺的国家，我们需要节约能源，积极开发利用新能源
	人类生存需要防御各种灾害，人类活动会影响自然环境	中层级：了解台风、洪涝、干旱等气象灾害对人类的影响	阅读台风、洪涝、干旱等气象灾害，以及地震等自然灾害的资料，了解防御各种灾害的措施；调查当地水体或空气污染情况，提出一些防治污染的合理化建议

教师在讲"我们周围的资源"时，可以提问学生："你知道目前人类可以利用的资源都有哪些？它们分别来自哪里？可以用来做什么？"让学生通过回忆、比较、分类理解能源的类型和用途。通过"地球家园"模块强调发展学生的观察能力，初步建立科学的自然观以及人地协调的可持续发展观。而教师在讲授这部分内容时，往往容易把具体资源作为教学重点，讲授更多的是每种资源的开发与利用等，而没有在这些大量科学事实的基础上进一步引导学生建构分解概念，导致学生在头脑中形成的都是零散的知识点。例如，在讲"土地资源"时，告诉学生，人类可以在土地上建筑房屋、铺设道路、开采矿产、兴修水利，还可以在土地上种植粮食、蔬菜和水果，也可以养殖各种动物来获得肉类、鸡蛋和牛奶等食物。在此基础上，教师可以进一步引导学生建构"土地资源中蕴含着能量"这个分解概念。当学生再学习其他资源时，如"水资源""矿产资源"，在不同科学事实的基础上，形成相应的分解概念。教师在教学过程中，帮助学生进行适时的梳理总结，最终让学生建立起"自然界拥有可被人类利用的资源，这些资源中都蕴藏着能量"这一核心概念。

我国国土辽阔，资源总量多，在许多方面居于世界前列。但是由于中国人口众多，人口平均资源占有量绝大多数都低于世界人均水平。所以，中国自然资源有限性十分突出。论资源总量，中国是"富国"，若按人均资源占有量，则是"穷国"。在有限的资源条件下，要发展生产、发展经济、资源的合理开发和利用及其带来的环境问题，就成为核心问题。我国主要自然资源的特点和主要问题是水资源贫乏，分布不平衡，而社会发展和经济建设对水的需求却日益增加，使得我国水资源供需矛盾日益突出。受气候变化影响，我国大部分地区夏秋降水多，冬春降水较少，有的年份降水多，有的年份降水少，常出现干旱缺水或洪水为害的现象。由于缺乏对水资源的合理利用与保护，我国水资源浪费惊人，污染严重；土地资源类型多样，但山地多、平原少，耕地和林地所占比例小，各类土地资源分布不均。耕地主要分布在东部平原、丘陵和盆地，林地多分布在东北、西南山区和南方丘陵，草地主要分布在内陆高原和山区。我国人均耕地面积不足世界人均耕地面积的一半，而且耕地还在迅速减少。矿产资源虽然丰富，但人均占有量少，而且许多重要矿产贫矿多、富矿少，分布比较集中，不同地区的矿产种类和储量很不均衡。矿产资源是不可再生资源，所以必须十分珍惜，合理开发利用。不能只顾眼前利益，不顾子孙后代的生存发展，盲目开矿、滥采乱挖，严重破坏和浪费有限的矿产资源，造成生态环境的恶化，后果十分严重。针对我国资源现状，科学家和工程技术人员正在研究开发利用清洁和可再生的新能源，包括太阳能、海洋能等，以求人类的持续发展，随着科学技术的进步，这些能源将更广泛地应用于人们的生活之中。

（二）"地球家园"模块内容解析

自然界中能够为人类所利用的阳光、水、空气、土地、森林、草原和矿产等统称为自然资源。自然资源一般分为两大类：在较短时间内可以再生和循环利用的资源，如土地资源、水资源、气候资源和生物资源等，称为可再生资源；被使用后，在人类历史时期不能再生的资源，如矿产资源，称为不可再生资源。自然资源并不是取之不尽、用之不竭的。在一定的地区范围内，自然资源的数量是有限的。例如，有的地区有铁矿资源，有的地区没有铁矿资源；有铁矿资源的地区，经过若干年的开采，也会消耗殆尽。教学中，可以让学生将各种资源进行分类，培养他们基本的操作技能，同时让他们知道，地球上的资源是有限的，树立节约意识，合理利用资源。以下针对几种主要自然资源的分布和保护做进一步解释。

土地资源　土地资源有多种利用类型，目前人类利用较多的土地资源是耕地、草地、林地和建筑用地。耕地主要分布在亚热带和温带的平原地区，草地主要分布在热带疏林草原、温带草原和一些高原地区，林地主要分布在热带雨林和亚寒带针叶林地区，建筑用地主要分布在城镇、工厂和矿山。世界土地资源数量有限，可利用的土地资源分布不均。随着世界人口的激增，一些国家大面积的林地和草地被开辟为农田，也满足不了人们对粮食的需求。对耕地的过度使用，又造成土壤中养分缺乏，生产能力持续降低。同时，城市化的迅速发展，导致大片的耕地被工厂、道路、城镇建筑占有，世界人均耕地面积正在逐步减少。人类对土地资源开发利用的不当，导致水土流失严重，并出现了世界范围的土地荒漠化。土地资源的丧失和破坏，已经引起人类的高度重视。许多国家的政府拟定各种法规，采取有效措施，引导人民合理利用和保护有限的土地资源。

水资源　水资源是指地球上的河流、湖泊、地下水、冰川等人类可以利用的那一部分淡水资源。水资源是人类最宝贵的自然资源，没有水，人类就无法生存。人类现在可以大量利用的水是只占全球水量0.001%的河水、湖泊淡水和浅层地下水。现在，世界年用水量比1900年增加了近10倍。在一些人口密集、降水较少的地区，缺水现象已经十分严重。由于水短缺、水污染和水浪费形成的淡水资源危机已经出现。保护水资源的有关措施是开源节流，一方面扩大淡水来源，另一方面要节约用水，合理用水，防止和治理水污染。联合国确定每年的3月22日为"世界水日"，旨在促使人们关心水资源日渐短缺的问题。

矿产资源　世界矿产资源的种类繁多，在漫长的地质年代中，因各种矿产形成条件的差异，不同矿产资源的分布也相对集中。世界上的煤炭主要分布在亚欧大陆中部和北美大陆中部。世界上的石油主要分布在波斯湾沿岸地区。世界上的铁矿主要分布在俄罗斯、巴西、中国、澳大利亚、印度、加拿大，这几个国家铁矿的储量约占世界铁矿储量的90%。西亚—北非石油带，从中国华北向西直至英国的亚欧大陆煤带，非洲中部刚果民主共和国与赞比亚之间的铜带和纵贯马来半岛的锡带是世界四大矿带。矿产资源的形成要经过千百万年甚至上亿年的时间，在现有条件下很难再生，开采一点就少一点，有限的矿产资源终究会采完。目前在矿产资源的利用中，存在着一些严重问题。有的滥采乱掘、大量浪费，有的随处堆放对人体有害的矿石，污染环境。为了最大限度地利用有限的矿产资源，必须有计划地勘探和采掘，促进矿产资源的总利用，保护各种矿产资源不被滥采和破坏。①

能源是人类在生活和生产中时刻不可缺少的。人们使用的电器，需要消耗电能；做饭和取暖时需要消耗煤、煤气或天然气；驾驶的汽车、摩托车燃烧的油料也属于能源。以下针对人类可以利用的不同形式的能源类型与用途，做进一步解释。

---

① 王树声：《地理——八年级下册》，78～83页，北京，中国地图出版社，2011。

电能　利用煤、石油、天然气和水力可以发电。煤、石油、天然气的开采和使用已让环境遭到严重破坏，其燃烧引发了光化学烟雾、酸雨和全球变暖等环境问题，并且引发了人们肺病、皮肤病及某些癌症等病症的增加。

核能　核能是一种藏量非常丰富的能源，可供人类大规模长时间利用。核电成本比火电便宜30％至50％。核电站正常运转时，对周围居民的放射性影响几乎可以忽略不计，对环境的污染量也不超过燃煤电站排出的有害气体的污染量。

生物能　传统的烧柴取火，用牛、马拉车，都是在利用生物能。现在生物能利用的新形式是制造沼气，即将秸秆、杂草、树叶、人畜粪便等生物材料放入沼气池中，经过密封发酵后，产生可以燃烧的沼气，能够用来做饭、照明和发电。

地热能　地热能主要来源于地下热水、火山、温泉等，把地下的蒸汽或热水用管道输送到发电机产生电能而为人们所利用。

水能　水能是一种干净的能源。水力发电在世界上非常普遍，尤其是一些多山地区。但筑坝会干扰河流的自然流动，破坏河流两岸脆弱的生态系统，可能会引起严重的环境问题。如果用自然形成的瀑布来发电就可以避免这些问题。

海洋能　月球和太阳引力产生了海洋潮汐，在引潮力作用下，海水时而潮高百尺，时而悄然退去。涨潮时海水流进水坝，可推动涡轮机转动而发电。

太阳能　地球每天接受的太阳辐射能相当于1.73亿座大型发电厂的发电总量，对于人类来说几乎是取之不尽的洁净能源。太阳能在利用上有很大的难度，因为太阳能照在地球上的能量密度太小，过于分散，而且易受天气的影响。目前还不能大规模利用太阳能，因为投资、设备费用很高。

风能　人类很早就知道用风车提水，借风帆行船，现在进一步利用风力带动发电机发电。风能是一种无污染、可再生的能源，多在年平均风速高而且稳定的地区开发利用。[1]

告诉学生，新能源主要包括太阳能、风能、海洋能、核能、生物能和地

---

[1]　王树声：《地理——七年级上册》，68页，北京，中国地图出版社，2011。

热能等。与传统能源相比，新能源污染更小，燃烧时除生成水以外，不会产生二氧化碳、铅化物和粉尘颗粒等对环境有害的污染物质。新能源的储量更大，如果全球风能全部可以利用，每年可以发电53万亿度，是目前世界电力需求量的3.5倍。新能源的分布更广，传统能源分布极其不均衡，而太阳能、风能、生物能等遍布全球。让学生知道，人类利用科学技术在改造自然、提高生活质量的同时，也要加强对环境的保护，同时研究开发利用清洁能源和可再生新能源，减少对有限传统能源的过度消耗。

在人类所需要的各种资源中，非可再生资源受灾后无法或很难恢复，可再生资源受灾后虽然可以再生，但过程非常缓慢。例如，水资源和大气资源遭到破坏后，不仅需要大量的经济投入，往往还需要相当长的时间才能恢复。生物资源虽然数以万计，在总体上属于可再生资源，但一个物种灭绝后，就永远消失且不会再生。土地资源基本利用类型（耕地、林地、草地等）一旦受灾，将导致森林被毁、土壤破坏、草地退化等环境问题。

大气圈中，高低压的强弱及其控制范围的大小、持续时间的长短和移动路径的不同，都可能引起降水、气温等天气要素的频繁波动，产生突变，从而诱发干旱、寒潮等自然灾害。干旱是因长时期无降水或降水量少而造成空气干燥、土壤缺水的一种现象。它由较长时间的气候波动或气候异变引起，常与大气在全球范围内的波动有关，往往可以持续数月，甚至若干年。干旱影响的地域非常广，有时会波及整个国家或部分大陆。旱灾是一种渐发性的自然灾害。在某些地区，即使降水丰富，但是在一段较长的时间内降水异常偏少，水分极度缺乏，不足以维持人们的生产生活需要，甚至危及人和动植物的生存，严重阻碍经济发展，就会酿成旱灾。旱灾常常发生在降水不稳定的干旱、半干旱地区。非洲、亚洲和大洋洲的内陆地区是世界上发生旱灾频率较高的地区，其中非洲是旱灾最严重的地区。寒潮是一种大范围强冷空气活动，主要发生在北半球中高纬地区的深秋到初春季节。形成寒潮的强冷气团聚积在高纬度的寒带，直径可达几千千米，厚度伸展到6 km～7 km高空。当冷气团向暖气团方向猛烈冲击时，就爆发寒潮。所以，寒潮来临前，当地天气越暖，寒潮强度越大。势力强大的寒潮天气可影响到低纬度区域，来势迅猛，所经之处，短期内气温骤降，并伴有大风、雨雪、霜冻等现象，有时还会带来暴风雪、沙尘暴等自然灾害。

岩石圈内部在各种应力①相互作用下，能量聚积达到一定程度时就会以各种形式释放。地应力的释放形成了地震等自然灾害，高低起伏的地表在重力作用和外力作用下，形成了滑坡和泥石流等自然灾害。地壳中的岩石在地应力的长期作用下，会发生倾斜和弯曲。当积累的地应力超过岩层所能承受的限度时，岩层便会突然断裂或错位，使长期积累的能量急剧释放出来，并以地震波的形式向四周传播，使地面发生振动，成为地震。根据震源释放出的能量大小，将地震震级分为 9 级。3 级以下的地震，人们少有感觉，称为微震。5 级以上的地震会造成直接或间接破坏，称为破坏性地震。在大地震发生前的十几秒到二十几秒，往往有地声、地光和地面微动出现。当听到像风或雷鸣的地声，看到蓝、白、红、黄等颜色的地光，或是感觉到地面微动时，千万不要惊慌，应该立即躲在结实的床、桌底下，或是躲到角落、单元房的卫生间里面。这些地方相对来说不易被房顶落下的重物砸到。这就有可能减少随之而来的大震引起的房屋倒塌造成的伤害。在这短暂的时间里，千万不要到处乱跑乱挤或是从楼上往楼下跳，不要停在大烟囱或高墙附近，不要待在楼梯、电梯里面，那样可能会造成更大的伤亡。告诉学生，为了预防地震灾害，平时在家中应准备一些应急用品，如食品、饮用水、衣服、卫生用品、手电、火柴、蜡烛等，还应准备一张应急卡并随时放在身边的衣服口袋里，卡片上写明本人的姓名、地址、血型和联系人姓名。要注意，不要在门口、楼道、走廊堆放杂物，以保持畅通无阻，不把床摆在玻璃窗户旁边，不在衣柜上面放置笨重物品。

滑坡是山地斜坡上不稳定的岩体与土体在重力作用下沿一定滑动面整体向下滑动的地质现象。滑坡一般发生在岩体比较破碎、地势起伏较大、植被覆盖较差的地区。山地丘陵区和工程建设频繁的地区，都是滑坡多发区。滑坡体的位置越高、体积越大，移动速度越快、移动距离越远，滑坡的活动强

---

① 当物体受到外力作用时，在它的内部同时产生一个相对抗的力，这就是内力。单位面积上的内力叫作应力。地应力就是出现在地壳中的应力。

度就越高，危害程度也就越大。

泥石流是山区沟谷中由暴雨、冰雪融水等激发的含有大量泥沙石块的特殊洪流。其特征是突然爆发的流体沿着陡峻的山沟前推后拥、奔腾而下，在很短的时间内将大量泥沙石块冲出沟外，漫流堆积。地形陡峻、具有丰富的松散物质以及短时间内有大量水流的地区是泥石流的多发区。滑坡和泥石流危害很大，滑坡会破坏或淹埋坡上和坡下的农田、建筑物和道路，造成人员伤亡。泥石流往往在很短时间内，流出数十万乃至数百万立方米的物质，堵塞江河，摧毁城镇和村庄，破坏森林、农田、道路，对人民的生命财产、生产活动以及环境造成很大危害。由于滑坡、泥石流大多发生在持续暴雨后，所以大多可以防患于未然。山区、半山区的村庄，在暴雨过后应格外警惕滑坡现象的发生，如有迹象则马上转移疏散，待形势稳定后应设法与外界联系，求得救助。在野外遇到泥石流时，要向垂直于泥石流前进的方向跑，切忌顺着滚石方向往山下跑，要特别注意保护好头部。泥石流的面积一般不会很宽，可根据现场地形，向未发生泥石流的高处逃避。在山区扎营，不要选在谷底排洪的通道，以及河道弯曲、汇合处。

水圈包括海洋、河流、湖泊、水库等，水圈中主要有洪水、雨涝等自然灾害。洪涝主要包括洪水和涝渍两种类型。洪水是特大地表径流不能被江河、湖库容纳，水位上涨而泛滥的现象，一般发生在以降水为主要补给的河流汛期。涝渍是洼地积水不能及时排除的现象，多发生在蒸发弱、排水不畅的低洼地。由于洪水和涝渍往往接连发生，在低洼地区很难截然分开，所以通常称为洪涝。从气候因素看，洪涝集中在中低纬度地区，主要是亚热带季风区、亚热带湿润气候区、温带海洋性气候区。从地形因素看，江河的两岸，尤其是中下游地区，是洪水的直接威胁区。遭遇突然发生的洪水时，不要惊慌失措，而应该尽量逃向高处，登上坚固建筑的屋顶、大树、山丘和高坡等，以获得逃生的机会。如果不能逃脱，要借助家中的木制家具或尽可能抓住木板、树干等漂浮物，尽量不让身体下沉，等待救援。警惕和防止被毒蛇、毒虫咬伤以及倒塌电杆上电线的电击。对于家中财物，不要斤斤计较，更不能只顾家产而忘记生命安全。为了保护财产，在离开住处时，最好把房门关好，这样待洪水退后，家产尚能物归原主，不会随水漂走。

在生物圈中，各个生态系统内部是以生产者、消费者和分解者数量的稳定为平衡标准的。一旦系统失去平衡，或生物体自身的平衡因素被破坏，有害生物大规模繁殖，就会导致病害、虫害和鼠害以及赤潮等自然灾害的形成。病害的发生与作物所处环境有关，气候变异等造成的不良环境使得作物对病害抗性降低。例如，过度潮湿容易引起小麦锈病、稻瘟病，干旱容易引起小麦白粉病等。外来病原体入侵也是病害流行的主要原因。病害使农作物、树木染病从而枯萎甚至死株，导致大面积农田、森林被毁坏。此外，虫害和鼠害也是森林和农业发展的大敌。最具危险性的森林虫害，具有染病容易、致死速度快、蔓延迅速等特点。而鼠害啃咬植株，在地下打洞，危害植物根系，使农业减产，森林草地遭到破坏。引起虫害和鼠害的有害生物，普遍具有繁殖快、适应能力强等特点。适宜繁殖的气候条件、自然或人为因素造成的天敌减少等，都有可能使害虫和害鼠大规模地爆发或流行起来。[①]

二、"地球家园"模块实验活动与概念建立

"地球家园"模块中的核心概念是"地球是人类赖以生存的家园"。教师把本模块的核心概念自上而下分解，找到支撑核心概念建构的科学事实（知识点和实验活动），在教学中，教师自下而上引领学生开展探究学习，为核心概念建构搭建脚手架。例如，实验活动"校园模型"中的分解概念为：

第一，一个模型能表现地形和建筑物。

第二，地图能从模型中生成，地图能表现地形和建筑物。

第三，地图学家是制作地图的人。

第四，地图可以从一种尺度转化为另一种尺度（比例尺）；地图相比模型更便于携带。

学生在实验过程中要将这些分解概念联系起来，进而为逐层建构核心概念奠定基础。

学生需要运用的探究过程技能为：

---

① 王静爱：《地理——选修5》，8～16页，北京，人民教育出版社，2014。

第一，建立一个校园模型。

第二，从模型上方抽象出校园地形和建筑物的位置。

第三，将抽象的地形信息转化为地图网格中不同尺寸的图形。

第四，比较模型与地图中的信息。

第五，交流与表达本组的实验结果，其他组倾听并表达认同或质疑的原因。

以上分解概念与探究过程技能是在 3 个实验中完成的，学生在学习过程中要将这些分解概念联系起来，进而为逐层建构核心概念奠定基础。通过建立模型、抽象、概括、归纳、比较交流与表达等探究过程技能训练，旨在让学生不仅能动手做，而且会动脑想。在实验操作过程中学会思变，让他们能够运用科学探究方法解决日常生活问题，同时学会利用科学语言提升与他人交流和沟通的能力。

实验活动：校园模型[①]

🎓 授课对象

5～6 年级学生。

📋 学习目标

1. 建造一个学校区域的三维模型。

2. 体验地图如何源于模型。

3. 认识模型和地图是表现地形和人类建筑物的方式。

4. 观察和比较模型与相关地图的内容。

5. 运用科学思维过程进行调查并建立解释：观察、交流、比较、组织和联系。

[①] Lawrence Hall of Science，University of California at Berkeley. *FOSS Teacher Guide—Land form*，Nashua，Published and distributed by Delta Education，2004，pp. 165-182.

实验1：建立校园模型

【实验概要】

学生两人一组，相互配合建立一个校园模型，利用提供的实验材料制作模型。

【实验材料】

每组 2 人

数量	名称	备注
1	带孔的塑料盘	
1	直尺	30 cm
2	三角板	
4	搅拌棒	
2	塑料杯	
1	导流管	
2	学生记录单	

每班

数量	名称	备注
	砝码	
	土壤	1 kg
	细沙粒	1 kg
	报纸	
	纸巾	

【实验指导】

1. 提问学生："什么是模型？你见过哪些模型？"教师解释，模型的一个用途是帮助人们理解和可视化大范围的物体是什么样的，类似校园或公园的模型可以帮助人们认识和发现特定的地方。

2. 学生两人一组，彼此合作，指导建议如下。

(1)盘子下面放报纸接着碎的土。

(2)把盘子里的土分成两等份。

(3)用三角板把盘子1/2的土推在盘子一边，推成20 cm高，另一边也推成20 cm高。

(4)用三角板固定盘子里土的位置。

3. 讨论小塑料块可以代表什么，如建筑物等。

4. 讨论操作过程。考虑校园模型中的各个组成部分，模型的边界，模型中的建筑物和地形，建议用直尺勾勒出轮廓和模型特征。

5. 摆放各部分材料，建立校园模型。

6. 观察模型。细化模型特征细节，然后观察其他组的模型，注意模型细节之间的相似点和不同点。

7. 讨论模型。重新召集各组同学简短描述模型的内容，报告模型的边界和建筑物等。强调对模型的描述没有正确或错误之分，每个模型可以表现不同的细节。

8. 建立关于模型的科学词汇库。要求学生为词汇库增加科学词汇。当词语被提出时，复习每一个词的含义。

· 模型。

· 边界。

· 结构。

9. 建立内容/探究表。在内容/探究表中列出陈述概念，总结在这个实验中所学到的知识。为了引出(发生、产生)陈述，问学生他们在实验中学到了什么。如果他们需要提示，就问与刚完成调查有关的问题，并尽可能多地用学生的语言在图表纸上写出答案。

· 模型里包括哪些校园特征？

· 你如何向别人描述你的模型？

实验2：观察校园模型

【实验概要】

学生在校园模型上方放一个透明塑料网格，临摹模型中的地形和建筑物的位置。

【实验材料】

每组 2 人

数量	名称	备注
1	校园模型	
2	透明塑料网格	
1	油笔	

每班

数量	名称	备注
	投影机	
	模型幻灯片	

【实验指导】

1. 介绍地图概念，提问学生：怎样让模型便于搬运？

2. 介绍制图学和制图人员，制图的一个方法是用网格把模型的信息转化成地图。

3. 运用覆盖网格描绘地面。把网格垂直放在模型的上方，用油笔描绘建筑物和地形的轮廓。

4. 分配和分类覆盖网格。拿走网格，用 10~15 分完成制图过程，教师观察学生开始应用符号和标记在网格上表现地图的内容。

5. 增加新的科学词汇到科学词汇库。

· 地图。

· 制图学。

· 网格。

6. 建立内容/探究表，在内容/探究表中增加新的概念。

· 地图里要包含模型中的所有信息。

· 如何利用网格绘制校园地图？

实验 3：制图

【实验概要】

学生把透明塑料网格中的地形信息转化成地图网格中不同尺寸的图形，比较模型与地图中的信息。

【实验材料】

每组 2 人

数量	名称	备注
2	透明塑料网格	
2	地图网格纸	

每班

数量	名称	备注
	彩笔	
	铅笔	
	薄纸	
	纸巾	

【实验指导】

1. 介绍地图网格。描述见过和使用过的地图，比较地图网格法和覆盖透明网格两种形式绘制地图的相同点和不同点。

2. 讨论比较结果。都有相同数量的方格，地图网格的方格比覆盖透视网格的方格面积小一些。覆盖网格上的每一个方格对应地图网格上的每一个方格。

3. 讨论怎样转换信息。你怎样使用网格纸绘制一张校园模型的纸制地图，引导得出结论：使用网格转换代表地形和建筑物的线条到相应的纸制地图的相应方格中。

4. 介绍地图要素，地图符号。颜色、形状、纹理代表不同事物，如建筑物、道路、地形等。讨论符号怎样能表示纸制地图上的特征，学会如何标注地名。

5. 绘制纸制地图，先用铅笔，再用彩笔。绘制完成后，展示并比较地图和相应的模型。

6. 增加新的科学词汇到科学词汇库。

•地图符号。

•要素。

7. 建立内容/探究表，在内容/探究表中列出实验中的问题。

•为什么地图上包含的地图要素很重要?

•为什么要使用符号代表建筑物、地形和其他事物?

8. 讨论模型。比较模型上的尺寸与实际物体的大小,描述从一个地方到另一个地方的路线,描述防火安全通道路线。

【扩展阅读】

推荐一些与"地图与模型"内容相关的书目给学生,阅读使他们可以获取更多的信息。

第五章　技术与工程内容体系解析

　　从人类磨制石器、钻木取火开始，技术为满足人类生产生活的需要而开始了它的历史旅程。人类在生活中，需要着衣以遮身御寒，于是有了缝制、纺织、印染技术；需要进食以补充能量，于是有了食品烹饪加工技术以及农作物栽培、家畜饲养技术的产生；需要住所以遮风避雨、抵御外来侵袭，于是有了建筑技术的产生；需要出行以认识更广阔的世界，于是有了车船制造技术的产生；需要交往以保持与别人的联系，于是有了通信邮电技术的产生。技术是解决问题的方法及方法原理，是指人们利用现有事物形成新事物，或是改变现有事物功能、性能的方法。技术应具备明确的使用范围和被他人认知的形式和载体，如原材料（输入）、产成品（输出）、工艺、工具、设备、设施、标准、规范、指标、计量方法等。

　　技术的产生和发展，能更好地满足人们的需求，使人们的生活更加精彩。如纺织技术的产生和发展为人们提供了种类繁多、功能各异的面料，而缝制技术的产生，则使服装的制作更加简易、快捷。色彩、面料、款式各异的服装把人们的生活装点得更加多姿多彩。同时，技术也具有保护人、解放人和发展人的作用。它首先为人类提供了抵抗不良环境，防止野兽、病菌等侵害的手段和工具，从而使人类在适应自然的过程中生存下来。人往往需要依靠技术保护自己。技术对人的解放作用表现为人依靠技术解放或延伸了自己的手、脚、眼、耳、脑等身体器官，拓展了活动空间，提高了劳动效率，增强了利用自然、保护自然、合理改造自然的能力。人类在探究技术、使用技术、发展技术的过程中，不仅改变着客观世界，而且改变着主观世界。技术促进人的精神和智力的发展，使人的创新精神和批判能力得到提高，思维方式发生转变，自我价值得以实现。[①]

工程是科学和数学的某种应用，通过这一应用，使自然界的物质和能源的特性能够通过各种结构、机器、产品、系统和过程，是以最短的时间和最少的人力、物力，做出高效、可靠且对人类有用的东西。将自然科学的理论应用到具体工农业生产部门中形成的各学科的总称。工程本来的含义是有关兵器制造、具有军事目的的各项劳作，后扩展到许多领域，如建筑屋宇、制造机器、架桥修路等。随着人类文明的发展，人们可以建造出比单一产品更大、更复杂的产品，这些产品不再是结构或功能单一的东西，而是各种各样的所谓"人造系统"（比如建筑物、轮船、铁路工程、海上工程、飞机等），于是工程的概念就产生了，并且它逐渐发展为一门独立的学科和技艺。在现代社会中，"工程"一词有狭义和广义之分。就狭义而言，工程定义为"以某种设想的目标为依据，应用有关的科学知识和技术手段，人为将某一现有实体转化为具有预期使用价值的人造产品过程"。就广义而言，工程则定义为"由人为达到某种目的，在一个较长时间周期内进行单独或协作活动的过程。"

第五章主要就技术与工程主题下每个模块进行概念分解，围绕核心概念组织教学，将分解概念的知识与教学中遇到的问题做详细讲解，在小学阶段如何通过实验活动建立该概念。

第一节 "技术与生活"模块教学指导

一、"技术与生活"模块概念分解与内容解析

（一）"技术与生活"模块概念分解

"技术与生活"模块概念分解见表21。

---

① 顾建军：《通用技术——技术与设计1》，3~5页，南京，江苏教育出版社，2015。

表 21 "技术与生活"模块概念分解

核心概念	分解概念	概念分级	科学事实
人们为了使生产和生活更加便利、快捷、舒适，创造了丰富多彩的人工世界	人工世界和自然世界不一样	低层级：知道植物、动物、河流、山脉、海洋等构成了自然世界，而建筑物、纺织产品、交通工具、通信工具等构成了人工世界；知道我们周围的人工世界是由人设计并制造出来的	通过观察周围的环境，发现自然世界和人工世界的不同
		中层级：区分生活中常见的天然材料和人造材料	
	工程和技术产品改变了人们的生产和生活	低层级：体会生活中的科技产品给人们带来的便利、快捷和舒适	使用手机、电饭煲、洗衣机等常见的科技产品，掌握使用的方法；调查当地的工程项目，了解其设计进程和功用
		中层级：举例说出制造技术、运输技术、建筑技术、能源技术、生化技术、通信技术的产品	
		高层级：知道重大的发明和技术会给人类社会发展带来的深远影响和变化；知道某些科技产品可能对人类生活和环境产生负面影响	

教师在讲"交通工具"时，列举大量科学事实，如自行车的车把与车架构成轮轴；刹车装置运用了杠杆原理；变速器是齿轮组合系统；车蹬、曲轴与中轴分别构成两个轮轴；传动系统虽用齿轮，但从工作原理看，实际上是一个滑轮组合。在此基础上，教师进一步引导学生建构"自行车由不同构件组成，各个构件相互配合，形成一个系统"这个分解概念。当学生再学习"人的呼吸""植物的生长"以及"生物圈"等内容时，形成相应的分解概念。尽管这些内容不是在同一章节完成的，但教师要在学生学习这一过程中进行适时梳理总结，揭示各个部分相互配合、相互依存，最终在学生头脑中形成"系统与相互作用"这一核心概念。再如，讲"天然材料与人造材料"时，教师让学生用一只手握紧一个生马铃薯，用另一只手拿塑料吸管，试着用吸管切下一块马铃薯。然后，再把大拇指压到那根塑料吸管的一端上，然后往马铃薯里面插，

让学生体会两种方法有什么不同。当学生再学习"金属的性质""橡胶的性质"时，形成相应的分解概念，最终帮助学生建立"不同材料有不同的性质，人们根据材料的性质，选择处理材料的方法"这一核心概念。

科学技术与人们的日常生活息息相关。从远古时代，人类在夜间依靠星星和月亮投射而来的微弱的光亮照明，直到 170 万年前，人类发现雷击和火山爆发所产生的天然火可以照明，并学会将其引入洞穴、保持火种。之后，人类掌握了以石击石、钻木取火的人工取火技术，人类历史才真正进入了人工照明的时代，人类"日出而作，日落而息"的生活方式发生了改变，活动时间得以延长。为了满足照明方面不断发展的需求，人类逐渐有意识地采用各种方法和手段发明和改造了灯具。火把是灯具的雏形，但是其照明不够持久和方便。旧石器时代，人类在煮食动物时发现动物油脂易燃，于是学会将动物油脂盛在空心石头或海螺里点燃，这样就有了最原始的灯。后来发现松脂比动物油脂更清洁，于是植物油灯日益取代了动物油脂灯。人类学会以植物油为原料制成蜡烛以后，蜡烛的应用得到推广。采矿技术和化工技术的发展使煤油灯、煤气灯得以问世。19 世纪以来，人类获取人造光的途径和手段更加丰富，同时对照明也有了新的需求，希望人造光能够更亮、更省、更清洁、更高效、更安全，技术的发展则很好地实现了这些要求。1906 年，爱迪生以钨丝为灯丝发明了家用电灯泡。以后，白炽灯、日光灯、节能灯以及当代利用高科技发明的各种高科技灯如雨后春笋般登上照明的舞台，极大地方便了人们的生产和生活。[1]

(二)"技术与生活"模块内容解析

任何技术的产生和发展，都是人类有意识、有目的活动的成果。它总是从一定的具体目的出发，针对具体的问题，形成解决的方法，从而满足人们某方面的具体需求。教学中，教师以"助听器"为例，对于听觉不太灵敏的人来说，能自如地听到外界的声音、正常地与人交流，是一件梦寐以求的事情。助听器的发明正是从这一愿望出发，使他们的梦想变为现实。为了使听觉不太灵敏的人清楚地听到外界的声音，人们做过很多尝试。例如，在椅子与椅

① 顾建军：《通用技术——技术与设计 1》，3 页，南京，江苏教育出版社，2015。

子之间通过管子传送声音，使之不会消散。但是耳聋的人需要的是能将声音放大，并方便佩戴的助听工具。1923 年，马可尼公司研制出由电子管控制的助听器，装在一个 16 磅的盒子里。后来，电子管趋于小型化，人们可以把电子助听器做成盒式照相机一样大小。但是，这么大的助听器还是没有办法佩戴，人们需要一种更小巧、更轻便的助听器。20 世纪 50 年代，晶体管的问世带领人们进入了微型化的时代，人们把助听器中的微型电路做成了针头一样大小，这样的助听器既可以将放大的声音更清晰地传入耳中，又方便佩戴，从而使耳聋人与外界交流更加便捷。基于这一案例，教师可以提问，"助听器这一技术发明是从什么具体目的出发的？这一技术解决了什么具体问题以及满足了什么具体需求？"进而让学生理解技术的目的性体现在丰富多彩的技术活动之中。人类有目的、有计划、有步骤的技术活动推进了技术的不断优化和不断发展。

技术的创新性是技术发展的核心所在，也是技术对人类富有挑战意义的内在原因。在人类历史的长河中，每一项技术的问世都是创新的结果。技术的发展需要创新。技术创新常常表现为技术革新和技术发明。技术革新一般是在原有技术基础上的变革和改进，技术发明则是一项新技术的产生。历史上一些重要的技术发明对技术发展具有巨大的推动作用。例如，手机的发明与改进，手机又名移动电话，是可以握在手上的移动电话机。1946 年，贝尔实验室造出了第一部所谓的移动通信电话。但是，由于体积太大，研究人员只能把它放在实验室的架子上，慢慢人们就淡忘了。1973 年 4 月，美国工程技术员马丁·库帕发明世界上第一部推向民用的手机，从此他也被称为现代手机之父。从 1973 年手机注册专利，一直到 1985 年，才诞生出第一台现代意义上真正可以移动的电话。它是将电源和天线放置在一个盒子中，重量达 3 kg，非常重而且不方便，使用者要像背包那样背着它行走，所以就被叫做"肩背电话"。与现在形状接近的手机，诞生于 1987 年，与"肩背电话"相比，它显得轻巧得多，而且容易携带。尽管如此，其重量仍有大约 750 g，与今天仅重 60 g 的手机相比，像一块大砖头。从那以后，手机的发展越来越迅速。1991 年，手机的重量为 250 g 左右；1996 年，出现了体积为 100 cm³，重量为

100 g 的手机。此后又进一步小型化、轻型化，到 1999 年手机重量就减至 60 g 以下。也就是说，一部手机比一枚鸡蛋重不了多少了。除了质量和体积越来越小以外，新型的手机还可以用来收发邮件、上网、玩游戏、拍照，甚至看电影，这是最初的手机发明者所始料不及的。直至现在，手机已经成为人们生活中非常重要的工具，并且功能将会越来越多样化。告诉学生，技术的创新是一个艰难而曲折的过程，有时一个产品往往要经历漫长的进化过程，需要不断更新换代。技术的不断革新是通向技术发展之路的重要机制。

技术活动往往需要综合运用多种知识，技术具有跨学科的性质。技术的综合性是技术的内在特性，每一项技术都需要综合运用多个学科、多方面的知识。小到桌椅的制作技术，大到航空航天技术，都是多种知识共同作用的结果。教学中，可以让学生尝试做一个小板凳，在做板凳之前，可以引导他们思考，制作一个小板凳需要考虑哪些因素？如稳固性、舒适度、美观性等。告诉学生，科学和技术是两个不同的概念。科学是对各种事实和现象进行观察、分类、归纳、演绎、分析、推理、计算和实验，从而发现规律，并予以验证和公式化的知识体系；技术则是人类为满足自身的需求和愿望对大自然进行的改造。科学侧重认识自然，力求有所发现，技术侧重利用和合理改造自然，力求有所发明；科学回答"是什么""为什么"的问题，技术则更多回答"怎么办"的问题；科学通过实验验证假设，形成结论；技术则通过试验，验证方案的可行性与合理性，并实现优化。在古代，技术推动了当时实用科学的发展，而当时的科学对技术的影响甚微，往往只有依靠长期的经验积累而形成的技能和手艺。到了现代，科学研究为技术发展拓展空间，成为技术发展的重要基础。同时，技术发展也促进科学的应用延伸。科学促进技术发展，技术推动科学进步。除此以外，技术不仅与科学有着紧密联系，而且与其他学科也有着千丝万缕的联系，如当代技术与艺术的关系就十分密切。技术常常涉及工具、材料、技能、工艺、程序等，而艺术则涉及人类的价值观、审美观、艺术修养等。艺术能触发智慧的火花，激发技术创造的想象力，而技术进步也会带来艺术创作方式的改变。

任何事物客观上都具有两面性，技术也不例外，这就是技术的两面性。

它既可以给人们带来福音，也可能给人们带来危害。例如，电池可以随时随地为人类带来光明和动力，但是任意丢弃的废电池中所含的重金属会对环境造成巨大的破坏，一粒纽扣电池就能污染 60 万升水。没有实用价值的技术，就无法满足人类的需求，也就没有存在的意义。但是，如果技术的实用价值被人为发展到不恰当的地步，甚至不考虑技术对环境、对他人造成的不良影响而盲目地追求功利性，这就违背了技术的本义，走向了它的反面。在技术发明和使用的过程中，应该避免急功近利、目的不良、使用不当等情况的发生，始终坚持技术造福人类的信念。例如，信息技术的发展使人们之间的沟通和交流更加便捷高效的同时，也给人们带来了很多困扰，产生了许多利用现代信息和电子通信技术从事犯罪的活动，如非法截取信息、窃取各种情报、复制与传播计算机病毒等。

现代技术的发展，也挑战着传统的伦理道德观念。由技术引发的伦理道德问题，已经引起了人们的关注和反思，如克隆技术的出现。克隆在广义上是指利用生物技术由无性生殖产生与原个体有完全相同基因组织后代的过程。克隆技术只需从动物身上提取一个单细胞，用人工的方法将其培养成胚胎，再将胚胎植入雌性动物体内，就可孕育出新的个体。这种以单细胞培养出来的克隆动物，具有与单细胞供体完全相同的特征，是单细胞供体的"复制品"。英国科学家和美国科学家先后培养出了"克隆羊多利"和"克隆猴"。克隆技术的成功，被人们称为"历史性的事件，科学的创举"。有人甚至认为，克隆技术可以同当年原子弹的问世相提并论。如果把克隆技术应用于畜牧业生产，将会使优良牲畜品种的培育与繁殖发生根本性的变革。若将克隆技术用于基因治疗的研究，就极有可能攻克那些危及人类生命健康的癌症、艾滋病等顽疾。但同时，在理论上，利用同样方法，也可以复制"克隆人"，这意味着以往科幻小说中的独裁狂人克隆自己的想法是完全可以实现的。"复制"人引起了全世界的广泛关注。对人类来说，克隆技术是悲是喜，是祸是福？世界上的任何事物都是矛盾的统一体，都是一分为二的。克隆技术也是这样，即使"复制"普通人，也会带来一系列的伦理道德问题。克隆技术犹如原子能技术，是一把双刃剑，剑柄掌握在人类手中。人类应该采取联合行动，避免"克隆人"

的出现，使克隆技术造福于人类社会。

技术的专利性是技术作为创造性劳动的成果，是技术发明者智慧和劳动的结晶，它凝结着丰富的社会价值和经济价值。在技术实现其价值的过程中，技术发明者对此享有一定的权利，这些权利受到法律的保护。知识产权制度正是保护技术发明者的合法权益，对技术创新活动，从发明创造的构思开始，一直到研究、开发、实现产业化、走向市场这一全过程，起激励、信息传播和市场保护作用的制度。知识产权是人们基于自己的智力活动创造的成果和经营管理活动的标记、信誉而依法享有的权利。广义上包括著作权、邻接权、商标权、商号权、商业秘密权、产地标记权、专利权、集成电路布图设计权等各种权利。狭义上包括著作权、专利权、商标权三个部分。知识产权制度体现了市场经济条件下人们对知识的尊重和保护。它允许专利所有权人对专利技术具有一定的垄断性，使其专利技术和产品在一定时间内独占市场，从而获得丰厚的回报，保持发明创造的积极性，使技术创新活动走向良性循环。专利制度是技术、法律、经济三位一体的知识产权保护最重要的形式，是以技术上的发明创造为基础，在专利法的保护下，以独占市场为主要特征，以谋求发明创造活动最大经济效益为目标的国际公认和通行的手段。专利权是不能自动取得的，对于符合新颖性、创造性、实用性的发明或实用新型技术，必须履行专利法所规定的专利申请手续，向国家专利局提交必要的申请文件，经过法定的审批程序，最后审定是否授予专利权。[①]

二、"技术与生活"模块实验活动与概念建立

"技术与生活"模块中的核心概念是"人们为了使生产和生活更加便利、快捷、舒适、创造了丰富多彩的人工世界"。教师把本模块的核心概念自上而下进行分解，找到支撑核心概念建构的科学事实（知识点和实验活动），在教学中，以分解概念为切入点，教师自下而上引领学生开展探究学习，为核心概念建构搭建脚手架。例如，实验活动"黑匣子"中的分解概念为：

第一，黑匣子是一个未知系统，通过实验和推理来研究其内部结构等

---

① 顾建军：《通用技术——技术与设计1》，11～18页，南京，江苏教育出版社，2015。

问题。

第二，模型是对某个不能直接观察到的系统的一种表述和解释。

第三，模型可以通过文字和图画交流，它可以是具体的，也可以是抽象的。

第四，虹吸管是一根能够用引力把液体从容器低处移到高处的管子。

学生需要运用的探究过程技能为：

第一，建立模型来解释系统是如何工作的。

第二，基于对先前实验的感官认识，形成并验证假设。

第三，交流与表达本组的实验结果，其他组倾听并表达认同或质疑的原因。

以上分解概念与探究过程技能是在 2 个实验中完成的，学生在实验过程中要将这些分解概念联系起来，进而为逐层建构核心概念奠定基础。通过建立模型、形成并验证假设、交流与表达等探究过程技能训练，旨在让学生不仅能动手做，而且会动脑想。在实验操作过程中学会思变，让他们能够运用科学探究方法解决日常生活问题，同时学会利用科学语言提升与他人交流和沟通的能力。

实验活动：黑匣子[①]

观看扫描二维码实验视频

📖 授课对象

5~6 年级学生。

📋 学习目标

1. 通过对黑匣子的观察，激发学生用感官去聆听、触摸等。

2. 基于对黑匣子的感官认识，形成并验证假设。

---

① Lawrence Hall of Science，University of California at Berkeley，*FOSS Teacher Guide—Model and Design*，Nashua，Published and distributed by Delta Education，2004，pp. 97-113.

3. 通过文字和图画进行交流。

4. 运用科学思维方法，进行探究和解释：观察、沟通、比较、组织以及表述。

实验1：探究黑匣子

【实验概要】

学生通过多种感官观察密封的黑匣子里面是什么。他们同其他同学共同尝试探究同一个黑匣子，设计出一个概念模型来解释黑匣子里面是什么。

【实验材料】

每组4人

数量	名称	备注
1	塑料黑匣子	
1	玻璃球	
1	长方形海绵泡沫	
1	三角形海绵泡沫	
4	活动记录单	

每班

数量	名称	备注
	剪刀	
	双面胶胶带	

【实验指导】

1. 教师手持黑匣子，轻轻摇晃并告诉学生，这里有一个匣子，听起来里面好像有一些东西，但是不知道是什么，因为这个匣子不能打开，我希望在座的每位同学和你的同伴去了解匣子里面是什么东西。

2. 说明实验要求，使学生深深地意识到，虽然这个匣子是可以用技巧打开的，但这不是怎么打开匣子的问题，它是关于解决在不打开匣子的条件下，知道里面是什么的一项活动。请遵守以下规则。

(1)保持匣子一直处于关闭状态。

（2）匣子上没有绘画印记，甚至被清除的印记。

（3）不能粗暴地摇晃或者使劲挤压匣子而导致破碎。

3. 每组调查一个匣子，教师指导学生轮流进行调查，确保每名学生都有参与的机会。几分钟后，问学生都发现了什么？当有人提出匣子里有可能有玻璃球时，大家一致表示同意后，确认每个匣子里确实有一个玻璃球。告诉学生：每个匣子里确实有一个玻璃球，这是事实，但是匣子里还有其他东西。

4. 建议学生用图画的方式，展示匣子里面的情况，但要提醒他们不要在匣子上涂写和画画。全班讨论，每组选出一名发言人，解释他们画的匣子里面会是什么？当学生的画在黑板上展示时，告诉学生，他们绘画示范的就是"模型"，模型代表或解释某个事物是怎么工作的。人们通常把特别大（太阳系）和特别小的物体（原子），或者看不透和不了解的东西，用模型表示，例如黑匣子。

5. 告诉学生：模型图是用来交流信息和想法的，建立模型是其中的一部分，让每组轮流解释他们的模型图。有些组的黑匣子里面是一个三角形的物体，有些组的黑匣子里面是一个方形的物体。

6. 让学生充分交流在他们没有打开黑匣子的情况下，就能细致地完成这一复杂的项目。让学生分享彼此解决问题和得出结论的过程。

7. 告诉学生：科学家通常要经过很多次尝试才能解决一个问题，之后他们会把如何解决问题的方法撰写成文章，并发表在相关的科学杂志上，这就叫作研究论文。当其他科学家阅读到这篇论文时，他们会找到对这一问题有共同兴趣的科学家们一同探讨，他们会举办一场研讨会，大家聚在一起，共同交流研究一个问题，这就是合作。你们的研究成果也可以写成一篇文章。

8. 建立关于探究黑匣子的科学词汇库，要求学生为词汇库增加科学词汇。当词语被提出时，复习每一个词的含义。

· 黑匣子。

· 模型。

9. 建立内容/探究表，在内容/探究表中列出在实践活动中获得的相关知识概念，让学生综述在实验中他们学到了什么，如果需要提示，就提出与他们探究活动相关的问题，并尽可能用他们自己的语言在记录纸上写出答案。

· 你怎样描述一个模型？

实验 2：压水机

【实验概要】

学生观察一个只有 100 mL 水注入，却可以流出 500 mL 水的装置。画一个模型来解释压水机是如何工作的。

【实验材料】

每组 4 人

数量	名　称	备　注
1	有孔的黑箱纸盒	
1	漏斗	
1	胶皮管	
1	手电筒	
1	下端带孔的水杯	600 mL

每班

数量	名　称	备　注
	剪刀	
	双面胶胶带	
	小烧杯	100 mL
	大烧杯	500 mL

【实验指导】

1. 教师提前将 400 mL 水倒入大烧杯中，水完全淹没橡皮管顶部的位置。开始正式实验时，告诉学生，当把 100 mL 水倒入漏斗时，橡皮管通过一个有孔的黑箱纸盒，就得到了 500 mL 水。

2. 告诉学生：这个黑箱纸盒是一个黑匣子，我们能够看到它的运行现象，但是却不知道它的运行原理，你们的任务是画一个模型图，然后解释你们是怎样只倒入 100 mL 水，而得到 500 mL 水的，画出你们自己的模型图。

3. 让学生自己动手操作，但是提醒他们不要拿起或倾斜这套系统，倒水并观察。

4. 当学生操作时教师观察，并提问下列问题。

(1)你是怎样操作的？

(2)你是怎样证明你的想法的？

当学生向全班展示自己的模型图时，让他们用所观察到的现象说明、解释他们的模型图。当学生解释他们的模型图是如何操作时，为其他同学留出时间提问。

5. 阐述原理。当许多模型图被展示和讨论后，为了学生观看方便，教师可以从纸盒中移开容器和软管。学生可能会询问："它是什么？"告诉学生：这是用橡皮管制成的一个有趣的观察实验，利用液面高度差的作用力现象，将液体充满一根倒 U 形的管状结构内部以后，将开口高的一端置于装满液体的容器中，容器内的液体会持续通过橡皮管从开口于更低的位置流出，这种现象叫作虹吸现象。如果学生想进一步研究虹吸现象，鼓励他们制订实验计划，牢记虹吸原理。

6. 建立关于压水机的科学词汇库，增加新的科学词汇到科学词汇库。

· 虹吸现象。

7. 建立内容/探究表，在内容/探究表中列出在实践活动中获得的相关知识概念，让学生综述在实验中他们学到了什么，如果需要提示，就提出与他们探究活动相关的问题，并尽可能用他们自己的语言在记录纸上写出答案。

· 我们是否可以将虹吸原理运用到日常生活中？

【扩展阅读】

推荐一些与"技术应用"内容相关的书目给学生，阅读使他们可以获取更多的信息。

第二节 "技术发明"模块教学指导

一、"技术发明"模块概念分解与内容解析

(一)"技术发明"模块概念分解

"技术发明"模块概念分解见表22。

表 22　"技术发明"模块概念分解

核心概念	分解概念	概念分级	科学事实
技术的核心是发明，是人们对自然的利用和改造	技术发明通常蕴含着一定的科学原理	中层级：知道一些著名工程师、发明家的研究事迹，了解他们的设计和发明过程	通过阅读了解一些著名工程师和发明家；通过查阅资料，学习他们努力创新的精神；观察生物运动系统结构，了解它们与仿生机械的关系
		高层级：知道很多发明可以在自然界找到原型，能够说出工程师利用科学原理发明创造的实例	
	技术包括人们利用和改造自然的方法、程序和产品	低层级：认识周围简单科技产品的结构和功能	尝试分解简单科技产品，了解各部分之间的功能
		中层级：举例说出改变方法和程序可以提高工作效率	
		高层级：认识生活中保温、防霉、防锈等技术的应用	
	工具是一种物化的技术	低层级：认识常见工具，了解其功能；使用工具对材料进行简单加工；描述肉眼观察和简单仪器观察的不同	操作和使用简单工具，对身边物品进行简单加工、测量；体会使用工具的优越性；通过使用简单机械，体会机械能够省力，工作更加方便；在生活中寻找应用实例，观察它们的结构和作用，运用简单机械的传递改变力的大小
		中层级：使用和制作简易的古代的测量仪器模型，如日晷、沙漏等；知道使用工具可以更加精确、便利和快捷	
		高层级：知道完成某些任务需要特定的工具；知道杠杆、滑轮、轮轴、斜面等常见的简单机械；使用杠杆、滑轮、轮轴、斜面等简单机械解决生活中的实际问题	

　　教师在讲"杠杆"时，首先告诉学生，什么是杠杆？杠杆是在力的作用下，能绕固定点转动的一根硬棒，硬棒绕着转动的点叫作支点，绕支点转动的力称为动力，阻碍转动的力称为阻力。之后，教师可以让学生列举应用杠杆原

理的例子，学生通过讨论与先前经验建立联系。通过学习"杠杆"，强调发展学生的观察能力、分析能力和比较能力，建立基于经验的概念。而教师在讲授这部分内容时，应避免把杠杆本身作为教学重点，讲授各种杠杆应用的具体实例，而没有告诉学生杠杆变化的原因与哪些条件有关。如果教师能提问学生，"你认为杠杆的平衡与哪些因素有关？"学生头脑中会有各种答案。此时，教师可以和学生一起通过实验讨论杠杆的平衡因素，结合之前列举有关杠杆的科学事实，帮助学生理解"杠杆可以省力或者减小作用力的移动距离，杠杆广泛应用于人们的生活中"这一分解概念。在讲"轮轴"时，告诉学生，轮轴是由具有共同转轴的两个大小圆轮组成的装置，习惯把大轮称为轮，小轮称为轴。通过列举轮轴应用的实例，例如，汽车方向盘、风车以及螺丝刀等，帮助学生理解"使用轮轴提升物体，既可以省力，也可以改变提升时的用力方向"这一分解概念。同样，学生在学习"斜面""滑轮"等内容时，形成相应的分解概念。教师在学生学习的过程中，适时进行梳理总结，最终帮助学生在头脑中建立"机械可以提高人们的工作效率，有些机械能省力，有些机械能改变力的方向或缩短移动距离"这一核心概念。

技术在人类社会的发展进程中起到了重要作用。它促进了社会生产的发展，丰富了社会文化的内容，改变了社会生活的方式，是推动社会发展和文明进步的主要动力之一。技术是社会财富积累的一种形式，对社会生产具有直接的经济意义。它促进了社会经济的增长，实现了产业结构的升级，并为企业的发展提供了基础。随着技术的发展，劳动力结构也发生了较大变化。第一产业、第二产业从业者数量减少，第三产业从业者数量大幅度增加。同时，劳动者队伍出现了知识化的新趋势，整体的科学技术和文化素质日益提高。技术世界既是丰富多彩的，又是发展变化的，而这一切都离不开设计。设计是基于一定设想的、有目的的规划及创造活动。一项技术的创新需要设计，一个技术产品的更新更需要设计，一项新工艺的改进也需要设计。尤其在当代社会中，技术发展一日千里，设计与技术的关系越来越密切，成为推进技术发展的重要驱动力。而设计是技术成果转化的桥梁和纽带。通过设计，可以把技术的潜在价值发挥出来，使科技成果更贴近人们的生活，更好地为人们服务。

(二)"技术发明"模块内容解析

教学中，告诉学生，技术是设计的平台，没有技术作为基础，设计将难以表现和实现。技术发展制约着设计的发展，先进的技术可以使人们的设计得以实现。例如，16世纪文艺复兴时期，意大利艺术家达·芬奇就设想了飞行器等交通工具，敏锐地洞悉到现代生活中的自行车、飞机、汽车和潜艇的应用，但当时的技术水平不能满足其设计的要求，随着现代科学技术的发展，他的设计终于在今天得以实现。技术发展为设计提供了更为广阔的发展空间，使设计的主题更加丰富，设计的表达方式更加多样，设计的效率更高。同时，技术发展也为产品的更新换代创造了更加便利的条件。例如，用蜡烛作光源的灯具，其造型与油盏、煤油灯有着明显不同。当电灯发明之后，灯具更是发生了显著变化，灯具的造型和功能日益千姿百态。对于电灯来讲，尽管灯泡相同，但根据不同的需要设计生产了各种各样的吊灯、台灯、壁灯、吸顶灯等；当日光灯管出现以后，又改变了白炽灯泡作为光源的圆形、球形灯具；而当电池发明之后，各种携带方便的手电筒便应运而生。学生可以在设计的发展道路上大胆设想，随着科学技术的进步，灯具的设计还将会有新发展，他们将代表着未来设计的走向。

技术进步还促进了人们设计思维和手段的发展。发展的技术不断丰富着人们的设计思维，它促使人们不断考虑如何应用新技术、新材料、新工艺来改进现有的产品，如何有机地结合各种技术来开发新产品等问题。发展的技术不断丰富着人们的设计手段和方法。例如，计算机技术应用于设计，改变了设计的技术手段，改变了设计的程序和方法；电脑、扫描仪、打印机使得设计手段更加便捷、丰富。又如，塑料包装引发的白色污染日益严重，并且威胁人类的生存环境和社会发展，人们希望采取有效措施，减少白色污染对环境造成的压力。可降解无污染的餐具正是为实现此目的而设计出的一种替代品。其主要原料为廉价、易得的农副产品的不被食用的部分，利用小麦、玉米、稻米、高粱、红薯等，各种农作物的秸秆、稻壳、花生壳、杂草等，制成各种可供一次或多次使用的盒、筷、碗等餐具。环保餐具质硬、耐热、卫生、无污染，而且使用后还可以作为饲料或有机化肥，这也代表了设计在技术成果转化中的作用。此外，技术世界中的设计，其核心是技术设计。一般意义上的设计指的是综合设计，它涉及广阔的领域。而具体领域中的设计，如技术设计、艺术设计等则具有本领域的独特性。技术设计侧重于功能、结构、材料、程序、工艺等，围绕技术的目的而展开，如电饭煲的设计、台灯的设计等；艺术设计则侧重于欣赏、审美，更强调感觉的需要，如雕像的设计、装饰钟的设计等。在很多情况下，技术设计和艺术设计紧密地联系在一起。例如，有些产品的设计既要照顾到使用的价值，体现出技术的魅力，也要考虑到美观的要求，体现出艺术的风采。

人们无时无刻不与身边的物品发生联系。当我们使用这些物品时，物品就与人产生了一种相互的关系，这种相互的关系称为人机关系。人机关系中的"机"所指的是除了通常所指的机器外，还包括各种各样的工具、仪器、仪表、设备、设施、家具、交通车辆以及劳动保护用具等。在设计中，所设计的产品都是从人的需求出发，为人服务的。因此，人机关系也就成为设计活动中必须要考虑的核心问题之一。在人与某个产品构成的人机关系中，往往存在复杂的多方面关系。以开门为例，人走进门，便与门板构成人机关系；人要握住把手，便与门把手构成人机关系；人开门后要通过门，便与门框构成人机关系。人与机之间存在着复杂的关系，在设计中考虑人机关系，要实现以下几个目标。第一，高效。在设计中，应把人和机作为一个整体来考虑，合理或最优地分配人和机的功能，以促进二者的协调，提高人的工作效率。同时，人机所在的环境中的一些因素，如温度、湿度、噪声、照明、振动、污染和失重等也影响人的效率和行为。第二，健康。人机关系所追求的健康，是指人在长期操作或使用产品的过程中，产品对人的健康不会造成不良的影响。如果产品设计不合理，就会使人处于不恰当的作用姿态，长时间地操作或使用它，不仅使人感到疲劳，还会影响人的身体健康。第三，舒适。人机关系中的舒适，是指人在使用产品的过程中，人体能处于自然的状态，操作或使用的姿势能够在人们自然、正常的肢体活动范围内，从而使人不致过早地产生疲劳，同时，心理上的舒适感受也是人机关系应当考虑的目标。第四，安全。人机关系中的安全，是指人们在操作和使用产品的过程中，产品对人的身体不构成生理上的伤害，产品与人接触的部分不允许有尖角和锋利的边槽，容易产生危险的地方应进行安全保护设计，如汽车的安全带设计、冲床的安全保护设计、儿童座椅前的护栏设计等，其目的是避免操作者和使用者产生因作业而引起的伤害或伤亡。[1]

在自然界，蜂窝、蜘蛛网、大树、动物的身体与器官等都有其特有的结构，这些形形色色的结构给了人们无限的创造灵感和启示。通过对自然界中结构的分析和研究，人们将其成果应用到技术领域，更好地服务于人类。结构是指事物的各个组成部分之间的有序搭配和排列。世界上任何事物都存在结构，多种多样的结构决定着事物存在的性质。很多技术发明都可以在自然界找到原型，例如，狩猎者从灌木丛走过，裤子上沾满了令人讨厌的苍耳子。仔细观察苍耳子，它的表面布满了许多小刺，每根刺上都有细细的倒钩，碰到纤维类的衣物，便粘在上面。瑞士的乔尔吉·朵青斯经过 8 年的研究，根据苍耳子的结构，发明了尼龙搭扣用以代替纽扣、拉链等。又如，人类飞翔的梦想起源于振翅高飞的鸟，飞机原型的产生源于对飞鸟形体结构的仿生。鸟类能够自由飞翔，是因为它有适应飞行的自由流畅的外形和使身体更轻便的翅膀骨质中空结构。观察飞机的结构，两侧的机翼就像飞鸟展开的一对翅膀，一些轻质材料的使用使机身更轻便，整个飞机的流线型仿佛飞鸟冲刺的形态，是飞鸟启发了人类，帮助人类实现了飞行的梦想。再如，鹰眼与导弹跟踪系统。鹰可以在几千米的高空准确无误地辨别地面上的动物，这是因为它的眼部结构比较特殊。人类每只眼睛的视网膜上都有一个凹槽，叫作中央凹。而老鹰眼中的中央凹却有两个，这两个中央凹的作用不同，其中一个专门用于接收来自鹰头侧面物体的像，另一个用来接收来自鹰头前方物体的像。这样，老鹰的视觉范围就更宽，能兼顾前方和侧方。根据鹰眼的结构，人们研制"鹰眼"导弹系统，这种导弹系统能自动寻找、识别目标并跟踪攻击。

在技术领域，产品的结构更是丰富多彩。一把锤子、一辆汽车、一座桥、一栋房子都具有特定的结构。结构影响着它们的性质和功能，结构方面存在的一个小问题也许会导致重大事故的发生。因此，合理的结构是事物存在的

---

[1]　顾建军：《通用技术——技术与设计 1》，25～32 页，南京，江苏教育出版社，2015。

基础，卓越的结构是设计者和制造者的重要追求。从力学角度看，结构是指可承受一定力的架构形态，它可以抵抗能引起形状和大小改变的力。每个物体都有它特定的架构形态，这种架构形态体现着它的结构。一个较复杂的结构由许多不同的部分组成，这些组成部分通常称为构件。例如，自行车的车轮，它是由辐条、轮胎、车圈等构件组成的。一个设计合理的结构应该能承受外界的各种作用力，抵抗各种变形。分析结构的受力情况时，首先要清楚组成结构的构件受到哪些力的作用，其次要清楚在这些力的作用下，构件能否安全、可靠地工作，也就是对构件进行承载力的分析。根据构件的受力和变形的形式，可以分为受拉、受压、受剪切、受弯曲、受扭转五种基本形式。例如，学生在做简易桥梁模型时，告诉他们，当有行人、车辆在桥面通行时，桥面会受到行人和车辆对桥面的压力，两端桥墩对桥面的支撑力，以及风对桥面的作用力等。为使桥面能够承受更大的荷载，设计通常会采取多种方案，如把桥面设计成拱形、增加桥墩的数量以减小跨度、采用悬索等。

结构的类型也是多种多样，从力学架构与形态方面考虑，通常有实体结构、框架结构和壳体结构等基本类型。实体结构通常是指结构本身是实心的结构，它的受力特点是外力分布在整个体积中，如实心墙、大坝等。框架结构通常是指结构体由细长的构件组成的结构，如铁架塔、建筑用的脚手架、厂房的框架等，它的受力特点是既能承受竖向重力荷载，也能承受水平方向的荷载。壳体结构通常是指层状的结构，它的受力特点是，外力作用在结构体的表面上，如摩托车手的头盔、飞机的外壳、贝壳等。

教学中，教师可以让学生做一个了解壳体结构受力情况的实验，将 3 只瓶盖以三角形状摆放在桌面上，将 3 个鸡蛋分别立于瓶盖上，再在鸡蛋上盖上另外 3 只瓶盖。取一块木板放在上面，轻轻将砖头或石板压在木板上（砖头或石板应放在鸡蛋所组成的三角形的中部），结果鸡蛋并没有被压碎。实验过后，让学生思考为什么鸡蛋能够承受如此大的压力？讨论过后，让学生观察乌龟背壳结构的图片，思考这种结构会给乌龟带来怎样的好处。其实，在实际的生产生活中，很多物体的结构是由两种或两种以上的基本结构类型组合而成的，如埃菲尔铁塔。它的塔腿由石砌礅座组成，塔身由钢铁部件的框架组成。

　　日常生活中，时常会看到翻倒在地上的物体，如路边倒地的自行车、地上翻倒的空竹篓等。这是因为当物体受到外力作用时，原有的平衡状态被打破而出现的不稳定现象。结构的稳定性是指结构在荷载的作用下维持其原有平衡状态的能力，它是结构的重要性质之一。如果一个物体的结构不能有效地抵御荷载的作用，那么该物体就很难承受荷载而保持原有的平衡状态。影响结构稳定性的因素有多种，主要有重心位置的高低、结构与地面接触所形成的支撑面的大小和结构的形状等。对于一个静止状态的结构而言，如果重心所在点的垂线落在结构底面的范围内，就是稳定的，不会出现倾倒。结构与地面接触所形成的支撑面越大稳定性越好，如高塔的共同特点都是上端小而下端大。结构的形状不同，其稳定性也不同。由于三角形构成稳定的几何结构，故工程结构中的桁架都是由三角形组成的。桁架是由杆件通过焊接、铆钉或螺栓连接而成的，具有三角形的平面或空间结构。

　　结构的稳定性在日常生活中有着广泛的应用，一方面利用稳定的结构抵抗外力、承受荷载；另一方面又利用不稳定的结构实现某些功能。如人们将啤酒瓶倒置在地上，利用它来感知地震现象。而结构的强度与结构的形状、使用的材料、构件之间的连接方式等因素有密切的关系。三角形是框架结构中最基本的形状之一，它结实、稳定，所用材料最少。在长方形或六边形的框架中间，加上支撑构件，构成三角形，就可以大大增加它的牢固程度。如钻石有令人难以置信的强度，就是因为它的分子结构为四面体，每个四面体都有四个角、四个面和六条边，每一个面都是三角形。

　　不同材料构成的结构，其强度也各不相同。一个坚固的梁必须具有良好的抗拉、抗压、抗剪切和抗扭曲的性能，所以梁通常由不止一种材料制成。如一根混凝土梁含有加固钢筋，混凝土擅长抗压力，而钢筋擅长抗拉力，它们共同形成了非常牢固的结构。结构是由若干个构件通过不同的连接方式组合而成的，连接方式直接影响结构的强度。按照构件之间能否移动及转动来分类，可分为以下两类：铰连接，被连接的构件在连接处不能相对移动，但可相对转动，具体有松螺栓、松铆等，如折叠伞伞骨间的连接、门与门框的连接等；刚连接，被连接的构件在连接处既不能相对移动，也不能相对转动，具体有榫接、胶接、焊接等，如固定铁床架的连接、不可移动的桌腿与桌面的连接等。

结构不仅是事物存在的一种形式，而且对事物的功能和作用产生着直接影响。结构的改变可能导致功能的变化。以自行车为例，最初的自行车称为单车，只具有单人代步的功能。随着人们需求的变化，如山地车能够"翻山越岭"，适合各种路面。这是由于它采用了结实的车架和避震结构，所以能经受住颠簸，此外，它合适的齿数比也让人们骑起来很省力。折叠自行车具有可折叠的结构，因而骑行轻便、携带方便，它常被许多开车旅行者作为必备的辅助车辆，放在汽车后备厢里，以应对堵车、禁行、停车场太远等问题。大人需要自行车，儿童同样也需要自行车，但是，由于儿童身材矮小，平衡感不强，所以他们的自行车要轻便小巧，符合儿童的身体结构特征外，重要的是能使车处于平稳的状态。有些童车在后轮两侧各加一个小车轮，车在左倾或右倾时，前轮、后轮与侧轮接触地面，从而不会侧翻。通过列举大量科学事实，帮助学生建构"自行车的功能有所不同，是因为人们对其结构进行了局部调整"这一分解概念。当学生尝试设计其他物体时，形成相应的分解概念，最终在学生头脑中留下"物体的结构决定其功能"这一核心概念。

二、"技术发明"模块实验活动与概念建立

"技术发明"模块中的核心概念是"技术的核心是发明，是人们对自然的利用和改造"。教师把本模块的核心概念自上而下分解，找到支撑核心概念建构的科学事实（知识点和实验活动），在教学中，教师自下而上引领学生开展探究学习，为核心概念建构搭建脚手架。例如，实验活动"制作四轮车"中的分解概念为：

第一，把一些零件放在一起进行组合的方式就是设计。

第二，工程师的工作是运用科学知识和科学原理去设计一些有用的产品。

第三，一些陆地交通工具将轮子固定在轮轴上，运用动力驱使轮轴，从而使轮子转动起来。

学生需要运用的探究过程技能为：

第一，观察汽车的外形与结构，利用身边常见的实验材料建立一个可以滑行的四轮车模型。

第二，根据预先决定的设计结构，预测四轮车的运动距离。

第三，在观察与比较中，通过测试进行调校，不断完善自己的设计。

第四，交流与表达本组的实验结果，其他组倾听并表达认同或质疑的原因。

以上分解概念与探究过程技能是在 3 个实验中完成的，学生在学习过程中要将这些分解概念联系起来，进而为逐层建构核心概念奠定基础。通过观察、比较、推断与预测、建立模型、交流与表达等探究过程技能训练，旨在让学生不仅能动手做，而且会动脑想。在实验操作过程中学会思变，让他们能够运用科学探究方法解决日常生活问题，同时学会利用科学语言提升与他人交流和沟通的能力。

实验活动：制作四轮车[①]

观看实验视频
扫描二维码

🎓 授课对象

5～6 年级学生。

▣ 学习目标

1. 运用熟悉的材料设计和制作运动的四轮车。

2. 使用先测试再调校的方法解决问题。

3. 利用眼、手的协调和对空间的评估去制作四轮车，从而实现预先设计的功能。

4. 运用科学思维方法，进行探究并建立解释：观察、沟通、比较、组织。

实验 1：自由滑行的四轮车

【实验概要】

学生运用生活中常见的材料，设计并制作一个自由滑行的四轮车。

---

① Lawrence Hall of Science，University of California at Berkeley，*FOSS Teacher Guide—Model and Design*，Nashua，Published and distributed by Delta Education，2004，pp. 177-188.

【实验材料】

每组 4 人

数量	名称	备注
1	塑料板	
1	小木棍	长 30 cm
1	小木棍	长 60 cm
1	小木棍	长 90 cm
4	活页夹子	
若干	橡皮筋	
4	学生记录单	

每班

数量	名称	备注
	剪刀	
	打孔器	
	硬纸板	
	万能胶	
	自制车轮材料	
	胶带	

【实验指导】

1. 教师与学生共同讨论四轮车的性质以及四轮车可以被制作出来的多种方法。在讨论中需要得出以下结论：四轮车需要轮子和车身，但轮子的数量、型号和位置可以变化，车身也是如此。

2. 告诉学生：今天的任务是需要每组制作一个能够在地板上自由滑行一段距离的四轮车。教师展示实验材料，之后展示摆放一个滑道。

3. 解释"设计"。告诉学生：那些设计制作简单开瓶器或复杂宇宙飞船的人被称为设计师。设计包括以下两方面内容。

(1)设计是制作某种东西的计划，它可以是一幅画、一张图纸或者文字描述。

(2)设计也是发现怎样制作某种东西的过程。

设计包括思考、想象、试验和挑选材料，而工程师会同时考虑设计的过程和制作的结果。

4. 每四人一组制作一辆四轮车，每组将会得到一包可供他们使用的实验材料。剪刀、胶带、自制车轮可能需要的材料等都放置在讲台前，每组根据设计需要领取。每包实验材料中包含一张材料清单，学生要做的第一件事就是当他们拿到材料包时检查所有零件是否齐全。告诉学生们把所有材料名称登记在清单上，然后把清单放在包里。

5. 再次说明实验任务，设计并制作一个可以自由滑行的四轮车。询问学生在他们设计四轮车之前是否有问题，具体设计由每组学生自己决定。

6. 实验过程中，教师在各组之间巡视，并给予鼓励。在这个实验中十分重要的是给学生足够的时间去开发他们的想法，而不是依靠老师得到解决方法。允许学生看看其他组正在干什么，进而得到启发。

7. 当第一组已经准备好去测试他们的四轮车时，让全体学生注意。每组需要派出一名代表分享他们的设计想法，并且说明是如何运用到他们自己的四轮车设计中的。他们也可以说出在设计四轮车时遇到的问题，此时其他组可以提供解决方法。提醒学生，其中可能会有许多方法去解决他们在制作四轮车时遇到的问题。教师可以让学生写下他们遇到的问题和解决方法，然后把卡片贴在写字板上供大家研究。

8. 测试四轮车，当各组准备好四轮车时，他们可以与其他组共用一个滑道。一个成功的四轮车应该能够顺着滑道自由滑下去并能朝向地板继续滑行一段距离。

9. 建立关于自由滑行的四轮车的科学词汇库。要求学生为词汇库增加新的科学词汇。当词语被提出时，复习每个词的含义。

· 设计。
· 设计师。
· 工程师。

10. 建立内容/探究表，在内容/探究表中列出在实践活动中获得的相关知识概念，让学生综述在实验中他们学到了什么，如果需要提示，就提出与他们探究活动相关的问题，并尽可能用他们自己的语言在记录纸上写出答案。

• 你怎样制作一个四轮车让它自由地滑下一个斜坡？

11. 如果学生想出了一个他们能够回答的问题，并能够设计一个实验验证，或者想出一个想要进一步学习的主题，教师鼓励他们把问题或主题写在纸上放入文件夹中。他们不一定只用这些问题或主题做研究，但是这可以作为全班的一种资源保存。

实验 2：自动驱动的四轮车

【实验概要】

学生改进他们的小车，这对于他们来说是一个挑战，让小车自由前进 2 m。

【实验材料】

每组 4 人

数量	名称	备注
1	塑料板	
1	小木棍	长 30 cm
1	小木棍	长 60 cm
1	小木棍	长 90 cm
4	活页夹子	
若干	橡皮筋	

每班

数量	名称	备注
	剪刀	
	打孔器	
	硬纸板	
	万能胶	
	自制车轮材料	
	胶带	
	米尺	

【实验指导】

1. 让学生回忆他们设计制作的自由滑动四轮车，描述他们所制作四轮车的共同特征，这个描述讨论需要包括以下特征。

(1)轮子或是固定在轮轴上的轮子需要一起转。

(2)用一个轴承使轮子转起来。这个轴承可以是纸扣件、活页夹子、一张有小洞的硬纸，或是其他一些东西。

2. 讨论四轮车的用处，让学生推测如果这样的四轮车被放大许多倍以后，可以有什么样的用途。

(1)四轮车可以怎样利用？

(2)它可以装载什么样的货物？

交通运输是四轮车的一个用途。告诉学生：如果人们想去的地方是下坡，这将是一个很好的建议。但这并不是大家日常生活中的实际情况，所以让学生添加一些东西使四轮车更适合交通运输。

3. 提出自主驱动四轮车的挑战。告诉学生：现在你们有一个用轴承带动轮子滚动的自由滑动四轮车，你们的下一个挑战将是制作一个自主驱动的四轮车。适当改造一下你们的四轮车，从而使其能在不需要外力推动或牵引的情况下，自由前进 2 m。(即不用手、弹弓或者细绳来牵引)

4. 学生在刚开始实验时会很慢。他们也许会要求使用之前用过的发动机，他们认为一个带有发动机的四轮车就是解决办法，但这个实验是要求在没有电力帮助的条件下完成的，鼓励他们要耐心思考。

5. 讨论橡皮筋动力。如果学生实验了一段时间而毫无收获，让他们注意，提示在实验材料袋中什么东西也许可以驱动四轮车。如果学生需要一些关于如何使用橡皮筋的帮助，提示他们轮子和轴承的例子，然后演示怎样在轴承上绕橡皮筋从而驱动轮子。让学生继续设计和制作他们的四轮车，再次确认实验目的是让四轮车前进 2 m。

6. 当学生将他们的想法应用到制作四轮车上后，让全体学生注意。每组派出一名代表分享他们的想法以及在制作过程中出现的问题，在写字板上列出来。

(1)很难将橡皮筋装在轴承上。

(2)四轮车前进距离不到 2 m。

（3）四轮车在前进的最后阶段往后退。

（4）轴在轴承中不能自由转动，摩擦太大。

（5）轮子在光滑表面滑动时，缺少阻力。

（6）轮子转得太快，以至于车子跳了起来。

（7）四轮车朝错误的方向前进。

注意：学生发言的过程中，让其他组把手上的实验材料和四轮车放置在地板上。

7. 探讨轮子，提问学生：我听到你们讨论的一个问题是四轮车不能前进足够远，那么你的四轮车轮子转一圈，能够走多远呢？如果学生对回答这一问题不是很肯定，建议他们在轮子上划上小的铅笔印记，同时在一张纸上也划上小的铅笔印记。转动轮子完整一圈后，再次在纸上划出印记，然后测量距离。

他们应该发现轮子转动一圈前进 14 cm，继续追问，现在你知道了轮子转动一圈能够前进多远，那么轮子需要转多少圈才能前进 2 m 呢？你能把橡皮筋绕那么多圈吗？让学生与同伴合作，研究怎样使他们的四轮车能够行进得更远。

注意：此环节运用了数学中测量的方法，这为更加深入讨论关于轮子型号的问题提供了铺垫。

8. 介绍引进大轮子。当有人建议使用大轮子时，让全体学生注意。有些组建议修改设计。他们认为用大轮子就可以迎接 2 m 的挑战。给学生展示轮子样式的单子，告诉他们，那些样式可以被剪掉，在硬纸上描下来，然后剪开为他们的四轮车制作更大的轮子。分发轮子样式单，继续制作。

9. 讨论中轴，指出中轴是轴承的中心，是紧紧地固定在轴承上的。学生将会把硬纸轮子与木制的中轴黏附在一起。制作完毕后，他们可以继续测试。

10. 增加新的科学词汇到科学词汇库。

• 轴承。

• 摩擦。

• 中轴。

• 牵引力。

• 轮子。

11. 建立内容/探究表，在内容/探究表里增加新的概念。

·轮子的大小会影响橡皮筋小推车的运行距离吗？

·橡皮筋的长短会影响橡皮筋小推车的运行距离吗？

把学生的问题写在记录表里。

实验3：选择自己的研究项目

【实验概要】

通过以上两个实验，学生自主选择自己感兴趣的相关问题进行研究，提出实验假设，利用实验收集论据，进而验证假设。

【实验材料】

每组4人

数量	名称	备注
1	塑料板	
1	小木棍	长 30 cm
1	小木棍	长 60 cm
1	小木棍	长 90 cm
4	活页夹子	
若干	橡皮筋	

每班

数量	名称	备注
	剪刀	
	打孔器	
	硬纸板	
	万能胶	
	自制车轮材料	
	胶带	
	米尺	

【实验指导】

1. 教师拿出学生写有自己的问题的记录表，也可以发给学生一张计划表，由他们自己决定自己要进行什么研究。告诉学生，项目研究是让学生自己设计模型，并将学到的知识和体会在班上和大家分享，可以让学生自己选择愿意单独研究或是小组合作。

2. 开始计划项目。让学生们填好计划表，他们需要写出准备研究的问题，列出他们认为可能需要的实验材料和研究计划。当教师知道学生们想要做什么的时候，引导他们明确自己所设定的计划是否符合实际可行，同时还要确定实验设备和实验材料是否可以满足全班的需要，保存好学生要进行研究项目的计划清单。

3. 项目实施。当学生完成计划，就可以依据计划中的实验步骤，逐步开始实施了。

4. 尽可能让每名学生都参与到项目的研究中，并按之前制订的计划，逐一完成。教师需要全程监控实验过程，适时提醒学生注意时间。

5. 班内项目展示。实验活动完成后，让每人或每组代表进行展示。如果条件允许，将整个过程拍摄下来。

6. 为了能让他们下次展示得更好，学生们需要对他们的展示进行反馈。教师再现录音或录像，或为每组发言写一个便条，说说他们哪些方面做得较好，或给出他们一些建议，以便他们在下次做展示时能够得到提高。让学生们以组为单位对自己的录音或录像进行分析，并写出一段注解，总结自己的优势与不足，为下次展示做得更好提出改进意见。

7. 建立科学词汇表，增加新的科学词汇到科学词汇表。这一部分没有新的科学词汇，请学生复习学过的科学词汇，询问他们是否还有要增加的新的科学词汇。

8. 建立内容/探究表，这一部分没有在内容/探究表中增加新的概念，如果学生在实验过程中遇到了一些不能确定的问题，或者想要解释某一问题，可以让他们自己填在表中。

推荐一些与"模型设计"内容相关的书目给学生，阅读使他们可以获取更多的信息。

如果条件允许，教师可以多开展一些开放性科学实验活动，鼓励学生自主探究学习，通过实验收集论据，进而验证自己的观点。

第三节 "工程设计"模块教学指导

一、"工程设计"模块概念分解与内容解析

(一)"工程设计"模块概念分解

"工程设计"模块概念分解见表23。

表 23 "工程设计"模块概念分解

核心概念	分解概念	概念分级	科学事实
工程技术的关键是设计,工程是运用科学和技术进行设计、解决实际问题和制造产品的活动	工程是以科学和技术为基础的系统性工作	中层级:举例说出一项工程运用到的科学技术和原理,如汽车刹车系统的设计中运用到的科学与技术	认识自己家的住房环境系统,了解家庭电力的供应系统,并学会安全使用常见的家用电器,了解梁柱、楼板、墙、门窗、楼梯等材料,以及各个系统是如何协调工作的
		高层级:了解一项工程需要由多个系统组成,如建造住宅需要考虑结构、供水、采光、供暖系统等	
	工程的核心是设计	中层级:知道工程设计的基本步骤包括明确问题、确定方案、设计制作、改进完善等。针对一个具体任务,按照设计的基本步骤设计一个产品或完成指定任务	通过按图装配、按流程完成等程序性说明书,完成一架玩具飞机的组装,讨论设计图,说明书和成品之间的关系
		高层级:利用摄影、录像、文字与图案、绘图或实物,表达自己的创意与构想;将自己简单的创意转化为模型或实物;根据现实需要设计简单器具、生产物品或完成任务	

核心概念	分解概念	概念分级	科学事实
工程技术的关键是设计，工程是运用科学和技术进行设计、解决实际问题和制造产品的活动	工程设计需要考虑可利用的条件和制约因素，并不断改进和完善	低层级：利用提供的材料和工具，通过口述、图示等方式表达自己的设计与想法，并完成任务；对自己和他人的作品提出改进建议	在家里或校园中观察常见的物品，寻找这些物品的不足和缺陷；查阅有关资料，对设计方案加以改进；设计通过不同途径传递信息的简单方案，如声音传递消息、制作"土电话"来传递声音信息、闪光传递信息等
		中层级：对自己或他人设计的想法、草图、模型等提出改进建议，并说明理由；在制作过程中，即完成后进行相应的测试和调整	
		高层级：根据设计意图，分析可利用的资源；简单评估完成一个产品或系统的可行性，预想使用效果；从经济效益、社会效益、环境效益等方面评价某个工程设计，并提出改进和完善建议	

教师在讲"拱形的力量"时，用一张普通柔软的白纸，做一个纸拱，试试它能承受多大的重量。结果发现上面放一个金属垫圈，纸拱并没有被压塌。此时，可以提问学生：怎样使纸拱可以承受更大的重量？让学生观察拱形在重压下是怎样变形的，尝试将拱足固定，测试纸拱能承受多大的重量。之后，让学生列举生活中见过的拱形或拱形建筑，拱形结构承载重力有什么特点？在大量科学事实的基础上，教师进一步引导学生建构"拱形承载重量时，能把压力向下向外传递给相邻的部分，拱形各部分相互挤压，进而结合得更加紧密"这一分解概念。当学生再学习"圆顶形"和"球形"时，在不同的事实基础上，形成相应的分解概念。教师在这一过程中，帮助学生梳理总结，最终在学生头脑中形成"物体都有特定的结构，这种结构与其功能相适应"这一核心概念。当学生掌握这一核心概念后，可以将其迁移到新情境中去解决未知问题。例如，在"人体的结构"中，人的头骨近似于球形，可以很好地保护大脑；拱形的肋骨护卫着胸腔中的内脏；人的足骨构成一个拱形——足弓，可以更好地承载人体的重量。以后当学生再看到乌龟、海螺、蜗牛等生物时，他们

就会尝试着分析出这些外壳的形状对于生物本身具有怎样的意义。

工程是人类利用自然界的物质和能源的特性，通过各种结构、机器、产品、系统和过程以最短的时间和最少的人力、物力，做出高效、可靠且对人类有用的东西。随着科学技术的发展，人们可以建造出比以往更大、更复杂的产品，这些产品不再是结构或功能单一的东西，而是各种各样的所谓"人造系统"（比如建筑物、轮船、铁路工程、海上工程、飞机等），于是工程的概念就产生了，并且它逐渐发展为一门独立的学科和技艺。如今，工程涉及的领域更为广泛，例如，用于控制和调配自然界的地表水和地下水，达到除害兴利目的而修建的水利工程；研究化学工业和其他过程工业生产中所进行的化学过程和物理过程共同规律的化学工程；建造各类工程设施，为人类生产生活服务的土木工程；在体外构建杂种 DNA 分子，导入活细胞，以改变生物原有的遗传特性、获得新品种、生产新产品的基因工程等。这些复杂、规模宏大的工程建设在给人类生产生活带来方便的同时，也应考虑制约因素以及对环境的影响，只有在满足当代人需求，又不对后代人满足其需求的能力构成危害的发展，才是人类文明发展的基础。

（二）"工程设计"模块内容解析

人类的生产、生活活动都是在一定的时间内发生、发展和结束的，都是为了一定的目的、按照一定的顺序和规则进行的。每项工程都要经历一系列具体的步骤，这些步骤都有开始的时间和持续的时间，而且这一系列步骤都是按一定的先后顺序进行的，这种时间上的先后顺序称为时序。完成任何一项工程都有一定的时序。时序体现了具体活动内容的先后关系，在这种先后关系中，有些步骤之间的时序是不可颠倒的，例如，在房屋建设中，只有先打好地基，才能建筑地面上的主体结构；有些步骤之间的时序是可以颠倒的，如窗户和大门的安装就没有严格的先后顺序，可以有不同的时间顺序。教学中，告诉学生，不可颠倒的时序往往反映了事物或活动的内在规律或机理，应尊重和遵循这些规律或机理。对于一些可以颠倒的时序，应注意分析和比较，并根据一定的目的和条件，进行适当的安排。对于一项工程，可以依据它的某种特征，或某个具体目标，将其分解为若干个过程或阶段。例如，建房砌砖的过程，可以认为由抄平、放线、摆砖、立皮数杆、盘角、挂线、砌筑、勾缝等几个小的过程组成。将完成某个具体目标、组成某项工程的某个阶段或小的过程称为环节。砌砖过程中的各个小过程经历的各个阶段就是环节。环节是一个相对概念，依据问题性质的不同和不同人的理解，环节的划分可能会有所不同。环节中又包含若干可以分解的、目标更具体的事项。环节的划分有大有小，根据不同的需要可以有不同的划分方法。而流程是一个项目或一系列连续有规律的事项或行为进行的程序。这些工程、事项或行为以确定的方式发生或执行，导致特定结果的实现。流程可以理解为为了一定目的去做事情的顺序。任何流程都反映了一定的时序，体现出一定的环境。例如，旅客乘坐飞机的流程主要包括：换登机牌、过安检、候机、登机。这是按照时序进行的，换登机牌、过安检、候机、登机是环节，如果缺少某一环节或颠倒时序，就不能乘坐飞机。

人类生产和生活中的流程不是自然存在的，而是靠人们研究和设计出来的。流程设计对于人们的工作和生活、有效地组织生产起着关键性的作用。同时，流程设计又是一项技术性很强的工作。因此，应以科学严谨的态度，充分考虑流程设计中的基本因素和相关因素，遵循事物的内在性质、规律进行设计。设计一个流程首先应明确流程要实现的具体目标。对于工作和生活方面的流程设计，主要应考虑如何节省时间、提高工作效率、提高工作质量等目标。对于生产生活的流程设计，主要应以提高效率、提高质量、节约资源、安全生产、提高经济效益、提高管理水平等方面明确设计的目标。一项工程的流程设计的基本因素主要有：材料，不同的材料有不同的加工处理方法；工艺，不同产品的工艺要求各异，流程设计也不同；设备，生产设备的水平往往决定了流程的自动化水平；人员和资金，人员的技术水平和必要的资金影响工程的进程、质量和周期，是进行流程设计必须考虑的主要因素；环境，一项工程对环境的污染以及环境对工程建设的作用，是流程设计时应关注的重要因素。

不同行业的流程有不同的特点，所以流程设计中应考虑的基本因素也各有差异。例如，农业生产的流程设计还应考虑气候、季节、自然灾害、生态平衡等环境方面的因素。流程设计要依据事物的内在属性和客观的变化规律，科学地设计时序和环节，以达到设计目标。

在流程设计和实施过程中，要对流程进行不断地改进，以取得最佳的效果。对流程的改进过程称为流程优化。生产、生活中的技术改进和革新，多数是对已有流程的整体改进或是对其中某一环节的改进，目的是为了提高工作效率、降低成本、降低劳动强度、节约能耗、减少环节污染、保证安全生产等。流程优化涉及工期、工艺、成本、质量等内容。流程优化的目标和结果通常是以指标反映出来。根据需要，有的流程优化是对单个指标的优化，有的流程优化是对多个指标的优化。对于一个特定的流程，往往是以某个指标的优化为目标，综合考虑其他指标，如果片面地强调某一指标的优化，可能会带来其他指标的下降。因此，流程的优化应在综合考虑各项指标的基础上，抓住主要矛盾，突出重点指标的优化，综合权衡，以达到整体优化的目的。流程的改进和优化需要一定的条件，它建立在设备和工艺水平提高的基础上，建立在对流程内在机理进一步研究的基础上。例如，零件加工中材料的改变，会导致设备的改变和工艺方法的改变，从而加工流程就要改变；若材料不变，加工工艺改变了，设备也要改变，这样流程也会改变。因此，流程与材料、设备、工艺有着密切的关系，在优化流程时，需要充分考虑到这些条件。

生产和生活中常见的事物都是由若干部分组成的，这些事物的部分与部分之间相互联系，并且服务于一个整体的目标。例如，房屋是由若干主要部件组成的，这些部件相互联系、相互作用，形成了房屋可以为人们提供居住的功能。其中任何一个部件出现问题，都有可能导致房屋无法正常居住。这种由相互联系、相互作用、相互依赖和相互制约的若干要素或部分组成的具有特定功能的有机整体，称为系统。而要素是指构成系统的最主要的元素。一般是部分相对于系统的整体而言，要素相对于系统的元素结构而言。很多情况下，要素和部分可以通用。如一所学校就是一个系统，它是由人、物、事等要素(部分)组成的，同时也是由教学部门、教务部门、行政部门、人事部门等要素(部分)组成的。在这个系统中，各要素(部分)都是不可缺少的，它们之间存在着一定的联系。构成系统，必须具备三个条件：至少要有两个或者两个以上的要素(部分)才能组成系统；要素(部分)之间相互联系、相互作用，按照一定方式形成一个整体；整体的功能是具备部分所没有的功能。

系统有大有小，有复杂有简单。对于较大型的系统和比较复杂的系统，根据一定的标准可划分为若干子系统，如地球生态系统由海洋生态系统、淡水生态系统和陆地生态系统等子系统构成，系统与子系统的界定和划分根据研究的需要决定。

系统无处不在，无时不有。在自然界，一片森林、一个细胞等都是系统。如细胞是由细胞膜、细胞质和细胞核等要素，按一定的结构形式组成的，表现出生命现象的系统。在技术领域，从飞机、轮船，到一台车床、一台电风扇等，都可以看作系统。如电风扇是由电机、叶片、定时器、开关等组成的，能使人消暑的机电系统。系统是普遍存在的，也是多种多样的。根据需要，可以对系统进行不同的分类。例如，可把系统分为自然系统和人造系统，自然系统是自然形成的系统（如生态系统），人造系统是由人工制造加工而成的系统（如计算机系统和机械传动系统）；系统也可分为实体系统和抽象系统，实体系统是实物形态的系统（如生物系统、机械系统），抽象系统是非实物形态的系统（如哲学系统）。系统主要具有以下几个基本特征。

整体性　整体性是系统最基本的特征，也是观察和分析系统最基本的思想和方法。系统是一个整体，它不是各个要素（部分）的简单相加，系统的整体功能是各要素（部分）在孤立状态下所没有的。系统的任何一个要素（部分）发生变化或出现故障时，都会影响其他要素（部分）或整体的功能发挥。一堆沙子、钢材、水泥和绳索散放在一起不能发挥整体功能，但是如果将它们按照一定的结构形成一个整体，如造成一座悬索桥，就具有了交通的功能，而如果某根绳索出现故障，就可能影响整座桥的正常使用，甚至导致事故的发生。而系统的整体功能往往大于组成系统的各个部分的功能之和，例如，人的双眼视觉功能大大超过两只单眼视觉功能简单相加的总和。

相关性　相关性是指组成系统的各要素之间或系统整体与部分之间的相互作用、相互联系。例如，建筑物通过结构承受重力，当柱与柱之间的梁跨度增大时，则梁的厚度也要相应加大，否则就不足以承受设计所需的重力，梁的跨度与梁的厚度之间的关系就反映了这一系统内部要素与要素之间的相关性。再如，家庭装修是一项系统性很强的工程，各项工作之间、各种设施之间存在着联系，它们相互影响又相互制约。只有从它们的相关性出发，处理好各方面的关系，才能事半功倍，高质高效。在预埋厨房的水管和电线时，就要考虑好划分出烹饪区和储物区，再决定水和电的管道以及线路设计。在购买厨具时，要依照厨房的个性化要求来选购，量体裁衣，协调安排好风、水、火、电的接口，还要考虑造型、色彩以及人机关系和工程材料等方面的因素。

目的性　任何系统都具有某种目的，都要实现一定的功能，这也正是区别不同系统的标志。系统的目的一般通过更具体的目标来实现。例如，为了达到提高加工的精确度，适用于加工改型频繁、型面复杂的工件，人们发明了数字控制机床，它是用程序指令控制刀具，按给定的工作程序、运动速度和轨迹进行自动加工的机床。当加工对象改变时，只需要改变输入的程序指令即可，且其加工性能比一般自动机床高，精确度也比较高。设计和分析一个系统时，必须事先弄清其目的，否则就无法构成一个良好、有序的现实系统。当系统存在多个目标时，要从整体协调的角度出发寻求平衡，以获得整体上的最佳效果。

动态性　任何系统都是一个动态的系统，处在运动变化和发展之中。例如，任何一个机械传动系统的零件之间都会有磨损，为了保持系统的性能，必须定期给零件添加润滑剂或更换零件。运用系统的动态观点，不仅可以看到系统的现状，而且可以看到系统的变化和发展，从而预测系统的将来，掌握系统的发展规律。

环境适应性　一个系统与其所处的环境之间通常有物质、能量和信息的交换，外界环境的变化会引起系统特征的改变，并相应地引起系统功能和系统内各部分相互关系的变化。系统只有具有对环境的适应能力，才能保持和恢复系统原有的特征。例如，工厂中机器运行时散发出大量的热量，在炎热的夏天就需要对机器的局部设施采用风冷、水冷、油冷等措施，以保持其良好的工作状态。又如，在寒冷的冬天，拖拉机的发动机常常因低温启动不好，需要对它进行加热、保暖，以适应外界天气。系统必须适应外部环境的变化。只有能够适应外部环境的变化并保持最优适应状态的系统，才能发挥自身作用，实现可持续发展，否则是没有生命力的。[1]

---

[1]　顾建军：《通用技术——技术与设计2》，64～73页，南京，江苏教育出版社，2015。

二、"工程设计"模块实验活动与概念建立

"工程设计"模块中的核心概念是"工程技术的关键是设计，工程是运用科学和技术进行设计、解决实际问题和制造产品的活动"。教师把本模块的核心概念自上而下分解，找到支撑核心概念建构的科学事实（知识点和实验活动），在教学中，教师自下而上引领学生开展探究学习，为核心概念建构搭建脚手架。例如，实验活动"太阳能房屋"中的分解概念为：

第一，能量的运动或能量形式的变化叫作能量转换。

第二，散热器能吸收大量的热，而释放则非常缓慢。

第三，绝缘可以应用在太阳能房屋，以保持屋内温度。

第四，太阳能是指太阳以光线形式到达地球的能量。

第五，空间加热是在封闭空间加热空气的热能转化。

学生在实验过程中要将这些分解概念联系起来，进而为逐层建构核心概念奠定基础。

学生需要运用的探究过程技能为：

第一，观察比较不同太阳能房屋的加热效率。

第二，利用信息建立一个有效率的太阳能房屋模型。

第三，分析绝缘保温的应用。

第四，通过测量收集数据，并制作图表。

第五，交流与表达本组的实验结果，其他组倾听并表达认同或质疑的原因。

以上分解概念与探究过程技能是在 3 个实验中完成的，学生在学习过程中要将这些分解概念联系起来，进而为逐层建构核心概念奠定基础。通过观察、比较、分析、测量、制作图表、建立模型、交流与表达等探究过程技能训练，旨在让学生不仅能动手做，而且会动脑想。在实验操作过程中学会思变，让他们能够运用科学探究方法解决日常生活问题，同时学会利用科学语言提升与他人交流和沟通的能力。

实验活动：太阳能房屋①

授课对象

5～6 年级学生。

学习目标

1. 装配一个太阳能房屋模型。

2. 分析窗户以及墙壁颜色对气温的影响。

3. 利用实验数据建立太阳能房屋模型并进行测试。

4. 分析绝缘对保温的影响。

5. 运用科学思维过程进行调查并建立解释：观察、交流、比较、组织和联系。

实验 1：太阳能房屋的朝向

扫描二维码
观看实验视频

【实验概要】

探究利用太阳能加热房间的有效方法，制作纸板房屋模型，探究窗户朝向对房屋温度的影响，总结影响热效率的因素以及相互关系。

【实验材料】

每组 4 人

数量	名称	备注
1	带窗的太阳能房屋模型	
1	温度计	
1	硬卡纸板	
1	橡胶带	
4	学生记录单	

---

① Lawrence Hall of Science, University of California at Berkeley, *FOSS Teacher Guide—Solar System*, Nashua, Published and distributed by Delta Education, 2004, pp. 105-129.

每班

数量	名称	备注
1	太阳能房屋模型	
	透明胶带	
	时钟或手表	
	投影仪	
	幻灯片	

【实验指导】

1. 介绍空间供暖，提问下列问题。

(1)我们在日常生活中一般使用什么形式的能源？

(2)你主要通过什么方式使用能源？

告诉学生，在冬季大量能源用来为房间供暖。

2. 讨论家庭供暖问题，提问学生家庭如何供暖，解释通常使用的能源是不可再生的能源，倡议使用再生的太阳能能源。

3. 介绍太阳能房屋，展示模型。

(1)演示组装太阳能房屋。

(2)分小组并装配太阳能房屋。

(3)练习读取温度计数值。

提醒学生：注意温度计表头不能被阳光照射，放置位置要便于读数。

4. 讨论房屋朝向问题，让学生讨论如何利用太阳能给房屋供暖，引导学生找出影响房屋温度的变量之一：房屋朝向。提问下列问题。

(1)窗户可以迎着阳光也可以避开阳光，有什么不同？

(2)你认为朝向对温度的影响有多大？

5. 介绍遮挡，演示如何利用硬卡纸板对阳光进行遮挡。分组分工，一组朝向阳光，另一组避开阳光。

6. 利用硬纸卡板做遮挡，记录初始温度。到户外，让学生打开左面墙壁，在阴影里等候1分，然后记录房屋内的初始温度。

7. 开始实验，按步骤开始实验并记录测量数据。20分后返回阴影区，继续测量并记录数据，完成后返回教室。根据测量所收集到的数据，绘制出相关图表，小组讨论。

(1)如何比较两种方位的数据？

(2)是否还有其他的实验方法可以探究太阳能房屋的朝向对房屋温度的影响？

8.教师提问学生关于温室的知识，通过刚才的实验，如何解释室内温度比外界温度高？

提问学生：小汽车有时候和温室一样，什么情况下这一现象更明显？

9.建立关于太阳能房屋的科学词汇库。要求学生为词汇库提出科学词汇。当词语被提出时，复习每一个词的含义。

• 空间加热。

• 方位。

10.建立内容/探究表。内容/探究表列出陈述概念，总结在这个实验中所学到的知识。为了引出(发生、产生)陈述，问学生他们在实验中学到了什么。如果他们需要提示，就问与刚完成调查有关的问题，并尽可能多地用学生的语言在图表纸上写出答案。

• 太阳能房屋的方位朝向是如何影响室温的？

实验2：太阳能房屋的颜色

【实验概要】

探究利用太阳能加热房间的有效方法，探究墙壁色彩对房屋的影响，总结影响热效率的因素以及相互关系。

【实验材料】

每组4人

数量	名称	备注
1	带窗的太阳能房屋模型	
1	温度计	
1	硬卡纸板	
1	橡胶带	
4	学生记录单	

每班

数量	名称	备注
	白色塑料板	
	黑色塑料板	
	透明胶带	
	时钟或手表	
	投影仪	
	幻灯片	

【实验指导】

1. 复习实验1的内容，讨论房屋颜色。学生可能会提出建议改变房屋颜色，提问学生，如何设计一个实验去验证这一假设，注意强调重点是房屋内部颜色对温度的影响。

2. 描述颜色实验，展示黑白两块塑料板，分组实验黑色墙壁与白色墙壁对温度的影响，提出思考题，要求各组列出清单，列举建筑师和装潢设计师在设计太阳能房屋时应考虑的因素。

3. 装配太阳能房屋，户外实验观测记录，根据测量收集到的数据，绘制图表。

4. 根据数据结果进行讨论，并提问下列问题。

(1)如何对比两组数据？

(2)建筑师和装潢设计师在设计太阳能房屋时必须要考虑的问题是什么？

5. 建立科学词汇库，增加新的科学词汇到科学词汇库。

• 色彩。

• 因素。

6. 建立内容/探究表，在内容/探究表中增加新的概念。

• 太阳能房屋的墙壁颜色是如何影响室温的？

观看实验视频
扫描二维码

实验 3：挑战热空气

【实验概要】

探究利用太阳能加热房间的有效方法，探究散热、绝缘对房屋的影响，总结影响热效率的因素以及相互关系。

【实验材料】

每组 4 人

数量	名称	备注
1	带窗的太阳能房屋模型	
1	温度计	
1	硬卡纸板	
1	橡胶带	
4	学生记录单	

每班

数量	名称	备注
	大号硬纸箱	
	玻璃容器	1 L
	黑色塑料板	
	剪刀	
	透明胶带	
	时钟或手表	
	投影仪	
	幻灯片	

【实验指导】

1. 复习前两次实验，复习后提问学生，如何改进他们的设计，并讨论。

(1)用水或石头等材料制作散热装置。

(2)用绝缘材料制作墙壁和地板。

(3)窗户采用双层玻璃或使用窗帘。

2.介绍挑战热空气，发放实验材料，给学生15分设计时间，提出思考题目：对比煤气、石油、电能以及太阳能供暖的优点是什么？缺点又是什么？

3.装配太阳能房屋，户外实验观测记录，根据测量收集到的数据，绘制图表。

4.讨论实验结果。

(1)哪种设计效果更好？哪种设计效果不佳？

(2)你如何利用这些测量得到的数据改善供暖？

(3)你如何利用这些测量得到的数据，设计一个能在夏天保持凉爽的房屋？

5.介绍被动式太阳能概念，被动式即不靠其他设备传输热量，比如风扇等。

6.建立科学词汇库，增加新的科学词汇到科学词汇库。

· 被动式太阳能。

· 散热。

· 绝缘。

7.建立内容/探究表，在内容/探究表中列出实验中的问题。

· 通过太阳能房屋的实验活动，你学到了什么？

【扩展阅读】

推荐一些与"工程设计"内容相关的书目给学生，阅读使他们可以获取更多的信息。

第六章 国外科学课程改革及对我国科学教育的启示

随着人类社会已进入知识与信息时代，科学技术与社会广泛结合，给世界的经济、政治、军事、文化、教育、意识形态以至整个社会带来极大的影响。当前，国际竞争逐渐演变为以科学技术水平为代表的综合国力的竞争，而科技的发展依托于人才，人才的产生源于教育。因此，科学教育日益受到了世界各国的重视，而科学课程反映了社会和时代对科学教育的需求，是实现科学教育目标的主要途径，所以科学课程改革成为科学教育改革的核心部分。而"通过自下而上的策略是无法进行大规模的改革的"①，所以自上而下的课程改革政策就突显出至关重要的作用，特别是 20 世纪 90 年代以来，通过发布一系列关键的国家政策导向来推进基础教育课程改革已成为许多国家的共识。在 21 世纪，如何提升科学教育质量、进一步提高国民科学素养成为世界各国普遍关注的问题。近几年，欧美等发达国家纷纷研制、修订和完善本国的科学课程标准，并积极推行改革政策，以应对新的挑战和发展。从这一层面来说，新一轮国际小学科学课程改革的浪潮已经到来。

为顺应时代的发展，自 2001 年开始，我国进行了基础教育新课程改革，将沿用了半个多世纪的小学"自然"课程更名为"科学"课程，制定了《全日制义务教育：科学(3～6 年级)课程标准》(实验稿)。经过十多年的建设与发展，我

---

① ［加］迈克尔·富兰：《变革的力量——深度变革》，中国教育科学研究所，加拿大多伦国际学院组织，译，44 页，北京，教育科学出版社，2004。

国小学科学教育已有所提升。2011年3月，我国《小学科学课程标准》（修订稿）完成并送教育部审定。受教育部的委托，专家工作委员会组织了《小学科学课程标准》（修订稿）的审议工作。2017年2月，新课标《义务教育小学科学课程标准》正式颁布。此次修订将原来3～6年级的科学课程设置改为了小学1～6年级，这也是自更名为"科学"课程后，首次贯穿整个小学阶段。而课程目标也从原来"科学探究""情感态度价值观""科学知识"三个分目标改为"科学知识""科学探究""科学态度""科学、技术、社会与环境"四个方面阐述具体目标。课程内容包含了物质科学、生命科学、地球与宇宙科学、技术与工程四个领域，并且从四个领域中选择了18个核心概念，以期为学生科学素养的初步培养和持续发展奠定基础。

世界各国在小学科学课程改革中都经历了一个连续的、坎坷的和富有成效的过程。同其他国家一样，我国小学科学课程改革也在曲折中不断前进，其课程改革所要完善的方面，也许正是我国小学科学课程改革正在面临或将要面临的问题。纵观国际科学教育的发展历程，美国的科学教育发展迅速，这不仅源于其强大的政治经济实力，更取决于美国对科学教育的重视和反思。美国一直是国际科技强国，也是发达国家中的人口大国，美国如何落实科学教育改革、提高科学教育质量值得我们关注。英国是科学教育的发祥地，且在全国推行统一国家科学课程，与我国有一定的相似性。澳大利亚作为典型的移民国家，在科学教育中借鉴了一些欧美发达国家的办学思想和改革经验，在将舶来理论与本国国情相结合上表现突出。因此，学习欧美等发达国家小学科学课程的改革经验，可为我国小学科学课程改革提供借鉴和指导。

第一节　美国小学科学课程改革进程与内容特点分析

一、美国小学科学课程改革与发展概述

1995年底，美国国家研究委员会（National Research Council，NRC）颁布了《国家科学教育标准》（National Science Education Standards，NSES）。从制

订到颁布该标准历时 4 年，委员会共组织了 22 家科学教育机构和科学组织进行评议，全国各地有超过 18000 人参与。[①] 该标准是美国教育史上第一个关于科学教育的全国性标准，为各州科学教育和标准的制订提供了全面的指导，极大地推动了美国中小学生科学素养的发展。同时，这一标准也给国际科学教育带来了广泛的影响。

2001 年，小布什总统提出了《不让一个孩子掉队》(No Child Left Behind，NCLB)教育法案，法案要求各州必须对科学课程进行基于标准的考试，并在全国范围内推行国家教育进展评估(National Assessment of Educational Progress，NAEP)。[②] 2010 年 9 月，奥巴马政府发表报告《准备并激励：为了美国的未来进行 K-12 科学、技术、工程和数学教育》(Prepare and Inspire：K-12 Science，Technology，Engineering，and Math Education for America's Future)，整合了美国近 20 年关于科学教育的建议，提出了新的联邦行动项目，以应对当前科学教育遇到的重大挑战。延续了美国政府对科学教育一贯的重视和关注程度。

2009 年秋季，美国国家研究委员会成立了"专家委员会"以负责框架的研制工作。2011 年 7 月，美国国家研究委员会公布了《K-12 年级科学教育框架》。2013 年 4 月，美国颁布了《下一代科学教育标准》(Next Generation Science Standards，NGSS)，该标准是各州与多组织协作共同努力的成果，标准制订之初充分考虑了各州的参与，最终又回归于服务各州。国家研究委员会在制订 NGSS 时主要考虑两个目标：一是让所有学生都能接受到科学和工程教育；二是为那些未来将成为科学家、工程师、技术人员的学生提供基本的知识。NGSS 更为关注第一个目标，在未来科技迅猛发展的世界，如何让所有的学生为他们未来的生活和成为具有科学素养的公民做好准备。[③] NGSS 包

---

① National Research Council. National Science Education Standards [M]. Washington，D. C. ：National Academies Press，1995，pp. 14-15.

② 王晨光：《PISA 与 NAEP 科学测评对我国科学教师学科知识测试编制的启示》，载《北京教育学院学报(自然科学版)》，2012(1)。

③ National Research Council，A Framework for K-12 Science Education：Practices，Crosscutting Concepts，and Core Ideas，Washington，D. C. ：National Academies Press，2011，pp. 6-10.

括四个领域，分别为物质科学，生命科学，地球与空间科学，工程、技术和科学应用。

二、美国小学科学课程内容

(一)NGSS 的课程内容

NGSS 的课程内容主要从三个维度展开：科学和工程实践(Science and Engineering Practices)、学科核心概念(Disciplinary Core Ideas)、跨学科概念(Crosscutting Concepts)。这三个维度涵盖了学生在高中毕业前应了解的知识和掌握的技能，它们分别从三个不同角度对课程期望进行细化和解释，最终形成一个有机整体。

NGSS 中科学和工程实践的内容主要包括：提出(科学)问题和定义(工程)问题；开发和使用模型；规划和实施调查；对数据进行分析和解读；使用数学和计算思想；构造(科学)解释和设计(工程)解决方案；参与证据论证；获取、评价和信息交流。同时，关于科学和工程实践的指导原则强调"实践是期待学生去动手做，而不是讲授方法或课程。关于实践的八个方面不是独立的，它们彼此之间是有交叉和联系的。"NGSS 也首次将"工程、技术与科学应用"列入其中，突显了其对工程教育和技术教育的重视。美国国家研究委员会认为从事科学实践可以帮助学生理解科学知识是如何发展的，这种直接参与使学生接触到广泛的用于调查、模拟和解释世界的方法。从事工程实践同样可以帮助学生理解工程师的工作，以及工程和科学之间的联系。参与实践还可以帮助学生理解关于科学和工程的跨学科概念和学科核心概念。同时，通过科学和工程实践的讨论和反思，使学生体会到科学探究本身的价值观，包括逻辑思维、精确度、开放性、客观性、质疑和透明的研究过程以及如实报告结果的重要性。

NGSS 认为，核心概念是单个学科领域中极其重要的关键性概念。核心概念可以为新知识的获取提供组织结构，为学生储备基本的核心知识，使他们能够自己获取更多的知识。聚焦于核心概念的学习可以培养学生评价与选择科学信息的能力，使他们在完成学业后仍能继续进行科学学习、应用，甚至创造新的科学知识。

NGSS 将跨学科概念定义为，能够应用于所有科学与工程领域的通用概念。跨学科概念为学科核心概念的学习提供基本认知支架，不仅可突显出不同学科的共同特质，而且有助于学生形成关于科学的整体认识，从而进一步体会概念和知识的科学性、迁移性。

需要说明的是，NGSS 不再将"探究"作为独立的维度进行教授和学习，而是融合渗透到整个科学课程中。NGSS 指出，科学是用于解释自然世界的方式，是实践和知识的组合，科学学习的一个重要方面就是学习工程实践和科学学科知识的发展。[①] NGSS 将科学和工程实践、学科核心概念和跨学科概念形成一个有机整体的目的是为科学探究的教学和学习奠定基础，即科学探究的学习需要更多的实践。

(二)FOSS 的课程内容

丰富选择科学系统(Full Option Science System，FOSS)工具箱是在劳伦斯科学会堂学习思想启发下，由美国加州大学伯克利分校开发的一套从幼儿园到九年级的科学课程体系。该工具箱包括教师指导用书、实验材料、记录单、FOSS 科学故事书以及知识扩展视频、幻灯片、FOSS 项目网站等多种多媒体信息，并按照科学的教学安排加以组合，构成多元化交互环境，给学生以情景化的学习感受。新版 FOSS 科学课程是依据 NGSS 修订的，由物质科学、生命科学、地球科学和科学技术等内容构成。值得一提的是，FOSS 没有为学生提供教科书，因此，所要研究的问题和结论对学生来讲是未知的或者是部分未知的，学生在活动中可能收集到的论据和结论在活动之前是未知的，这样就使得探究活动更具有真实性和挑战性。

FOSS 项目的研发人员坚信，学生学习科学的最佳方式是"做中学"。学生在亲身感受各种实验活动的过程中就是在用"动手做"的方式学习科学，同时鼓励他们观察自然现象，思考它们与已知事物之间的联系，在实践中检验自己的观点，最终把新信息整合到自己已掌握的知识体系中去，进而充分发挥学生的创造力与动手实践能力。FOSS 科学探究实验活动的课程内容是在科学

---

① 　http：//www.nextgenscience.org/sites/default/files/AllDCI.pdf，2013-10-11.

的思维过程指导下挑选出来的。在每一个实验活动发展阶段，学生都能够充分发挥自己科学思维技能，同时不同实验过程对所需能力的要求不同。FOSS以实验活动作为划分阶段的依据，随着实验活动的推进，对学生的思维过程、动手能力等的要求逐步提高。[①]

三、美国小学科学课程改革的特点分析

20 世纪 90 年代的美国小学科学课程改革是在地方教育分权管理的背景下提出的，改革是为了缩小美国各州和地区教育发展的差异，提高全国小学科学教育的质量。而此次 NGSS 既有对过去成功经验的继承又有面向未来的创新，其传承性主要体现在对科学教育公平性的要求和对科学与工程实践的重视上。另外，此次改革还体现出一些新特点：统一性，新标准打破了美国各州各自为政、科学教育标准良莠不齐的现状，反映出美国联邦政府强化地方课程控制，整体提高小学科学教育质量的决心；整合性，整合是此次改革的一大亮点，包括将科学知识与工程实践的整合，通过核心概念进行学科内的整合，以及通过跨学科概念进行不同学科间的整合；层级性，根据学生的认知特点和规律设计课程，帮助学生建立逐级深入的知识结构；整体性，强调科学、工程、技术和环境教育。

第二节　英国小学科学课程改革进程与内容特点分析

一、英国小学科学课程改革与发展概述

为了培养具有高度科学素养的 21 世纪公民，英国教育与就业部（Department for Education and Employment，DfEE）和课程与资格委员会（Qualifications and Curriculum Authority，QCA）于 2000 年共同颁布了面向 21 世纪的英国《国家科学教育课程标准》（Science in the National Curriculum）。该标

---

① 王晨光：《美国初中 FOSS 探究活动特点及其对我国理科教学的启示——以"气候与水"模块为例》，载《北京教育学院学报（自然科学版）》，2011(1)。

准主要包括三大模块：科学课程概况、学习计划和成绩目标。其中，概况中介绍了英国基础教育的四个关键阶段（Key Stage，KS）：小学 1～2 年级为 KS1，3～6 年级为 KS2，7～9 年级为 KS3，10～12 年级为 KS4。

英国政府的学校教育改革，特别是科学课程的改革源于近些年的调查结果，英国皇家学会指出，许多孩子进入中学（11～16 岁）后对科学失去兴趣。虽然科学是必修课，但在 2008 年至 2009 年，只有 28％的学生达到了英国科学课程的 A 级水平（16～19 岁），而缺乏合格的科学教师或许加剧了上述问题的严重性。特别是在小学阶段，只有一小部分教师具有科学教育背景。SCORE（包括科学教育协会、皇家物理学会、皇家化学学会和皇家生物学会等）在其对小学课程草案的反馈中提出，资金和一些支持能够提高学生的科学知识水平，并且这些举措是必不可少的，同时还指出小学科学课程必须更明确地鼓励教授科学本质和方法，这需要能够胜任的科学教师。[①]

2011 年 1 月，英国教育部启动了新一轮国家课程修订工作，新英国国家课程的目的是给予学校真正的机会获得课程的所有权。新的学习计划仍规定每个关键阶段结束时应教授给学生的内容，但教师将能够建立相应的校本课程，并通过一种具有挑战性的和学生相关的方式来传递课程的核心内容。"教育部门也在尝试建立一个相对独立的评估系统，因为当前国家课程的成绩目标和详尽的水平描述不符合新国家课程灵活自由的原则。在新国家课程中，将由学校决定如何教授课程和跟踪学生的进步，这一举措使学校能够将教学、评估和报告聚焦于学生应学习的基本知识，而非一套难以理解的水平描述。"[②]

2013 年 9 月，英国教育部公布了《KS1-2 关键阶段英国国家课程框架文件》，文件中指出高质量科学教育为认识世界提供了基础，科学改变生活，所有的学生都应被教授这些重要的知识、方法并学会应用。文件提出了《新国家小学科学课程》的目标：通过生物、化学和物理这些特定的学科，发展科学的

[①] https：//www. nature. com/articles/ncb2601. pdf，2013-11-04.

[②] https：//assets. publishing. service. gov. uk/government/uploads/system/uploads/attachment _ data/ file/ 298568/Primary _ assessment _ and _ accountability _ under _ the _ new _ curriculum _ consultation _ document. pdf，2013-11-09.

知识和概念化的理解；通过实践活动，发展关于科学本质、科学过程和方法的理解；具备在今天和未来所需的科学知识，及其必须了解的用途和意义。[①]

二、英国《新国家小学科学课程》的课程内容

当前，英国将小学阶段划分为三个关键阶段(Key stage，KS)：1～2 年级为 KS1，3～4 年级为 Lower KS2，5～6 年级为 Upper KS2。《新国家小学科学课程》的学习计划包括三个学科领域，即植物和动物(包括人类)、材料、物理现象。《新国家小学科学课程》的学习计划更具体，对每一年级的科学知识和概念都进行了描述，并强调学生深刻理解每一概念的核心模块对下一学习阶段至关重要，学生表面的掌握无法获得真正的发展，学生在过渡的关键期可能遭遇困境(如小学向中学过渡)，产生错误的理解，或者在理解更高层次的内容时感到困难。除此以外，学习计划还要求学生能够用语言描述相关流程和关键特征，拓展与科学相关的专业词汇，准确使用技术术语；要求学生在进行科学学习时应用数学知识等。

《新国家小学科学课程》以"科学地工作"说明了每个年级应理解的科学本质、过程和方法，并指出该部分将通过实质性的教学内容进行传递，不再作为一个独立的系列讲授。这一举措突显了科学探究与具体教学内容的整合，即在教学过程中，将科学探究内化为一种学习实践，帮助学生习得科学知识，而不是仅仅了解科学探究有哪些环节。学习计划在说明和指导中给出了例子，示范如何将"科学地工作"嵌入生物、化学和物理的内容中，并且注重科学探究的主要特点，让学生学会使用各种方法来回答关于科学的问题。小学阶段，这些科学调查包括随着时间的推移进行观察、模式探索、识别、分类分组、对比和直接测试(控制调查和研究)、搜寻和使用资料。学生将通过收集、分析、展示数据来寻求问题的答案。例如，5～6 年级"科学地工作"包括以下方面：规划不同类型的科学探究来回答问题，包括必要时区别和控制变量；采

---

① https://assets.publishing.service.gov.uk/government/uploads/system/uploads/attachment _ data/file/425601/PRIMARY _ national _ curriculum.pdf，2013-11-20.

用一系列科学设备进行测量，提高准确度和精度，需要时可重复读数；逐渐采用复杂的科学图和标签、分类图、表、散点图、条形和线形图记录的数据和结果；用测试结果来预测，进一步建立对比的和直接的测试；以口头和书面形式报告和呈现探究的结果，包括结论和因果关系，并解释结果的信度；确定用来支持或反驳观点的科学证据。

三、英国小学科学课程改革的特点分析

英国新一轮小学科学课程改革继续秉承灵活自由的原则，给予学校和教师更多的选择权进行校本课程的开发、教学和评价。此次改革在强调培养学生科学素养的同时，也注重学生综合素质的发展，如在科学教育中强调学生运用语言和数学的能力。其特点主要表现在：科学课程目标明确化，新课程框架文件明确给出了科学课程的目标，为课程的开发和实施明晰了方向；学习内容整合化，其横向整合表现在科学探究与具体学科内容进行整合；纵向整合表现在对关键阶段 KS2 的学习内容进行了细分，更为注重深入的理解和应用；评价体系创新化，新一轮的课程改革移除了成绩目标及其水平描述，尝试建立一个相对独立的评估系统；课程资源配套化，英国教育部门和科研机构共同协作，开发一系列支持新科学课程的教学资源和材料，为课程的实施提供了有力的保障。

第三节 澳大利亚小学科学课程改革进程与内容特点分析

一、澳大利亚小学科学课程改革与发展概述

澳大利亚是一个典型的移民国家，为适应本国政治、经济、文化的发展，其基础教育不断进行变革，特别是在科学课程改革中借鉴欧美一些国家的办学思想和经验，逐渐形成了自己的特色。1994 年，《澳大利亚学校科学课程声明》和《澳大利亚学校课程简介—科学》公布后，各州都设置了相应的科学学习领域。澳大利亚一度同时存在 8 个独立的描述教学、学习和评价的科学课程

标准文件。[①]

2007 年，澳大利亚联邦理事会公布了《澳大利亚学校教育的未来》，各州与地区政府开始考虑制订全国统一的学校教育框架，并对中小学的核心科目进行全国统一考试。2008 年年底，澳大利亚教育、就业、培训及青年事务部长委员会颁布了《墨尔本宣言》，"提出开发和编写基础教育阶段(K-12)统一的国家课程标准。"

2008 年，澳大利亚汲取国外及国内各州和地区的先进经验，组成了最强的教育专家、学者阵容，广泛征求意见，开始编制新的科学课程标准。2012 年 2 月，《澳大利亚课程：科学》课程标准开始实施。澳大利亚课程提出了三大跨课程主题(Cross-curriculum Priorities)，这在《澳大利亚课程：科学》中也得到了很好的诠释：原住民和托雷斯海峡岛民的历史和文化；亚洲及澳大利亚与亚洲的关系；可持续发展。

同时，澳大利亚课程还注重学生综合能力的培养，主要包括语言能力、运算能力、信息技术与交流能力、批判和创新思维能力、伦理行为能力、个人和社会竞争能力、跨文化理解能力。这七种能力在科学内容的表述中也得到了充分体现，一般每个内容涉及 1～3 个能力。这对小学科学教材的编写和教学提出了具体的要求，操作性更强。

此外，《澳大利亚课程：科学》还包含三个相互联系的维度：科学理解、人类科学史和科学探究能力。每个维度又分为不同的基础部分。每一年级都附有年级水平描述和成就标准。[②] 年级水平描述主要有三个功能。首先，强调三个维度相互联系的本质，在进行科学教学计划设计时需整合三个维度的内容。其次，强调适合该年级阶段的统领概念。再次，对每一年级的内容进行概述。成就标准则指出学生经过学校教育后在某个特定的方面所应达到的学习成果。其中，人类科学史和科学探究能力的学习每两年作为一个阶段，但

[①] https://www.australiancurriculum.edu.au/f-10-curriculum/general-capabilities/♯，2013-12-14.

[②] The Australian Curriculum Assessment and Reporting Authority，"Science，General Capabilities，" http://www.australian curriculum.edu.au/science/general-capabilities，2013-12-14.

同一阶段不同年级的具体内容又是递进的，在安排教学计划时，学校和教师需参考成就标准中的期望和年级水平，确保两年里完成这部分内容。课程的三个维度是整合在一起的，其教学也采用了整合的方法。教学和学习计划的组织顺序以及详细内容由老师来决定。

《澳大利亚课程：科学》的主要目标包括：激发学生学习科学的兴趣，增强他们关于周围世界的好奇心和求知欲；发展学生的理解，包括科学揭示了生命的本质、地球及其在宇宙中的位置、物质的性质和变化过程；使学生了解科学探究的本质及在一定范围内应用科学探究方法的能力；发展学生解决问题的能力，对于科学现有和未来的应用能够做出明智的决策，并考虑其道德和社会影响；让学生理解历史和文化对科学问题、活动和科学事业的多样性贡献；让学生掌握扎实的基础知识和方法，并能够应用这些知识应对新情况和事件，领会科学知识的变化性。

二、《澳大利亚课程：科学》的课程内容

《澳大利亚课程：科学》认为科学理解是当个人选择并集合适当的科学知识来解释和预测现象，以及将这些知识应用于新的情况时所用的证据。科学知识是指由科学家建立的事实、概念、原理、定律、理论和模型。澳大利亚首都直辖区、塔斯马尼亚州、新南威尔士州的小学教育为 6 年，其中 1～6 年级"科学理解"涉及生物科学、化学科学、地球和空间科学、物质科学四个学科领域。

此次改革将"人类科学史"作为一个独立的维度提出来，将科学史观和科学伦理观与科学知识、探究能力放到同等重要的地位，这点值得关注。标准指出人类通过科学寻求关于自然世界的理解和解释，新证据出现时，理论和科学知识可以改变，科学是对解释的不断构建；强调将科学发展作为了解和实践的特有方式，以及科学所担负的时代决策和问题解决的角色；强调在进行科学实践和应用时，必须考虑道德和社会的影响，认识到科学进步是许多不同文化背景的人共同努力的结果。人类科学史主要包括两部分内容：自然和科学的发展，这部分内容发展关于科学和自然科学知识的独特鉴赏，包括

目前已形成的知识是如何通过许多人的不懈努力逐渐积累起来的；科学的应用和影响，探索科学知识和应用如何影响人们的生活和工作，社会又是如何影响科学的，以及科学可用来决策和实践。

《澳大利亚课程：科学》中提出科学探究涉及：识别和提出问题；计划、执行和对调查进行反思；处理、分析和解释证据；沟通结果。这个过程需要评估、提出问题、解决问题、得出有效的结论和发展基于证据的论点。调查则包括一系列的活动，包括实验测试、实地调查、定位和利用信息资源调查以及通过建模和模拟等手段，具体方法的选择取决于调查的背景和主题。因此，掌握科学探究的能力很重要，《澳大利亚课程：科学》中共包含五种探究能力：质疑和预测、计划和实施、处理和分析数据及信息、评价、交流。

三、澳大利亚小学科学课程改革的特点分析

虽然 20 世纪 90 年代以来，澳大利亚各州采用的科学课程标准不同，但都具有一些共同的特征，如注重理解科学概念，强调科学本质教育，突出科学与生活的联系及对社会产生的影响，注重科学探究等。

进入 21 世纪，澳大利亚颁布了国家统一的科学课程标准，终结了多个科学标准并存的混乱局面，标志着澳大利亚小学科学课程改革进入了新纪元。此次改革具有鲜明的特点，主要表现在以下几个方面。

第一，突出联系的广泛性。澳大利亚课程有三大跨课程主题，"土著居民和托雷斯海峡岛民的历史和文化"将科学学习与当地的环境和人文历史紧密联系起来，体现了澳大利亚的本土特色；"亚洲及澳大利亚与亚洲的关系"以国际化视野突显了不同地域的相关性；"可持续发展"联系当前和未来与生活相关的问题，引导学生将科学学习与周围世界紧密联系起来。

第二，突显科学学习的价值性。新小学科学课程将科学学习视作学生发展批判性、创造性思维和培养自我挑战能力的过程，注重发掘这一过程自身的价值。

第三，体现了整合性。以六大统领概念为框架，实现不同学科领域的整合，并按照科学理解发展的脉络支撑科学知识在不同年级水平保持连贯性和

顺序性。同时，强调科学本质教育，在科学知识、探究学习中融入科学史观和科学伦理观的教育。

第四，强调教学的灵活性。新课程赋予学校和教师更多的自由，提倡教学方法的多样化。

第五，关注学生的差异性。新课程要求根据学生的学习进展进行个别教学或小组教学，帮助学生为下一阶段的学习做好准备。

第四节　国外科学课程标准对我国科学教育的启示

通过对以上三个国家小学科学课程改革的比较和分析可以看出，发达国家能够基于现代社会变革，紧跟时代发展，吸收最新的教育理念，各国新一轮的小学科学课程改革以科学素养的培养为中心，整体上体现出课程目标具体化、课程内容整合化的特点。相对而言，我国小学科学的核心课程地位还未确立，政府和教育部门对小学科学教育的关注度还有待加强。因此，结合以上论述得出以下几点启示。

第一，我国在确立科学素养目标时应注重本土化设计，以利于在实践层面上落实。2017 年我国新颁布的《义务教育小学科学课程标准》的总目标是："培养学生的科学素养，并为他们继续学习、成为合格公民和终身发展奠定良好的基础。"不仅是我国现阶段进行素质教育使其向纵深发展的基础，也是对学生进行创新教育的准备初始阶段，更是协调人文教育与科学教育等学科之间进行融合交叉的桥梁和有力渠道。有学者认为，对学生进行科学素养的教育其实就是将对科学的理性精神进行人格化的过程，它与纯粹的科学知识教育是并不相同的，需要根据各个国家的国情和经济文化以及针对具体的问题先进行"本土化"，然后再使其能够在实践层面上进行可操作化。[1] 我国的南北方差异比较大，民族种类也较多，地域十分宽广，不同地区和不同范围的学生的差异比较明显，但是我国现行的科学教育的统一模式并不能兼顾这些差

---

[1]　张红霞：《科学素养教育的意义及本土化诠释》，载《清华大学教育研究》，2002(4)。

异，并吸取多元的文化范畴，这是不利于学生的学习和学生的潜能开发的，所以要针对不同年级和不同水平的学生，并结合我国的现实国情将科学素养的教育细化到具体的教学目标当中，这是很有必要的。将科学素养教育本土化，用适合我国国情和学生真实特点的方式进行科学教育，这对提高我国国民科学内涵和科学素养，具有非常重大的意义。

第二，科学探究要贴近学生的生活实际，鼓励学生主动参与，在实验过程中自主探究和发现。科学探究既是我国小学科学新课程标准的基本理念，又是作为科学教育的内容而存在，可见科学探究在我国的基础科学教育中所占据的比重之大。结合我国的具体国情，教师在教学中应联系学生的生活情境，设置有探究价值的实验活动，并在实验过程中对学生进行适当引导，重视学生对科学概念的理解与探究过程技能的运用，使学生能够积极参与其中，主动经历发现过程，自主并与他人进行合作展开探究活动，在活动中体会和领悟科学的本质与内涵，这既有利于学生学习科学知识、掌握操作技能，也有利于培养他们的科学探索精神，最终达到提升科学素养的目的。

第三，小学科学教育的目标设置应更具体详细，易于操作。我国在科学教育目标部分虽然既有总目标又有分目标，两者结合在一起，描绘出了具备科学素养的小学科学教育的大致面貌，这种以整体性来呈现课程目标的方式虽然有它的优点，但是具体操作性不强，略显空洞，导致教师在进行备课过程中并不能很好地把握科学教学的具体目标，难以落实。我国小学科学课程改革在向纵深发展的过程中，需要对改革的目标、行动和效果之间的关系进行不断的反思。例如，美国明确提出："要让学生朝着更加深入、更加贯通、更有关联性的方向进行学习，降低对孤立事实和概念的记忆要求，加强关注核心概念。"而对于英国和澳大利亚这种按学业水平要求来划分课程目标，分别列出了小学六年级结束时大多数学生应该达到的水平程度和范围，这种目标设置也是有其优势所在的。

第四，小学科学教育的内容应更有针对性地进行设置。我国的小学科学课程标准中对课程内容的划分主要为四部分：物质科学、生命科学、地球与宇宙科学、技术与工程科学，每一领域中，各模块的科学事实包含了从小学一年级到六年级所有的教学内容。这样的编排设置体现了课程内容的丰富性，比较有利于学生和教师对事实性知识的记忆，但各模块层级结构突显不够，针对性不强，逻辑略显模糊，所以科学教师在备课和教学过程中，容易出现对科学课程整体把握不足的情况。

第五，重视科学知识与技术、社会和环境之间的联系。小学生学习科学知识的根本目的是通过理解科学的性质和本质内涵，最终将其应用发挥到解决生活的实际问题当中去，而科学教育更高层次的目标则是为了培养高素质的科技人才和将科学知识最终转化为技术实现为人类社会服务。虽然我国在新的科学课程标准中添加了科学、技术、社会与环境目标，但在实际教学中体现得并不充分，所以科学知识与科学技术、社会发展、自然环境之间的联系以及对人类生产生活的影响应更为具体且较大篇幅地融入科学课程中，以引起学生的关注与思考。

主要参考文献

1. 教材著作

[1] 人民教育出版社. 物理——八年级上册[M]. 北京：人民教育出版社，2015.

[2] 人民教育出版社. 物理——八年级下册[M]. 北京：人民教育出版社，2015.

[3] 物理通报杂志社，北京教育科学研究院，北京出版集团公司. 物理——必修 1[M]. 北京：教育科学出版社，2014.

[4] 物理通报杂志社，北京教育科学研究院，北京出版集团公司. 物理——必修 2[M]. 北京：教育科学出版社，2014.

[5] 物理通报杂志社，北京教育科学研究院，北京出版集团公司. 物理——选修 3-1[M]. 北京：教育科学出版社，2016.

[6] 物理通报杂志社，北京教育科学研究院，北京出版集团公司. 物理——选修 3-2[M]. 北京：教育科学出版社，2016.

[7] 物理通报杂志社，北京教育科学研究院，北京出版集团公司. 物理——选修 3-3[M]. 北京：教育科学出版社，2016.

[8] 物理通报杂志社，北京教育科学研究院，北京出版集团公司. 物理——选修 3-4[M]. 北京：教育科学出版社，2016.

[9] 物理通报杂志社，北京教育科学研究院，北京出版集团公司. 物理——选修 3-5[M]. 北京：教育科学出版社，2016.

[10] 人民教育出版社. 化学——九年级上册[M]. 北京：人民教育出版

社，2016.

[11] 人民教育出版社. 化学——九年级下册[M]. 北京：人民教育出版社，2016.

[12] 人民教育出版社. 化学——必修 1[M]. 北京：人民教育出版社，2014.

[13] 人民教育出版社. 化学——必修 2[M]. 北京：人民教育出版社，2014.

[14] 北京教育科学研究院，北京出版社. 生物——第 1 册[M]. 北京：北京出版集团公司，北京出版社，2011.

[15] 北京教育科学研究院，北京出版社. 生物——第 2 册[M]. 北京：北京出版集团公司，北京出版社，2011.

[16] 北京教育科学研究院，北京出版社. 生物——第 3 册[M]. 北京：北京出版集团公司，北京出版社，2011.

[17] 北京教育科学研究院，北京出版社. 生物——第 4 册[M]. 北京：北京出版集团公司，北京出版社，2011.

[18] 北京教育科学研究院，中国地图出版社. 地理——七年级上册[M]. 北京：中国地图出版社，2011.

[19] 北京教育科学研究院，中国地图出版社. 地理——七年级下册[M]. 北京：中国地图出版社，2011.

[20] 北京教育科学研究院，中国地图出版社. 地理——八年级上册[M]. 北京：中国地图出版社，2012.

[21] 北京教育科学研究院，中国地图出版社. 地理——八年级下册[M]. 北京：中国地图出版社，2012.

[22] 人民教育出版社. 地理——必修 1[M]. 北京：人民教育出版社，2014.

[23] 人民教育出版社. 地理——必修 2[M]. 北京：人民教育出版社，2014.

[24] 人民教育出版社. 地理——必修 3[M]. 北京：人民教育出版

社，2014.

　　[25] 人民教育出版社. 地理——选修 5[M]. 北京：人民教育出版社，2014.

　　[26] 王民. 宇宙与地球[M]. 北京：中国地图出版社，2008.

　　[27] 人民教育出版社地理社会室. 地理[M]. 北京：人民教育出版社，2009.

　　[28] 北京教育科学研究院，北京出版社. 科学——第 1 册[M]. 北京：北京出版社，北京教育出版社，2005.

　　[29] 北京教育科学研究院，北京出版社. 科学——第 2 册[M]. 北京：北京出版社，北京教育出版社，2005.

　　[30] 北京教育科学研究院，北京出版社. 科学——第 3 册[M]. 北京：北京出版社，北京教育出版社，2005.

　　[31] 北京教育科学研究院，北京出版社. 科学——第 4 册[M]. 北京：北京出版社，北京教育出版社，2005.

　　[32] 北京教育科学研究院，北京出版社. 科学——第 5 册[M]. 北京：北京出版社，北京教育出版社，2005.

　　[33] 北京教育科学研究院，北京出版社. 科学——第 6 册[M]. 北京：北京出版社，北京教育出版社，2005.

　　[34] 北京教育科学研究院，北京出版社. 科学——第 7 册[M]. 北京：北京出版社，北京教育出版社，2005.

　　[35] 北京教育科学研究院，北京出版社. 科学——第 8 册[M]. 北京：北京出版社，北京教育出版社，2005.

　　[36] 郁波. 科学——三年级上[M]. 北京：教育科学出版社，2015.

　　[37] 郁波. 科学——三年级下[M]. 北京：教育科学出版社，2015.

　　[38] 郁波. 科学——四年级上[M]. 北京：教育科学出版社，2015.

　　[39] 郁波. 科学——四年级下[M]. 北京：教育科学出版社，2015.

　　[40] 郁波. 科学——五年级上[M]. 北京：教育科学出版社，2015.

　　[41] 郁波. 科学——五年级下[M]. 北京：教育科学出版社，2015.

[42] 郁波. 科学——六年级上[M]. 北京：教育科学出版社，2015.

[43] 郁波. 科学——六年级下[M]. 北京：教育科学出版社，2015.

[44] 顾建军. 技术与设计1[M]. 南京：江苏教育出版社，2004.

[45] 顾建军. 技术与设计2[M]. 南京：江苏教育出版社，2004.

[46]［美］帕迪利亚. 科学探索者——物质构成[M]. 华曦，车木，译. 杭州：浙江教育出版社，2003.

[47]［美］帕迪利亚. 科学探索者——化学反应[M]. 盛国定，马国清，译. 杭州：浙江教育出版社，2002.

[48]［美］帕迪利亚. 科学探索者——天气与气候[M]. 徐建春，郑升，译. 杭州：浙江教育出版社，2010.

[49]［美］帕迪利亚. 科学探索者——声与光[M]. 刘明，范保群，李均利，译. 杭州：浙江教育出版社，2010.

[50]［美］帕迪利亚. 科学探索者——电与磁[M]. 王耀村，应必锋，译. 杭州：浙江教育出版社，2003.

[51]［美］帕迪利亚，唐恩. 科学探索者——人体生理卫生[M]. 顾维颖，孟莉英，廖苏梅，译. 杭州：浙江教育出版社，2003.

[52]［美］帕迪利亚. 科学探索者——地表的演变[M]. 李绿芊，王张华，王莹，等，译. 杭州：浙江教育出版社，2003.

[53]［美］帕迪利亚. 科学探索者——地球内部[M]. 吉云松，王张华，译. 杭州：浙江教育出版社，2003.

[54]［美］普莱斯顿·D. 费德恩，等. 教学方法——应用认知科学，促进学生学习[M]. 王锦，等，译. 上海：华东师范大学出版社，2006.

[55]［美］埃里克森. 概念为本的课程与教学[M]. 兰英，译. 北京：中国轻工业出版社，2003.

[56]［美］布鲁纳. 教育过程[M]. 邵瑞珍，译. 北京：文化教育出版社，1982.

[57] 陈琦，刘儒德. 当代教育心理学[M]. 北京：北京师范大学出版社，2007.

[58] [加] 迈克尔·富兰. 变革的力量——深度变革[M]. 中国教育科学研究所，加拿大多伦多国际学院组织，译. 北京：教育科学出版社，2004.

2. 学位论文

[1] 殷梅青. 20世纪90年代以来发达国家小学科学课程改革研究[D]. 重庆：重庆师范大学，2014.

[2] 韩涵. 高中生物核心概念的概念转变教学研究[D]. 苏州：苏州大学，2014.

[3] 冉珩. 高中生物核心概念梳理与教学策略探讨——以人教课标版《稳态与环境》模块为例[D]. 西安：陕西师范大学，2015.

[4] 尤月虹. 发展中学生化学核心概念理解的实践研究[D]. 临汾：山西师范大学，2010.

[5] 李淑淑. 国内外小学科学课程标准目标和内容的比较研究[D]. 重庆：西南大学，2013.

[6] 吴茜. 初中生物学核心概念教学的问题与对策研究[D]. 长春：东北师范大学，2013.

[7] 王静姝. 促进化学核心概念建构的教学设计研究与实践[D]. 大连：辽宁师范大学，2011.

3. 期刊文献

[1] 李亚娟，李莉. 奥苏贝尔有意义学习理论及对小学教学的启示[J]. 吉林省教育学院学报，2007(8).

[2] 李晶. 浅论《科学》课程的设计[J]. 课程·教材·教法，2001(7).

[3] 张红霞. 科学素养教育的意义及本土化诠释[J]. 清华大学教育研究，2002(4).

[4] 谢晓玲. 小学科学课围绕核心概念组织教学的思考[J]. 北京教育学院学报(自然科学版)，2014(1).

[5] 张颖之，刘恩山. 核心概念在理科教学中的地位和作用——从记忆事实向理解概念的转变[J]. 教育学报，2010(1).

[6] 芮莉. 小学科学课围绕核心概念教学的实践探索[J]. 北京教育学院学报(自然科学版)，2012(3).

［7］王晨光. 美国初中 FOSS 探究活动特点及其对我国理科教学的启示——以"气候与水"模块为例［J］. 北京教育学院学报（自然科学版），2011(1).

［8］王晨光. 美国初中 FOSS 科学教育体系"什么是天气"实验活动解析［J］. 教学仪器与实验，2010(1).

［9］王晨光. 美国初中 FOSS 科学课程的教学特征——以"行星科学"模块为例［J］. 北京教育学院学报（自然科学版），2011(2).

［10］王晨光. 美国最新修订 FOSS2017 科学课程的特色及启示［J］. 现代中小学教育，2018(6).

［11］王晨光. PISA 与 NAEP 科学测评对我国科学教师学科知识测试编制的启示［J］. 北京教育学院学报（自然科学版），2012(1).

4. 其他

中华人民共和国教育部. 义务教育小学科学课程标准(2017 年版)［S］. 北京：北京师范大学出版社，2017.

后 记

本书基于新颁布的《义务教育小学科学课程标准》，利用 FOSS 作为理论框架，对科学概念、术语和实验做了系统的梳理与分析。

感谢李晶教授和她引领的科学教育团队，是他们给予我研究的理论源泉和实践动力，可以说，本书字里行间倾注着李晶教授和团队成员们大量的心血。

感谢小学科学教研员富殿山（北京市昌平区教师进修学校）及一线教师们提供了大量鲜活生动的教学与实验课例，感谢他们与我一起共同进行教学研究。没有他们提供的深厚土壤，我的研究就失去了根基与养分。这些无私奉献自己课例的老师有张月娥（马池口中心小学）、李丽、于致学（城关小学）、吴庆云（昌平区南口镇小学）、齐海军（十三陵中心小学）、段连通（流村中心小学）、王沫（昌平区实验三小）、李宝国（昌平区巩华学校）、蔡民（小汤山中心小学）。

感谢科学教育界专家冯华老师、王凌诗老师、胡玉华老师、张素娟老师等的鼓励和指导，感谢北京教育学院数学与科学教育学院顿继安院长和刘春艳副院长等领导的鼎力支持，没有他们的一再鼓励和支持，此书的出版问世将困难重重。

本书还参考和引用了互联网上一些文章的观点和案例，因为比较零散，可能在参考文献中未能逐一列举出书文名称和作者，在此对这些幕后的贡献者致以诚挚的谢意！